Politics of Conflict and
Reconciliation

紛争と和解の政治学

松尾秀哉・臼井陽一郎 編
Hideya Matsuo & Yoichiro Usui

ナカニシヤ出版

目　次

序　章　紛争の政治学・和解の政治学 ───── 松尾秀哉　3
　　1．政治と政治学の意義　3
　　2．終わりなき紛争と「和解」の諸相　4
　　3．本書の構成　9

第Ⅰ部　政治思想としての和解・政治理論における和解

第1章　同意から和解へ
　　　　　──思想史の視点── ───── 森分大輔　17
　　1．対立の克服と政治学　17
　　2．理性的同意と保守主義　19
　　3．同意の文化的定着　21
　　4．ナショナリズムからの不同意　24
　　5．和解の政治学へ向けて　27

第2章　ユダヤ＝キリスト教の伝統と「和解」
　　　　　──和解の途上性を見据えつつ── ───── 田上雅徳　34
　　1．「和解」の特殊性　35
　　2．ユダヤ＝キリスト教の視点から　39
　　3．「和解」論構築のために　44

第3章　分断社会における「和解」の制度構築
——レイプハルトの権力分有モデルを中心に　　　　　　松尾秀哉　51

1．紛争後社会における政治制度の設計
　　——政治学の本分　51
2．多極共存型アプローチの現状——ベルギーを事例に　61
3．結論と課題——「対話」のための時間　63

第4章　熟議による「和解」の可能性　　　　　　田村哲樹　67

1．本章の問い　67
2．分断社会における熟議民主主義をめぐる諸議論　69
3．どのような熟議民主主義か？　74
4．熟議による和解を目指して　82

第5章　「記憶」と「歴史」
——「歴史の民主化」の先にあるもの　　　　吉田　徹　86

1．「記憶」の再興　86
2．「集合的記憶」とは何か——記憶と歴史　88
3．「アルメニア人虐殺」論争——記憶の「主体」の転移　92
4．歴史と記憶と——自明性なき時代に　99

第Ⅱ部　国内社会における紛争と和解

第6章　スウェーデンの移民問題と政治　　　　　渡辺博明　107

1．何が起こっているのか　107
2．スウェーデンの移民事情　109

3．スウェーデンの移民政策　*111*
　　4．移民問題の争点化　*114*
　　5．政治的な対立へ　*117*
　　6．移民問題における紛争と和解
　　　　——私たちが考えるべきこと　*120*

第7章　世代間の対立／連帯と福祉国家 ── 堀江孝司　*125*
　　1．社会保障における世代間格差と「若者＝かわいそう」論　*125*
　　2．福祉国家と社会連帯　*128*
　　3．デモクラシーと世代　*130*
　　4．対立を解きほぐす　*134*

第8章　「分かれたる家は、立つこと能わず」？
　　　——アメリカにおける政党間対立の拡大と社会集団の相互作用
　　　　　　　　　　　　　　　　　　　　　　　坂部真理　*143*
　　1．金融危機と政府の役割をめぐる紛争　*144*
　　2．茶会運動と共和党保守派の相互作用　*150*

第9章　タクシンとタイ政治
　　　——平等化の政治プロセスとしての紛争と和解
　　　　　　　　　　　　　　　　　　　　　　　髙橋正樹　*160*
　　1．平等化の政治プロセスとしての紛争と和解　*160*
　　2．伝統的支配体制　*162*
　　3．タクシンの登場　*165*
　　4．反タクシン運動　*168*
　　5．支配エリートの権威主義化と赤シャツ派の抵抗　*173*

6．タイ社会の分断、平等化の政治　　*175*

第10章　南北コリアの政治的統合を超えて
　　　　――統一と共存の狭間で ――――――――――　金　　敬黙　*179*
　　1．政治（学）は紛争解決と和解に貢献しうるのか　　*179*
　　2．南北コリア（朝鮮半島）における紛争と和解　　*181*
　　3．国家の努力と限界　　*186*
　　4．社会的統合の必要性　　*191*
　　5．周辺諸国は南北の和解を望まない？　　*194*

第Ⅲ部　国際社会における紛争と和解

第11章　日本の戦後和解と経済協力 ――――――――　林　　明仁　*199*
　　1．戦後和解プロセスにおける戦後賠償　　*200*
　　2．日本の戦後処理政策における経済協力　　*202*
　　3．「未完」の和解プロセス　　*207*
　　4．異なる道の模索　　*209*
　　5．和解における賠償　　*212*

第12章　ドイツとイスラエルの「接近と和解」
　　　　――ルクセンブルク補償協定への道、1949‐1953
　　　　　　　　　　　　　　　　　――――――　板橋拓己　*216*
　　1．接　　　触　　*216*
　　2．交　　　渉　　*222*
　　3．調印・批准・履行　　*226*
　　4．協定成立の要因　　*228*

第13章　国際社会における法の支配と和解
　　　　　　　　　　　　　　　　　　　　　小松﨑利明　234
　　1．国際社会と法の支配　235
　　2．平和構築と和解　240
　　3．赦しと和解の可能性の模索へ　247

第14章　人間の安全保障と国際法
　　　　――紛争後の「和解」からの一考察――　安藤貴世　252
　　1．国連システムにおける人間の安全保障　253
　　2．人間の安全保障と国際法の関係　256
　　3．紛争後の「和解」の実現と人間の安全保障　261
　　4．紛争後の「和解」の取り組みにおける国際社会の責任　267

第15章　国連の規範枠組みとEUの平和活動
　　　　――誰のための和解？――　　　　　　臼井陽一郎　270
　　1．保護責任論と国連平和維持活動　271
　　2．EUの平和活動　276

あとがき　287

人名索引　293
事項索引　294

紛争と和解の政治学

序 章
紛争の政治学・和解の政治学

松尾秀哉

1．政治と政治学の意義

　かつてカール・シュミットが「特殊政治的な区別とは、友と敵という区別である」と述べたとき（シュミット［1970］15頁）、政治とは人間と人間、国家と国家の対立、紛争を意味していた。

　しかし第二次世界大戦後、イギリスのバーナード・クリックが「政治学とは、社会全体に影響を与える利害と価値をめぐって生じる紛争についての研究であり、またどうすればこの紛争を調停することができるかについての研究である」と述べたとき（クリック［2003］13頁）、政治の役割、戦後政治学の役割は、紛争からむしろ「調停」へと重きがおかれるようになっていた。人間は争いあう愚かな存在であったとしても、その争いを調停することができるとの確信がそこにはあり、それを達成することが政治の重要な役割であり、その手段を構築すること、その手段を学問的に探求することが政治学の役割になった。

　これは、現在政治の定義としてもっとも頻繁に引用されているデヴィッド・イーストンの「社会に対する価値の権威的配分」という定義においても通底しているとみることもできる（イーストン［1976］136頁）。シュミットの時代のようなおぞましい紛争ではないにせよ、名声、富、権力といった社会

的価値をめぐって、人びと、集団は対立してきた。その対立は19世紀の労働運動やその後の反体制運動のように、暴動やデモを経てときには革命を掲げる闘争と化すこともあった。富や権力を権威、すなわち正統性ある手法で、換言すれば人びとが納得する方法でいかに配分し、紛争を回避するか。それが戦後秩序を構築するなかで、政治と政治学が抱える重要な課題だったのである。

　しかし、その後の長い間の政治の営みにもかかわらず、国内外を問わず紛争はなくならない。これは単に政治が機能していないとか、政治学が無意味であるということを意味するわけではないだろう。一定の解決がなされたとしても、それが短期的には効果的でも、長期的には効果的ではなかったというような場合もありうる。時代が変われば、当然紛争を生み出す社会や経済の条件も変化するからだ。そう考えれば、私たちの暮らす現代は、冷戦の時代から（疑義はあるにせよ）文明の衝突の時代へ、国民国家の時代からグローバル化の時代へと移行し、そして経済的発展を疑うことなく進めていた時代に、3・11後の福島原発事故、その後の原発再稼動をめぐる議論のなかで、いままさに疑問が提起されている。大きな節目のときを迎えているといっていいだろう。

　時代の変わり目に直面し、あらためて私たちは古典的な政治から考えることを始め、また現下の問題を考えるための問題提起の書を必要とする。本書はこのような意図から、問題をぶつけ、考えるための道具を提示するテキストとして編まれたものである。

2．終わりなき紛争と「和解」の諸相

　私たちの住む世界は民族紛争やテロなどさまざまな紛争に満ちている。どうすればこうした問題を解決できるのだろうか。先に述べたように、紛争の原因、背景を考え、その解決を探ろうとすることが政治学の課題なのだとすれば、本書は、そこに「和解（reconciliation）」という語を掲げる。「和解」とは法的に「当事者が互いに譲歩して、その間に存在する争いをやめることを

序　章　紛争の政治学・和解の政治学

約する契約」と定義される（法令用語研究会編［2006］144 頁）が、政治学の領域においては、一見なじみのない語のように思われるかもしれない。しかし「対立」や「紛争」の多様な事例に応じて、この「和解」という語がいろいろと用いられていることも事実である。いくつか例を挙げてみよう。

階級闘争と「戦後和解」としての福祉国家の建設

　およそ 19 世紀から先人たちは、土地や設備といった生産手段の私的所有を可能にした資本家階級と、それをもたず、労働力を切り売りすることで「商品化」された労働者階級との間の「階級闘争」を経験してきた。この争いは、西欧を中心とした各国を混乱に巻き込んだが、徐々に労働者階級に対して参政権は拡大され、その後第二次世界大戦末期のイギリスのベヴァリッジ報告を経て、先進諸国では福祉国家が建設された。福祉国家、すなわち社会保障制度の整備、所得の再分配を通じて国家の安定と経済発展をはかる国家の体制は、しばしば労資間の「戦後和解」（田村［2011］3 頁）と呼ばれている。

　福祉国家はとくに先進諸国の戦後の発展に寄与した。しかし 1970 年代のオイル・ショックを経て各国の財政難が明らかになり、「福祉国家の危機」が叫ばれるようになった。国家が市場経済に介入すべきでないとする「新自由主義」が台頭し、近年においてはグローバル化や地域統合の進展にともない増加する外国人労働者、移民を福祉の範疇から排除しようとする「福祉ショーヴィニズム（福祉排外主義）」が大きな問題になっている。福祉国家がもたらす各国の財政難は、やはり多くの先進諸国で進む少子高齢化を背景にして、福祉国家の将来についての否定的な見解を強めている。このように、「戦後和解」体制としての福祉国家がさまざまな理由で揺らいでいることは、現代世界の重大な課題である。

冷戦後の民族紛争と「和解委員会」

　階級闘争は、国際的にはソヴィエト連邦と共産圏を生み出し、アメリカを筆頭とする資本主義諸国との「冷戦」という、長く 20 世紀の国際世界を支

配した対立を生み出した。この対立が、ドイツを分断し、そして朝鮮戦争という「代理戦争」を経て朝鮮半島を分断するなど、各国政治、国際政治に大きな影響を与えたことはいうまでもない。

　また、一方の資本主義側に目を向けるならば、その拡大に不可欠な資本（資源、労働力など）の獲得競争は、20世紀初頭に「帝国主義」と呼ばれる植民地獲得政策を生み出した。植民地とされた諸国においては、第一次世界大戦以後、その支配から脱するための闘いのなかで、支配層と被支配層との間の民族間差別や紛争を招くこともあった。さらに脱植民地化がかなったあとでも、先進資本主義諸国から進出した多国籍企業による経済支配は、ときに「新植民地主義」と呼ばれ、各国を従属状態に押し込めていた。先進諸国の経済発展の支配下にある第三世界諸国が、経済発展するために前者に従属せざるをえず、その関係を断ち切ることが必要だと主張したのが従属論である。

　ただし、1980年代以降、いわゆるNIEs諸国・地域（新興工業経済地域）が急成長したことによって従属論は影響力を弱めた。こうした第三世界諸国の経済発展をふまえて中心・半周辺・周辺による三つの分業体制からなる「世界システム論」を論じたのが、イマニュエル・ウォーラーステインである（ウォーラーステイン［1981］）が、しかしなお多くの国家では、こうした経済的支配が「豊かな少数者」による支配を生み出して、国内の紛争を複雑で解決困難なものにしていた。

　他方で、共産圏におけるソ連の支配は、ハンガリー動乱など多くの悲しい事件を引き起こしたものの1989年に一応の終結をみる。しかし、ユーゴ、ボスニアなど旧東欧諸国では、その後、悲惨な民族浄化（エスニック・クレンジング）を引き起こした。メアリー・カルドーはこうした冷戦以後の暴力を、かつて「新しい戦争」と呼んだ（カルドー［2007］10頁）。

　つまり資本主義世界において南北問題の「南」に押し込められていた国家や、共産主義世界で強力なイデオロギーに支配されていた国家において、冷戦前後から民族紛争が噴出した。その解決のため、各国で現在「和解委員会」が設立されている。しかし、委員会が設立されただけで「和解」がなさ

れ平和な社会が築き上げられているというわけではないことも、また事実である。

第二次世界大戦の戦後処理と「和解」

　私たちは第二次世界大戦という悲しい過去を背負っている。その責任をめぐって、すでに戦後60年を過ぎてなお、世代を超えて、賠償や補償をめぐる議論が終わることはない。さらにいえば、こうした第二次世界大戦に端を発する「歴史認識」や「記憶」をめぐる問題は、わが国固有の問題ではない。ホロコーストを招いたドイツはいうまでもなく、戦勝国のフランスでもこうした問題は議論されている。小菅信子は、日本の過去の戦争行為に端を発する、「講和後あるいは平和が回復されたのちも旧敵国間にわだかまる感情的な摩擦や対立の解決」を「戦後和解」と定義する（小菅［2005］i-ii頁）。
　しかし、このような感情的な摩擦や対立は、いまとなってもときに領土問題で示威行動を引き起こし再燃することがある。これが私たちにとって「和解」という語がもっともよく用いられ、そしておそらくもっとも難しさを感じる局面かもしれない。

　以上は「和解」という言葉が用いられている一例を挙げたにすぎないが、ここからいえることは、第一に、「和解」という言葉は、それが対応しようとする紛争に応じて、多様に用いられているということである。逆にいえば政治（学）において、以上のような多様な紛争のシーンにすべて対応できる「和解」の包括的な定義は難しいのかもしれない。むしろ包括的な定義を試みようとせず、多様なシーンに応じて多様に用いられている、と割り切るべきなのだろう。よって本書は、「和解」の政治学的な定義を一義的に定めようという意図を強くもたない。それぞれの章の筆者の意図で「和解」の可能性が吟味され、検討されている。
　第二に、先の賠償問題や歴史認識など、「和解」という言葉はしばしば合理的な解決が非常に難しい問題の「解決」に対して当てられているということができる。すなわち、この語を用いることで、政治（学）の扱う紛争の解

決がたやすく〔理解〕できるわけではない。しかし、だからといって、この語を先のような現代の政治学の領域では扱うべきでない、という結論には至らないはずである。たとえばオリバー・ラムズボサムらによれば「多く〔の現実の紛争〕がこの〔和解〕段階までたどり着くことはな」く、「おそらく非凡な人間だけが一飛びにこれ〔和解〕を成し遂げられるのだろう」と記している（ラムズボサムほか［2009］281-282頁）。ここでは、和解の難しさ、不可能性が指摘されている。それにもかかわらずラムズボサムらは「最終的に私たちが……目を向けるコスモポリタンな理想の基礎をなすのは、この完全な移行的和解なのである」と宣言して、紛争解決（学）の目指すべき目標がなお「和解」にありつづけているとする（同、8頁）。

この点は「個人であれ、集団であれ、正義を追い求めるだけでは和解は成就しない。重要なことは、修正できない過去を踏まえて未来を見据え、あるべき未来を担保として現在に生きるわれわれが、いかに妥協を決意し、どのように許しをデザインしていくかにある」と述べる小菅も同様である（小菅［2005］213-214頁）。すなわち、達成困難であるからこそ、また紛争がやまないのであればこそ、「和解」を掲げる必要がないだろうか。本書の執筆者たちは、安易に「和解」という言葉を用いようとしているわけではない。簡単に達成できないという難しさを認識し、まだ包括的定義のない語意の難しさを認識しながら、私たちはいま「和解」を提示し、その可能性を模索する。

さて、このように考えると、本書の取り組もうとする課題は、以下のように三つに大別できるだろう。

1. あらためて、和解とは何か。それは従来の政治学の思想や理論とどうつながり／異なり、従来の政治学に何を加味するのだろうか。
2. 「社会に対する価値の権威的配分」と定義される「政治」がもっとも顕在化する領域としての「戦後和解」、福祉国家の揺らぎや、それに起因するさまざまな政治不安、政治不信の現状をどう把握（分析）すべきか。そこから導き出される課題は何か。
3. 国際政治における紛争はやまず、その解決のために「和解」という言

葉は用いられるが、他方でその達成は難しいとされている。その現状をどう把握（分析）すべきだろうか。そしてさらなる課題は何か。

以上の「和解」の多義性、達成困難性を前提として、以下では本書の構成と利用法についてふれておこう。

3．本書の構成

本書は三つの部で構成されている。それぞれの部はおおよそ先の三つの課題に対応している。第Ⅰ部は和解をめぐる理論、思想を考える章によって構成されている。第1章は、従来私たちが学んできた近代の合理主義、つまり人間の理性によって秩序を回復できるとする考え方にもとづく「合意」の思想を整理し、現代においてそれとは異なる思索が必要とされる状況を取り上げて、「和解」の可能性を思想的に探る。

第2章は「和解」の宗教的な起源を論じる。思いきって言ってしまえば、「和解」はキリスト教世界においてすでに十分に議論されてきた語である。おそらくそのことを熟慮することなく「和解」の根本や不可能性を理解することはできないだろう。本章ではキリスト教、宗教学の立場から「和解」の概念を提示する。第1章が和解とは異なるものを描くことによって「和解」概念の外枠（アウトライン）をはっきりさせようとするのであれば、第2章は「和解」の中核を論じる。

第3章、4章は、1、2章と比べてより現代的なテーマを取り上げる。とくにこの二つの章は、民族紛争後の「和解」を志す政治のあり方を模索する。第3章ではヨーロッパ小国の政治を題材に議論を始め、南アフリカなど紛争後社会の制度設計に大きな影響を及ぼしたアレンド・レイプハルトの「権力分有モデル」をみる。と同時に、その古典的事例であるベルギーを中心に、さらに南アフリカ、ルワンダなどの事例を取り上げて「権力分有モデル」の意義を考える。

第4章では近年の民主主義理論で重要なトピックとなっている「熟議民主

主義」理論が、民族で分断された社会の安定に寄与しうるかどうかを理論的に検討する。「熟議民主主義」理論においては、さまざまな論者が当該社会における熟議や対話の可能性を論じている。本章を通じて分断された社会が抱える本質的な問題をあぶりだすことが可能だろう。またこの議論は第3章の権力分有モデルが抱える問題とも関連があることを付け加えておく。

第5章は、先の「和解」の例でいえば、「戦後処理と和解」の部分の理論的な思索にあたる。とくに近年は社会学、歴史学の分野を発端に「集合的記憶」論が叫ばれているが、これらの概念を説明しつつ、過去の記憶が現代の政治にどういう影響を及ぼすのかを考える。本章では、さらにフランスを事例として用いながら、それを具体的に解説する。のちにみるように、こうした「過去」との関係の修復という問題は、より具体的に戦後賠償、補償といった政治の問題と密接に結びつく。政治的に操作されやすい「過去」を、私たちはどのように扱うべきだろうか。

第Ⅱ部はおもに国内政治における「和解」の事例を取り上げる。とくに先進国の国内政治において、先の民族紛争以外に「和解」という語が用いられることは少ないが、まず「戦後和解」としての福祉国家体制の揺らぎを検討する。第6章では近年移民問題で揺れる、福祉国家の代名詞ともいえるスウェーデンを事例に取り上げる。グローバル化のなかで移民流入がつねとなり、いまヨーロッパの福祉国家は大きな転換点に立ち、戦後和解の終焉が叫ばれている。そうだとすれば福祉国家はこれからどうなるのか。スウェーデンの動向をみることで、「戦後和解の終焉」の、次のシーンについて議論することができるだろう。

第7章はおもに日本を事例に、やはり福祉国家の揺らぎを論じる。7章ではとくに「世代」が重要な概念となる。わが国においても、少子高齢化が進むなかで年金がどうなっていくかという問題がマスコミに取り上げられ、選挙の争点になっている。財政難によって「世代」間の対立が生じるかもしれない。これはいわゆる「紛争」というべきものではないが、戦後和解体制としての福祉国家の意義が問われていることは確かである。その視点から、この対立を、どのように、かつて労使が和解したように、「和解」できるか。そ

の問題と可能性を提起する。

　第8章はアメリカを事例として政党政治の変容を検討する。二大政党制の代表格であるアメリカだが、近年――明らかに逆説的であるが――政党間対立が高まっている。というのも、従来のアメリカ議会では党が議員を拘束する力が弱く、議員個人が自由に行動しえた。そのため法案の決定時には、所属政党の意思とは異なる投票をすること（クロス・ヴォーティング）が生じることもしばしばあったからである。しかし近年では、政党間の対立が激しくなっているといわれる。それはなぜか。近頃話題になった茶会運動（ティー・パーティ）などの社会運動の動向をふまえて、アメリカ政党政治の変化を説明する。本章は先の第3章の事例と組み合わせて読むことで、民主主義体制における政党政治が抱える課題を明らかにするだろう。

　第9章、10章はアジアの事例である。第9章ではタイにおける政治的対立を検討する。アジア各国における対立、紛争は階級やイデオロギーなどがさまざまに絡みあっていることが多い。本章では「平等化の政治」、すなわち政治的な平等が進むなかで政治――エリート＝大衆関係やエリート間関係――に生じる変化をみる枠組みを用いて、複雑なタイの政治変動を読み解こうとする。タイ政治の複雑さとともに、「平等化の政治」という分析枠組みによって紛争と和解を読み解く手法に注目されたい。

　第10章は、南北コリアという分断国家を事例に扱う。この事例がもつ意味の重さを感じない人はいないだろう。イデオロギーによって分断された国家、近代にさかのぼるわが国との関係、近年の「北」をめぐるさまざまな問題……。これはわが国の政治だけでなく、政治学がきちんと向かいあわなければならない問題である。本章では国際政治学の知識を背景にしながら、とくに非政府系セクターがこの分断された半島の「和解」に果たしうる可能性を論じ、かつ問題を提起する。

　第Ⅲ部は、国際政治、国際法を土台にした部分であり、「和解」を考える際にもっとも一般的、ゆえにもっとも重要な理論、事例が並ぶといっていいだろう。第11章は、日本が背負ってきた、アジアを中心とする諸国への賠償問題のあり方を丁寧に解説する。「戦後」という時代において、賠償はもっ

とも直接的な国家間「和解」の手段といえるであろう。わが国がそれを果たしてきた（否、いまも継続している）過程を明らかにし、将来の課題を提示する。

　第12章は、第二次世界大戦でわが国と同様の課題を背負ったドイツと、ユダヤ人国家であるイスラエルとの関係をみる。この事例が、やはり単なる「事例」扱いされるべきではない、人類史上稀にみる悲惨なホロコーストを起源としていることはいうまでもない。その補償問題に、ドイツそしてイスラエルはどう取り組んできたのか。本章は丁寧にその歴史を教えてくれる。11章、12章は歴史の負の遺産といかに向きあい、いかに和解するのかをそれぞれの切り口で考えさせる。さらに第5章と組み合わせてみることで、理論的問題に向かうこともできるはずである。

　第13章は、国際法分野において用いられる「和解」概念を解説する。「紛争解決」とは何か。そのなかで「和解」とは何で、どこに位置づけられるのか。さらに真実和解委員会などそれを担う機関を説明し、そこで何が行われるのかを説明する。最後に、それでも解決しえない問題をさらに「和解」させるために必要な課題を提示する。

　第14章は、人間の安全保障と国際法との関係について「和解」を手がかりとして検証する。人間の安全保障概念は古くからいわれている概念であるが、国際法において十分議論されたとはいえないという。14章では、国際刑事裁判所の設立と活動による「和解」を通じて、それが相互に結びつく可能性があることを論じる。13章が国際法の従来の「和解」概念を整理するのだとすれば、14章は今後「和解」が国際法にもたらす変化、その可能性を指摘する。

　最後に第15章は、やはり国際政治の視点からEUが行う平和活動を取り上げ、それが紛争後社会の再生、和解に資するものであるのかを論じる。13章、14章を前提に事例分析を中心に論じるのが本章である。ノーベル平和賞を受賞したEUではあるが、その平和活動は何を目的として行われているのか。北大西洋条約機構（NATO）や国連の平和活動・理念とは相通じるのか。そして紛争後社会の「和解」を導くのか。

なお、各章では、「テキスト」という本書の意図を考慮して、先行研究の扱いなどには細心の注意がなされている。しかし、本書の執筆者は全体として、「新しい時代」という意図を共有しており、過去の研究成果をまとめているだけにはとどまらない。もう少し野心的でもある。それぞれの執筆者の豊かな研究蓄積をベースに、それぞれにもう一歩先の境地へ踏み出し、問題提起を行っている。その意味では、本書は論文集の態もなしている。どちらに重きをおいて本書を手にするかは読者に委ねたい。また、分野横断的でもあり、文体などはそれぞれの筆者の個性を生かすべく、あまり統一しないこととした。それぞれの著者の個性も味わってほしい。

本書を通じて、大学で政治学や国際関係論を学ぼうとする方はもちろんのこと、それぞれの現場で日々諸問題と格闘しておられる実務家の方々、そして何よりも、現代の社会において日々懸命に生きておられ、矛盾や不条理に苦しんでおられる方々が、希望ある新しい未来に向かうメッセージを受け取っていただけたなら、望外の喜びである。

【参考文献】
イーストン、デヴィッド［1976］『政治体系——政治学の状態への探求』山川雄巳訳、ぺりかん社。
ウォーラーステイン、イマニュエル［1981］『近代世界システム』川北稔訳、岩波書店。
カルドー、メアリー［2007］『グローバル市民社会論』山本武彦・宮脇昇・木村真紀・大西康介訳、法政大学出版局。
クリック、バーナード［2003］『現代政治学入門』添谷育志・金田耕一訳、〈講談社学術文庫〉講談社。
小菅伸子［2005］『戦後和解——日本は〈過去〉から解き放たれるのか』〈中公新書〉中央公論新社。
シュミット、カール［1970］『政治的なものの概念』田中浩・原田武雄訳、未來社。
田村哲樹［2011］「模索する政治、政治の模索」田村哲樹・堀江孝司編『模索する政治——代表制民主主義と福祉国家のゆくえ』ナカニシヤ出版、271-294頁。
法令用語研究会編［2006］『法律用語辞典　第三版』有斐閣。
ラムズボサム、オリバー／トム・ウッドハウス／ヒュー・マイアル［2009］『現代世界の紛争解決学——予防・介入・平和構築の理論と実践』宮本貴世訳、明石書店。

第Ⅰ部
政治思想としての和解・政治理論における和解

第1章
同意から和解へ
思想史の視点

森分大輔

　過去の対立を克服し、双方の立場を尊重するように和解することは、秩序形成に不可欠な過程であり、秩序を課題とする政治学はそれを無視することはできない。しかし、和解（reconciliation）が過去の政治学の主要テーマだったとはいえない。その歴史はむしろ同意（consent）を、あるいは、すでに存在する秩序を理論的に補強することを扱ってきたのである。和解の重要性は20世紀に認識されるに至った。本章ではその事情を、その前史を確認しながら把握する。その作業こそ、和解が過去に政治学が取り組んできた秩序問題の系譜に連なることと、それの重要性を再確認することとにつながるからである。

1．対立の克服と政治学

秩序と政治学

　政治学の源流たる古代ギリシアのソクラテス学派に、秩序の存在を前提し、それを論理的に補強しようとする思考の最初の例を見出すことができる。プラトンの『国家』は、哲学者が理性的に発見した普遍的秩序を共同体に敷衍することで理想の政治が出現可能であると主張した（Plato [1986] 369C）。また、アリストテレスも人間の共同性を前提にして政治を論じたのである[1]。普遍的秩序、あるいは共同性を前提にする彼らからすれば、対立は無知や誤

解から生ずるのであって、それを正せば本来の姿が回復する。その意味で「人間は政治的動物」であった。

この傾向は変化をともないながらも近代の初頭まで続く。中世にキリスト教共同体が形成されたことで、その思考が引き継がれたためである。それをやや誇張して述べるなら、教会という制度をともなって統一を保ち続けてきたヨーロッパは、制度の根幹たる信仰をめぐって対立を生じさせた宗教改革に至るまで、和解の問題から目をそらしてきたのである。近代に生じたその混乱によって対立が誤解や無知に起因するのではなく、心情の根源的差異に由来した暴力現象であることが明白になり、政治学は対立の克服を課題と捉えるようになったのである（Strauss［1950］pp. 163-164, 邦訳 178-179 頁）。

対立の克服と同意

秩序形成の取り組みを代表するのは、ニッコロ・マキアヴェッリとトマス・ホッブズとであろう。前者は分裂状態にあるイタリア半島の統一という課題に対して古典に縛られない合理的思考と強力な軍事力とを有する君主を要請し、後者は宗教的対立に起因するイングランドの内乱状態を理論的に否定するために理性的推論にもとづく社会契約の締結を提示したからである。

マキアヴェッリの議論は、分断の克服を誤解や無知の解消によってではなく、強力な実行力を有する君主の力量に求めた。『君主論』（1532 年）に示されているように、それは個人の力量に可能性を求めるという点でかつての主知主義的傾向から逸脱するものであった。ただしそれは、敵対者双方が何らかの形で歩み寄り和解を果たすというよりは一方の強制力にもとづいた支配を薦める論理であり、いわば和解よりも併合を、分断よりも統一を国家（state）によって実現する理論であった[2]。

これに対しホッブズは『リヴァイアサン』（1651 年）で秩序を同意によって生じさせることを主張した。彼は、自身の直面した内乱を雛形とした「万人が万人に対して狼である」自然状態をいかに克服するのかという問題を掲げ、その解答として各自の宗教的、党派的立場を超越した共通利害を理性的推論によって発見すること、そして、それを保全する国家の設立のために社会契

約をかわすことを提示した。たんなる誤解ではなく信仰の違いから生じた根源的な対立を克服するために、他の利害を捨象し、自身にとって本質的な利益を推論によって導き出し、妥協、同意することを求めたのである[3]。

　ホッブズ流の解答はその後も引き継がれた。ジョン・ロックの『統治二論』(1690年) に同様の主張を確認できるからである。彼の議論は、ホッブズの示した共通利害が自己保存という限定的な便益であったのに対し、個人の財産権の保護のためにも理性的な同意が有効であり、その保持のために強制力をともなう国家の創設が有効であることを示すものであった (Locke [1988] p. 324, 邦訳 257 頁)。それは血で血を洗う深刻な対立とはほど遠い、たんなる財産をめぐる私的な対立においても理性的な同意が有効であることを、そして、その同意を最終的に担保するために主権を有する強制的秩序の存在が有効であることを、政治理論が承認したことを意味していた。

　こうして、立場の異なる行為者に通底する利害を理性的に発見して同意するという主張と、それを正統性根拠とした国家形成という二段構えの図式は、政治学において一定の地歩を得るに至ったのである。

2．理性的同意と保守主義

バークの批判

　こうした同意の理論はさまざまな挑戦を受けた。それはこの理論に触発されるようにして現れたフランス革命に対する批判へと結実した。すなわち、第一にエドモンド・バークによる、第二にドイツ哲学による批判である。

　事実からすれば、革命を同意の成果とみなすことは困難であった。それは同意の調達どころか敵対者を粛清し、旧来的機構を破壊したからである。バークは同時代のこうした革命を、『フランス革命に対する省察』(1790年) において批判した。すなわち、それは理性を掲げることで旧体制を変革する試みであり、その原理を容認しないものを排除する。しかし政治秩序とは本来、抽象的な理性原理にではなく個別的かつ具体的な行為者間の妥協の蓄積に基礎づけられたものである。したがって、過去の経緯を無視する理性概念は有

害であり、それを根拠に秩序の再編に着手することなど許されるはずはないのである[4]。

彼の主張に象徴される過去の伝統やその妥協の積み重ねを重視する立場は、保守主義と呼ばれている。それは君主制の伝統を擁護する反動的機能を有していた。しかし、和解の問題を理解しようとするならば、こうした批判も無視されるべきではない。秩序の形成および維持にまつわる条件という問題を、それが投げかけているからである。彼はそれを歴史、とくに具体的な過去の経緯に見出していた。理性による同意という主張にみられる仮構性、あるいはその欺瞞が批判されたのである。

ドイツ哲学からの批判

こうした保守的反応はドイツにもみられた。ただし、それには次のような二つの事情を加味して考える必要があるだろう。第一には、フランス革命は、その理性主義的志向から同意にもとづく国家の正統性の源泉たる国民（nation）の概念を生み出すにとどまらず、それを古い共和制の伝統に重ねて理解しようと試みたのである。革命は、国家の正統性が国民の同意に依拠するというフィクションのみならず、彼らが統治に積極的に関わり、対話することのできる理性的市民であると主張したのである[5]。

こうした傾向は、現実の革命が暴力によって挫折したあとにも残存した。国民を対話し、同意することが可能な理性的市民とみなすことが定着したのである（O'Brien [1988] p.32）。ただし、実際に機能しえたのは、その変種である代表的具現の公共性観念であった。これが第二の事情、すなわち君主を、国民を代表する統治者とみなすそうした観念の流通である。これは革命の示した理性主義の影響から逃れられない現実と保守主義の擁護した伝統との妥協の産物であり、それが君主制維持のために尊重されるいびつな国民像を形づくったのである（Habermas [1991] pp.12-14, 121, 邦訳 22-26、163 頁；Anderson [1991] p.86, 邦訳 150 頁）。

このような状況において、統治にまつわる理性的判断は君主の専権事項であった。それゆえに人びとを正当化するための異なった論理が求められたの

である。さらにはフランスとの戦争が、その模索を促進させたともいえるだろう。敵対者の掲げる原理をそのまま受容することは困難だったのである。こうして、その要請に応える形で提示されたのが、文化の共有と歴史とを強調するドイツの哲学的論理だった[6]。

当時表明されたフィヒテの『ドイツ国民に告ぐ』(1808年)は、国民における文化共有の重要性を講義している。フランスの体現する近代的同意の理論では、個々人は文化的影響を捨象した理性的行為者として自律的に妥協し、同意を得ることができるとされていた。しかし、彼によれば国民はそのような状態においてではなく、文化を共有した状態において本来的な姿を現し、固有の判断を下すことができるとされたのである (Fichte [1978] p. 106, 邦訳98頁; Kedourie [1960] p. 47, 邦訳42頁)。

このような主張はフィヒテにとどまらなかった。そしてそれは、同意の理論の示した理性的妥協の主張に対する次のような批判として作用した。すなわち、仮に国家を形成するような同意の機会が過去に存在しえたにせよ、それはどのように実現したのか。教養も判断材料ももたない未開人が行ったのか。しかし人は文化を共有し、政治的経験を積むことではじめて同意する能力を獲得しうるのではないか。実効的な同意と統一とは、それらの共有を前提にしてはじめて可能となるはずである[7]。

3. 同意の文化的定着

対話する市民の登場

近代の提示した同意の理論に向けられた批判は、歴史や伝統の尊重に加えて、同意の論理における文化の作用という問題を提起した。彼らの保守的立場から発せられた批判は、突き詰めれば次のように定式化できるだろう。すなわち、秩序形成において先行するのは文化的一体性か、あるいは同意か。換言すればそれは、「文化」において潜在化していた秩序を追認するか、それとも同意によって秩序を創造するかという問いである。こうしてさまざまな党派的拘束から解放されることで妥協の達成を示した理性的同意の理論は、

人びとを拘束する文化や伝統、歴史的文脈の問題に取り組む必要に迫られたのである。

このような観点から同意の理論の発展を探る場合に確認せねばならないのは、対話する市民という理想像が現実から遊離した空想の産物であったとはいいきれない点である。それは少なくともフランス革命において文化事象の領域に出現していた。革命を境に美術品は宮廷の内奥から博物館へと移され、文学作品もまた徐々にさまざまな批評にさらされるようになったのである[8]。

また、アメリカ大陸では、政治の領域にも市民が登場するようになっていた。アレクシス・ド・トクヴィルがのちに『アメリカのデモクラシー』(1835年)で伝えたように、そこではピューリタニズムの影響から、人びとは開拓期から政治にかかわってきたのである[9]。さらに時代を下るならば、かつてのフランス革命が示した君主と共和との体制選択の問題を克服したイングランドでは、ジョン・スチュアート・ミルの『自由論』(1859年)が示したように市民の存在は明らかだった。そこでは個人がいかなる意味で理性的存在であり、そして、同意がどのような作用を果たすのかに関するより精緻な議論が展開されたのである。

トクヴィルとミル

トクヴィルはアメリカ革命、および新大陸の開拓過程に高い評価を与えていた。その成果として登場した当該社会の非暴力性を積極的に取り上げたのである。彼は、メイフラワー誓約に始まるアメリカ社会の穏健な民主主義社会の可能性を、革命後のフランスと機会のあるごとに比較している。人びとの地位の平等化を進展させたアメリカは、対話と妥協にもとづく穏健な統治の範例だった(Tocqueville [2003] p. 18, 邦訳 20 頁)。

こうした対話と妥協との慣習的実現は、同意の理論に対して加えられたドイツ哲学からの批判、すなわち、文化を基底にしない同意の不可能性に対する一つの回答として捉えることができる。人びとは新大陸へ渡ったあとに文化——同意の文化——を醸成し、それになじむことで積極的に対話する政治を形成した(斎藤 [1995] 163-165 頁)。ホッブズらの議論が一回の同意によっ

て強権的国家の設立へと飛躍したのに対し、アメリカの建国は同意の文化の醸成という長い助走期間を経たのである。

　文化の影響力はさまざまなところに現れていた。典型的には彼の指摘したアメリカ社会の特徴、すなわち小規模な行政的機構にそれが現れている。契約論者が対立を国家の介入によって防ごうとしたのに対し、アメリカ社会は同意や妥協を文化的に定着させることで国家の強制力をほとんど必要としない新しい統治のあり方を示したのである（Tocqueville［2003］pp. 85-86, 邦訳上116-117頁；Wolin［2001］p. 199）。

　また、このような状況とは異なるにせよ、ミルが『自由論』で論じた社会でも同意は定着していた。1837年の第一次選挙法改正によって参政権が拡大し、さらに労働者に対しても門戸を開くか否かについての議論がなされる過程において、理性的に政治に関与する市民というかつての理想はすでに当該秩序における前提として組み込まれつつあった。むしろ問題はそのような市民が織りなす社会内部の同化圧力であった（Mill［1989］pp. 82-84, 邦訳167-171頁；芹澤［1987］255頁）。

　ミルの議論は社会におけるそのような圧力の不当性と、そうした市民の資質を取り上げていた。アメリカ社会における同様の特徴をトクヴィルは「多数者の専制」として非難したが、ミルもまたイギリス社会におけるそれを批判したのである。彼は個々人がそれぞれに発展する可能性を有すると論じ、その発展を最大限尊重することが社会にとって不可欠であると説いた。いわば理性的同意が習慣化した社会に対してミルは、個々人に過度の同調を求めることを戒めたのである。彼にとってそれこそが同化圧力から生ずる社会の閉塞を回避する道だった（Mill［1989］pp. 58-60, 邦訳118-120頁）。

　ミルは、こうして同意の理論が有していた抑圧的性格の緩和を試みた。彼がその作業を成しえたのは、これまでの同意の理論が憂慮していた社会内部の対立や、それを引き金とする秩序崩壊に強い関心を示さなかったからであろう。彼の態度は同意の文化の定着と、それにともなう問題点の移行とを示している。

圧力と排除

　これらの議論をふまえるならば、歴史の経過にしたがって、かつての同意の理論が喧伝していた対話する市民が政治の領域にも登場したと述べることは許されるだろう。ただし、すでに確認されているように理論家たちは手放しでそれを賞賛していたわけではない。すなわち、同意の社会は国家権力のものではないにせよ、圧力や排除という無視できない問題をはらんでいたのである。

　社会内部の圧力の問題についてはすでにふれた。ミルの議論にあるように、文化として定着した同意は、それからの逸脱を許容しないのである。それが国家という具体的な権力機構を介することのない匿名の権力であることから、解決はかつての革命のように機構変革へと向かうことはできなかった。それが個人の自由にまつわる倫理の問題に彼を取り組ませた理由であった。

　あるいはトクヴィルは、彼の訪問時においてもいまだ継続中であった新大陸の発展過程における排除の問題を論じた。当時のアメリカ社会において、ネイティブ・アメリカンが暴力的に排除され、黒人が奴隷状態におかれていることを適確に、そして雄弁に描き出したのである（Tocqueville [2003] p. 396, 邦訳下 294 頁）。それは理性的同意の原理が生み出した社会が、それを受容しない存在を、あるいはその社会への参入が認められない存在を、一方的に排除、攻撃することを示し、批判したものであった。

4．ナショナリズムからの不同意

ナショナリズムの登場

　政治学における和解の問題を考察する場合、同意の論理の発展と平行して、別の事態が進展していたことにも注意を払わねばならない。すなわち、先にみた文化と歴史とを強調する国民観が、より強力なナショナリズムの論理へと結実していったのである。もちろん、後代に絶大な影響力を及ぼしたその観念のすべての起源を、バークやドイツ哲学の保守性に求めるべきではない。彼らの批判をテコとし、後代のさまざまな流行思潮が混合されたことで、文

化と歴史とを強調するナショナリズムの見解が形成されたのである（Hobsbaum [1990] p. 91, 邦訳 117 頁）。

　この思想的キメラのもたらした攻撃力は、これまでの批判と比べても一段と強力であった。その言説は、自身を同意の論理に対する戦闘的言説として形成したからである。さらに述べれば、これまでの諸批判がイギリスやドイツという限定された地域から発せられた保守的反応であったのに対し、それはヨーロッパという地域を越えて植民地にも広がり、より強力な影響力を及ぼしたのである。

　このようなナショナリズムの成立過程において、次の二つの観念が混合されたことは決定的だった。それらが過去にもとづいた正統性のみならず将来をも保証する独自の言説を形成したからである。すなわち第一に、民族は他の犠牲のうえにおいて成立するとみなす闘争的世界観、第二に、自身をその闘争に勝ち抜くことのできる選民とみなす擬似神学的な歴史観がそれである。ドイツ哲学が示唆した各人民に固有の文化を強調する態度は、こうした文脈に据えられながら国家形成を果たしえなかった文化集団（ethnic group）に受け入れられていく。抑圧、弾圧された過去を有する集団は、それによって倫理的優越を、つまり選民性を保証されると、それが語りかけたのである。こうして文化も歴史も諸集団の分断と対立とを煽る宿痾として機能していった（Arendt [1975] pp. 224-225, 邦訳 166 頁）。

二つのネイション

　このような思考様式について、これまでの議論との関連で指摘せねばならないのは、それが国民観念を分裂させることだろう。一つは、これまでに確認してきた理性的同意の論理を前提とし、国民を市民とみなすことを許容するナショナリズム（国民型）であり、もう一つは、文化を強調し対立的歴史観念を基礎に据えた新しいナショナリズム（民族型）である。国民型のそれが、理性的同意の理論と共和主義の伝統との架橋に違和感を抱くことなく、政治的参加や自由の保持を現実化する国民国家形成を（観念上）志向したのに対し、民族型のそれは、前者を否定し、文化的団結と闘争の歴史とを強調

するより攻撃的な運動を形成したのである（Arendt [1975] p. 227, 邦訳 170頁）。

このような対照的構図が形成された背景に、民族型ナショナリズムを志向せざるをえなかった者たちの状況への自覚を国民型が促したことを見出すことができる。そして、国民型のそれが植民地支配の正当化言説として活用可能であったために、いっそうの敵愾心を煽ったことも指摘できるだろう。すなわち、文明の進展を促す後見的立場において理性的植民地支配は正当化されうるというのがそれである[10]。

民族型を志向するナショナリストからすれば、たとえ植民地支配の一面の真実を抉り取っていようとも、そうした主張を受け入れることはできなかった。それが国民未満の状態におかれている現状の甘受を意味するからである。加えて、それ以上に困難だったのは、その原理の優越を彼ら自身が承認していることの表明であった。仮に論理的に優越しているがゆえに受け入れられるべきものだったとしても、承認は支配の正当性の追認につながるからである（Chatterjee [1993] p. 39）。それゆえ、自身の状況を史的に表現することでその不当性を示し、さらには自らの文化的、民族的優越を訴える必要があった。文化と歴史とはこの段階において、選民としての将来への約束の原理であることに加えて、同意による社会の設立を促す理性の欺瞞を告発する戦闘的原理として作用するようになったのである。

同意の理論の困難

これは、近代的同意の理論では解消困難な対立が生じたことを意味している。もちろん、理性を擁護しつつこの問題を取り扱う者もいる。たとえばヤエル・タミールは、受難の歴史をもつ文化共同体の存在が、その歴史ゆえに何らかの政治的正当性を有していると主張することの非合理性を指摘し、より理性的な基準でナショナリズムの問題を処理するべきだと主張している（Tamir [1993] pp. 82-83, 邦訳 197頁）。しかし、これまでにみてきたように、歴史にかこつけた主張こそが理性と同意とを正統性根拠とする支配の言説に対抗するレトリックである以上、その批判が受け入れられることは想定しづ

らい[11]。

　このように、原理的にあからさまに敵対的な言説を駆使する立場に対して、近代の同意の理論は何らかの解決に至る道筋を示すことが可能であろうか。それが、植民地主義（colonialism）を経たナショナリズムの問題を考慮することで登場する困難である。こうして理性をではなく、過去の経緯や関係者を尊重する、あるいはその双方の文化や歴史に目を向ける、和解が浮上するのである。

5．和解の政治学へ向けて

全体主義の経験

　近代と植民地主義とを経て歴史と文化とが同意の論理に対して敵対的に用いられるようになったことは、対立の解消がより困難になったことを意味している。理性的同意の論理から排除され、あるいはそれ自体を受け入れない存在や言説が、受難の歴史と自身の文化的優越とを掲げて挑戦してきたからである。こうした対立は、過去や文化を忘却して理性的たれと主張したり、同意の文化を醸成せよと論じたりしても、解決はおぼつかない。

　この問題を考察するために本章では最後に、異なったアプローチを示す。ただし、現代ではそれはいまだ確定的な形で提示されてはいない。あくまでも手がかりとして二つの事例を取り上げるにすぎない。第一に、国際社会において取り組まれている実際の事例、第二に、それを解釈するのに有効であろう思想の例である。おそらくこれらから和解の問題を考える手がかりが見出されるだろう。

　まず、確認せねばならないのは、同意の原理に対抗的なナショナリズムの論理がどのような現実を生み出したかであろう。その点で無視できないのがナチス・ドイツをはじめとする全体主義体制の登場である。それは、その論理の極端な帰結を体現するものであった。すなわち、民族型ナショナリズムを声高に訴える大衆政党の登場によって、同意に依拠した政治体制そのものが崩壊へと導かれたのである。

この現象においてたしかに国家は一体化された。文化の一体性と優越性とを僭称する主張が国家を席巻し、国家機構がその理想の実現のために用いられたからである。反面、その立場から異物と目された人びとは組織的に狩り出され抹殺された。それは、歴史と文化との一体性と優越性とを強調する論理のグロテスクな帰結であった（Arendt［1975］pp. 271-272, 邦訳244-245頁）。

この事態と、これまでの議論との間に齟齬が生じていることに読者は気づいているだろう。理性的同意の原理こそが抑圧、排除の論理であって、個々の文化や歴史を無視することは許されないという批判が、繰り返されてきたからである。なぜ、このような事態が到来することになったのだろうか。

決定的であったのは、民族型ナショナリズムにおける文化と歴史との強調が、近代的同意の理論に対してのみ敵対的だったわけではなかったことである。相互に独立を自認する民族間の闘争という世界観と、それに依拠した歴史観とから生じた選民性の主張は、競合する他の集団に対しても向けられた。それが最終的には一つの民族、あるいは人種を絶滅に追い込もうとしたホロコーストへ帰結したのである。

真実和解委員会

選択されたその解決方法は、現在では犯罪と認識され禁止されている。ただし、それを引き起こした論理は残存し、対立が解消される気配はない。また、その過程で生じたさまざまな事態は受難の歴史として引き継がれ、それらの事態を正当化しようとする新しい言説を生み出す触媒的効果をもたらすだろう。過去の受難の歴史が自身の優越性や正統性を証明するものとして用いられるかぎり、この連鎖が切断されることは困難である。

興味深いのは近年、この連鎖を断ち切ろうとする試みがなされていることである。その克服に用いられた試みの一つが南アフリカで、デスモンド・ツツ大司教によって推し進められた真実和解委員会である。当該委員会の目的が別のところにあろうとも、結果的には、これまでにみてきた民族型ナショナリズムの示す論理に正対している点で、第一の新しい和解の試みとみなすことができる。

オリバー・ラムズボサムらによる『現代世界の紛争解決学』によれば、それは「なるべく広い個人の証言と反応を通じて、社会的和解を促そう」とするものであり、それによって過去の経緯を「単一の真実」においてではなく「複数の真実」において明らかにするものである。それは過去の事例に対する報復とも、あるいはその不正を正すための正義を求めるものとも異なる第三の道であり、「現在における社会的和解を進める」創造的試みの実例であった（Ramsbotham［2011］pp. 253-255, 邦訳276-277頁）。

　自身の正統性の証として観念的に過去を用いることなく、対立した（あるいは加害者と被害者との）双方が過去をめぐって対話のテーブルにつく試みは、それ自体が多大な困難をともなう。「記憶している不正義という時限爆弾を除去する」こと一つをとっても容易なものではないし、「過去を振り返ることで新しい傷が生じる」（ibid.［2011］pp. 249, 254, 邦訳270, 276頁）可能性も否定できないからである。ただし、「償いと許しという完全な処置にはまったく及ばないが、過去の苦悩が認められ敬意が払われるプロセスには、ヒーリングのパワーがある」ことは多くの人びとの証言から認められており（ibid.［2011］p. 255, 邦訳277頁）、そこに和解という過去に生じた亀裂を克服し、社会を再生しようとする努力の第一歩と希望とを見出すことは不当ではない。

和解の思想とナショナリズム

　では、この試みを思想的にはどう表現可能だろうか。この事例を直接取り扱ったものではないが、民族型ナショナリズムが全体主義へと帰結していく過程をつぶさに観察し、その思想的克服を目指したハンナ・アレントの議論を対応させてみよう。これが和解の模索の第二の事例である。

　アレントはあたかも先の和解のプロセスを念頭においたかのように次のように論じている。すなわち、人間は他者との関係性において自己認識を得るのであり、そしてその認識過程には、自身と他者との関係性の歴史を振り返ることが求められる。換言すれば、人びとの間をつなぐ文化的なコードとその関係性の歴史を互いに検討しつづけることで、はじめて人びとは新しい未

来への歩を進めることができるというのである。アレントはそれを可能にする人間的能力として「赦し（forgiveness）」と「約束（promise）」とを挙げているが、その能力は、先の事例に表された和解のプロセスにかかわると考えられる。すなわち、人は過去と向きあうことでそれまでの経緯の意義を了解し、そうすることで負の連鎖を断ち切る決断を下し（赦し）、あらたな関係性の構築に向かう意思を発揮（約束）しうることが、それらによって示されるからである（森分［2011］289、294-295頁）。

　こうした彼女の主張は、民族型ナショナリズムに対して次の点で対抗的である。第一に、和解の前提にある文化は、人びとを一体化するためではなく、他者との対話を媒介し、個々の行為者のそれぞれの了解を触発する。第二に、歴史は人びとの間に生じた事象の連鎖として位置づけられているのであって、何者かの特権性を証明、主張するための論理としても、あるいは何か将来の理想の到来を約束するものでもない。第三に、それにもかかわらず過去は関係者双方において決定的に重要であり、その意義を双方が独立して了解することではじめて新たな関係性の構築へと赴くことができる（森分［2007］134、180-183頁）。

和解の思想の深化に向けて

　アレントの主張はこのように、文化や歴史の問題を視野に入れ、その重要性を承認しながらも、民族型ナショナリズムが同意の理論を批判するために用いた論理を明確に否定している。同時に、それは同意の論理の焼き直しでもない。先の論理が次の点を示唆するからである。第一に、言語によって媒介される個人の関係性は、理性的同意に依拠して構築されるのではない。第二にそれは、自然状態のような真空からではなく、過去の蓄積された関係性の反省から相互に受容可能な経緯の意義を発見することで果たされる。第三に、発見される意義は、合意志向的な作業、すなわち妥協にではなく、双方の了解によって、個々人の過去の内面的昇華を経ることによって獲得される（森分［2007］126、129、135頁）。

　利害を想定した推論にもとづく妥協ではなく、個人的な了解のプロセスを

経ることで事態を受容することが人間には可能であり、それには自身の過去と他者とに向きあうことが必要である。これが端的に要約したアレントの主張であり、そしてこのプロセスには言語に象徴された推論以外の人間的能力が作用するというのが彼女の見解であった。忘却でも、諦念でも、あるいは便益の供与からも距離をとった了解の能力が破壊的な対立を克服し、自身と他者とを架橋し、和解を可能にすると彼女は考えたのである。

彼女の議論の詳細にこれ以上踏み込む必要はないだろう。対立の過去をもつ者たちが、それを自身の正当性の立証手段として用いることなく、双方に起こった受け入れがたい事実に向きあい、相互に対話を積み重ね、その意義を了解しあう和解の過程それ自体の重要性が確認されれば十分だからである。もちろん、その実現がきわめて困難であることはすでに確認した。しかし、それが合意志向的な理性に依拠しない点において同意の論理、およびそれへの敵意から解放されていることはあらためて確認されてよいだろう。

そして最後に、その困難を乗り越えるにあたり、宗教の領域が蓄積してきた智恵の可能性を指摘して本章を閉じることにしよう。すなわち、和解の可能性を論じたアレントの「人間事象の領域で、赦しの果たす役割を発見したのはナザレのイエスであった」（Arendt [1958] p. 238, 邦訳 374 頁）という言葉に、あるいは真実和解委員会を主導したツツ大司教の姿にそれは象徴されている。

【注】
（1） アリストテレスにとって和解とは博愛（philia）の問題にすぎず、「いかなる博愛も……共同性において存立するものなることは事実」であった（Aristotle [1966] 1161b, 1234b）。
（2） 『君主論』に自治経験のある都市を破壊させる記述がある（Machiavelli [1988] pp. 17-18, 邦訳 39 頁）ように、彼の議論は和解を求めるものとはいいがたい。
（3） ホッブズは誤解を周到に回避しようとしていた（Hobbes [1991] p. 28, 邦訳 75 頁）。
（4） たとえば、Burke [1987] pp. 84-85, 144-146；芹澤 [1987] 231 頁などを参照。
（5） 共和制は革命前より存在する、政治に関わる特権をもつかぎられた市民の統治を是とした原理である（Skinner [1978] p. 139）。しかし、革命への過程で全成員に同意の能力を認めようとした理論は、この伝統に重ねられて影響力を高めた。ジュネーブに『人間不

平等起源論』を捧げたルソーの姿がその象徴である（Rousseau [1997] p. 117, 邦訳 14 頁）。ルソーと同意の論理の関係は Cassirer [1979] p. 274, 邦訳下 128 頁を参照。
（６）　福田 [1985] 446-447, 472-473 頁。福田によれば保守主義はフランスとの対抗図式のもとで形成された。関連として、深井 [2012] 2-14 頁を参照。
（７）　たとえば、ヘーゲルの社会契約論批判がそれを示している（Haddock [1994] p. 157, 邦訳 211 頁）。そもそも、こうした問題は政治思想史上の一つのテーマを形成している（Wolin [2001] pp. 175-176）。
（８）　1793 年にはルーブルは美術館として機能しはじめている。Habermas [1991] p. 25, 邦訳 37 頁。
（９）　トクヴィルは、アメリカ政治におけるピューリタニズムの役割を強調している（Tocqueville [2003] p. 46, 邦訳上 59 頁）。また、参考として大木英夫の議論など（大木 [1968] 88-92 頁）を参照。
（10）　例として、以下を参照。Kedourie [1960] p. 43, 邦訳 37-38 頁；Berlin [1969] pp. 157-158, 邦訳 364-365 頁。
（11）　その歴史は、ナショナリストによって抽象化されている（Tamir [1993] pp. 81-82, 邦訳 195-196 頁）。また文化や歴史、共同体も、人工的性格を示す（Anderson [1991] pp. 36, 45, 邦訳 58、83 頁）。

【参考文献】

Anderson, Benedict [1991] *Imagined Communities: Reflections on the Origin and Spread of Nationalism*, Verso.（白石さや・白石隆訳『想像の共同体』リブロポート、1987 年）

Arendt, Hannah [1958] *The Human Condition*, University Chicago Press.（志水速雄訳『人間の条件』ちくま学芸文庫、1994 年）

─── [1975] *The Origins of Totalitarianism*, New edition with added preface, Harcourt Brace.（大島通義・大島かおり訳『全体主義の起源 2 ──帝国主義』みすず書房、1981 年）

Aristotle [1966] *The Works of Aristotle Vol. IX*, trans. W. D. Ross, Oxford University Press.（高田三郎訳『ニコマコス倫理学』岩波文庫、1973 年）

Berlin, Isaiah [1969] *Four Essays on Liberty*, Oxford University Press.（福田歓一ほか訳『自由論』みすず書房、1971 年）

Burke, Edmund [1987] *Reflections on the Revolution in France*, Hackett.（中野好之訳『フランス革命についての省察』上下巻、岩波文庫、2000 年）

Cassirer, Ernst [1979] *The Philosophy of the Enlightenment*, trans. Fritz C. A. Koelln and James P. Pettegrove, Princeton University Press.（中野好之訳『啓蒙主義の哲学』上下巻、ちくま学芸文庫、2003 年）

Chatterjee, Partha [1993] *Nationalist Thought and the Colonial World: The Derivative Discourse?*, University Of Minnesota Press.

Fichte, Joh. Gottl [1978] *Reden an die Deutsche Nation*, Felix Meiner Verlag.（鵜飼哲ほか訳『国民とは何か』インスクリプト、1997 年）

Habermas, Jürgen [1991] *The Structural Transformation of the Public Sphere*, trans. Thomas Burger, The MIT Press.（細谷貞雄・山田正行訳『公共性の構造転換』未來社、1994 年）

Haddock, Bruce [1994] "Hegel's Critique of the Theory of Social Contract," in David Boucher ed., *The Social Contract from Hobbes to Rawls*, Routledge, pp. 149-164.（飯

島昇藏ほか訳『社会契約論の系譜』ナカニシヤ出版、1997年）

Hobbes, Thomas [1991] *Leviathan*, Cambridge University Press. （水田洋訳『リヴァイアサン』岩波文庫、1992年）

Hobsbaum, Eric J. [1990] *Nations and Nationalism since 1780*, Cambridge University Press. （浜林正夫ほか訳『ナショナリズム――歴史と現在』大月書店、2001年）

Kedourie, Elie [1960] *Nationalism*, Hutchinson. （小林正之ほか訳『ナショナリズム 第二版』学文社、2000年）

Locke, John [1988] *Two Treatises of Government*, Cambridge University Press. （加藤節訳『統治二論』岩波書店、2007年）

Machiavelli, Niccolo [1988] *The Prince*, ed. Quentin Skinner, Cambridge University Press. （河島英昭訳『君主論』岩波文庫、1998年）

Mill, John S. [1989] *On Liberty*, Cambridge University Press. （塩尻公明・木村健康訳『自由論』岩波文庫、1971年）

O'Brien, C. C. [1988] "Nationalism and the French Revolution," in G. Best (ed.), *The Permanent Revolution*, Fontana Press, pp. 17-48.

Plato [1986] *The Republic*, trans. Benjamin Jowett, Prometheus Books. （藤沢令夫訳『国家』岩波文庫、1979年）

Ramsbotham, Oliver [2011] *Contemporary Conflict Resolution*, 3rd ed. Polity Press. （宮本貴世訳『現代世界の紛争解決学』明石書店、2010年）

Rousseau, Jean J. [1997] *The Discourses and Other Early Political Writings*, trans. Victor Gourevitch, Cambridge University Press. （本田喜代治・平岡昇訳『人間不平等起源論』岩波文庫、1972年）

Skinner, Quentin [1978] *The Foundations of Modern Political Thought ; Vol. 1 the Renaissance*, Cambridge University Press.

Strauss, Leo [1950] *Natural Right and History*, The University of Chicago Press. （塚崎智・石崎嘉彦訳『自然権と歴史』昭和堂、1988年）

Tamir, Yael [1993] *Liberal Nationalism*, Princeton University Press. （押村高ほか訳『リベラルなナショナリズムとは』夏目書房、2006年）

Tocqueville, Alexis De [2003] *Democracy in America*, trans. Gerald E. Bevan, Penguin Books. （松本礼二訳『アメリカのデモクラシー』第一巻上下巻、岩波文庫、2005年）

Wolin, Sheldon S. [2001] *Tocqueville between Two Worlds : The Making of a Political and Theoretical Life*, Princeton University Press.

――― [2004] *Politics and Vision*, Princeton University Press. （尾形典男ほか訳『西欧政治理論史』福村出版、1994年）

大木英夫［1968］『ピューリタン』〈中公新書〉中央公論社。
斎藤真［1995］『アメリカとは何か』〈平凡社ライブラリー〉平凡社。
芹澤功編［1987］『現代に語りかける政治思想史』昭和堂。
深井智朗［2012］『ヴァイマールの聖なる政治的精神』岩波書店。
福田歓一［1985］『政治学史』東京大学出版会。
森分大輔［2007］『ハンナ・アレント研究』風行社。
――― [2011]「アレントにおける寛容と義務」『聖学院大学総合研究所紀要』50号、278-313頁。

第 2 章
ユダヤ＝キリスト教の伝統と「和解」
和解の途上性を見据えつつ

田上雅徳

　今日、和解という言葉に否定的なニュアンスを感じ取る人はまずいない。
　手元にあった辞書をひもとくと、そこには和解の定義として「争っていたもの、反発しあっていたものが仲直りすること」（『大辞泉』）ということが記されている。まず異論のない定義だといえよう。
　これを敷衍しつつ言い換えるなら、和解とは、主として人間（集団）同士の間で紛争が収まり、調和のとれた関係が再確立されるということになる。そして私たちは通常、人間（集団）が相争うことよりも、調和の実現をみていることのほうを肯定的に語っている。それゆえ、後者を導き出す和解は多くの場合、文句のつけようのないポジティヴな意味合いをともなって、人びとに受けとめられることになるのであろう。
　さて、本章が何とも常識的にすぎる説明から始まったことを、いぶかしく思われる読者もいるかもしれない。しかも、話の枕として紹介したのは、社会科学系の専門事典でもなく、一般的な国語辞典の定義である。けれども、こうした素朴な言葉の規定からしても、ある概念をめぐる考察を深めていくことは可能かもしれない。
　たとえば、先に挙げた辞典の定義からしても、次のことを私たちはあらためて確認することができる。すなわち、和解という言葉がもし存在意義をもつとすれば、そこでは和解とは反対の事態が、すなわち紛争という事態が前提とされている、ということである。かの辞典では「争っていたもの、反発

しあっていたもの」と記されていたところだが、この点をふまえて話を続けるなら、私たちが和解を論じる際に重要になってくるのは、紛争というこの和解ならざるものをどれだけ意識できるか、ということとなろう。

1. 「和解」の特殊性

文化と「和解」
和解という理念と伝統
　さて、そうだとすると、次に考えたいのは以下のことである。やや唐突なようだが、紛争を前提とする和解という理念をめぐっては、本来それが重んじられる伝統とそうでない伝統とが存在するのではないだろうか。つまり、ある文化圏では、和解が前提とする紛争を、私たちが生きる世界の与件として見据え、それに対して深刻な反省を加えようとする思考の伝統がある。しかるに他の文化圏では、紛争を過度に与件化すること自体を、克服すべき認識上の誤りとみなす思考の伝統が支配的になっている。こういうことがいえるのではないだろうか。

　誤解のないようにいっておくと、これは何も、紛争や和解ということを重視する「進んだ」文化圏と、そうでない「遅れた」文化圏が存在する、ということを指摘しようというのではない。いわんや、後者は今日も世界に混乱をもたらしており大変困ったものだ、ということでは断じてない。

　というのも、和解という理念を重んじるか否かが、伝統や文化圏の価値を決めるわけではないからである。文化圏によっては、和解ということが重んじられなくても、それにかわる理念が尊重されていることがありうる。そしてその結果として、ある文化圏では和解が約束する人びととの間の調和を、和解にかわる他の理念が提供することもあろう。

　そもそも、人間の形成する共同体が少なくとも一定の場所と一定の時間で存続しているならば、その共同体内で生きる人びととの間には、どういう原則や心構えで調和の実現をはかればよいのかに関するコンセンサス（合意）が成立しているはずである。もちろん、コンセンサスの内容は伝統や文化によ

って違っていよう。しかし、調和や秩序をめぐるコンセンサスそのものは、ある共同体が持続しているかぎり、存在していないと考えるほうに無理がある。

仏教文化と「和解」

　たとえば、仏教の文化圏をここで思い起こしたい。もちろん、どの宗教もそうではあるが、仏教という宗教の特徴を簡潔に提示するのは、思いのほか困難である。上座部仏教と大乗仏教の違いが示唆するように、広大なアジアを舞台に展開した仏教は、教説レベルにおいてもアジア各地域で異なる体系化をはかってきた。また、教説の体系化の仕方が時代によって異なる、という問題も存在する。日本人になじみ深いところでは、平安仏教と鎌倉仏教との相違を思い起こしてみよう。まさに「根本の教えに変化はなかったにしても、その展開の諸相にはじつに種々さまざまな観念や信仰がつぎつぎと付け加えられていった」（山折［1993］84頁）度合いの高さが、この宗教のユニークな点なのである。何より、仏教とその特徴といっても、こう述べるとき私たちの多くは知らず知らずのうちに、この東洋の代表的な宗教を西洋近代的な概念で、すなわち「教義中心主義的な形をとるプロテスタンティズムに起源を有する」（磯前［2012］76頁）概念で、把握しようとしている。宗教学的には、この点だけでもすでに批判を受けやすい理解の仕方である。

　ことほど左様に問題の多い議論となることを承知したうえで、それでも論を進めるとするなら、ここでは仏教の特徴として、その開祖・釈迦牟尼が「「心」の側にも「肉体」の側にも自己の存在を特定する凝集点が失われている状態」に至り、「空虚な器になった自己の身体を反芻し、そこに盛られた非人間的な宇宙感覚に身をひたしているなかで、「空」「無」「無我」といった諸命題」（山折［1993］32頁）にかかわる思考を重ねていたであろうことを重視したい。そこから彼は、煩悩や輪廻を脱した「涅槃寂静」という平安に満ちたヴィジョンを人びとに提示することになるのだが、そうした悟りに到達する過程で彼は、紛争といった人間を苦しませる事態の実体化を批判していたといえよう。換言すればこれは、紛争そのものの無化ともいえるアイディ

アであり、その意味では少なくとも理念上、仏教の文化圏では前提からして和解ということが問題になりにくいといえる。

「和解」論の前提
関係の破れの自覚
　さて、こういう所論を積み重ねることで私たちは、和解という理念の特殊性を確認しつつある。人間同士の紛争は、現実として古今東西存在してきた。しかし、それを和解という理念に照らし合わせて処理し、調和を（再）形成しようとする問題意識は、少なくとも定義レベルでは、決して普遍的だとはいえないのである。

　もう少し、常識にもとづいた考察を続けてみる。目指すべき価値や理念として和解を考えているとき、私たちはいったいいかなる前提に立って、その言葉を用いているのだろうか。答えは数個ありそうだ。

　第一のそれは、ある人（たち）と他者（たち）との関係に、争いや反発といった破れが生じている、との自覚だった。冒頭で述べたとおりである。ある人（たち）と他者（たち）との関係が調和を生み出していない。この現実を見据えることが、私たちに和解を迫る。

悪としての関係の破れ
　そのうえで指摘したいのは、そうした破れが、私たちにとって克服すべき悪として受け止められている点である。

　たとえ人間関係において破れが生じていても、そのことを無視したり重要視しなかったりすることがありうる。つまり、人間同士の関係の破綻を放置しておくことも私たちには可能なのである。相互に交流させると摩擦や衝突を招きやすい人間集団を「棲み分け」させるということも、人類の歴史上にはあった。しかし、和解が希求されるところ、そこでは、人間同士の関係の破れは看過できないことだと把握されており、むしろそれは否定すべき事態として、改善や解消が目指されることになる。

　これは言い換えると、ある人（たち）と他者（たち）との関係は本来破綻

していてはならないし、お互い無関心でいてもいけないという規範意識が存在していることを意味する。こうした規範意識がなければ、関係の破れを解決しようとする和解への、そもそもの動機が成り立たないはずである。

コミュニケーションによる関係修復

そして、和解ということの前提として最後に指摘したいのは次の点である。すなわち和解を語るとき人は、問題となっている破れは、それによって悪を経験することになった当事者同士が、主体的にお互いに言動を交換しあうことで修復をはからなくてはならない、と考えているのである。

当事者同士が直面している問題は、当の当事者同士のコミュニケーションによって解決されなければならない。紛争解決の仕方をめぐる、そうした独特な考え方を、和解を論じる私たちは、自覚的にか無自覚的にかはともかく、採用している。換言すれば、問題となっている悪を人知の及ばぬ運命によるものとみなし、これを受動的に堪え忍んで、たとえば「時が解決する」のを待つ姿勢を拒否するところに、和解に向けての歩みは始まっているのである。

現状分析的・倫理的・主体的な「和解」

以上、和解という理念や言葉を私たちが用いるとき、そのとき前提とされているであろうポイントを複数挙げた。これは厳密な列挙では決してなく、その意味で、和解という言葉をめぐっての印象論にすぎないといえなくもない。しかし、以上のように常識的なことを思いめぐらすだけでも、どうやらいえそうなのは、和解というものが、たとえば「悟り」や「予定調和」といったものに期待する調和の形成ではない、ということである。和解、それは現状分析的で、倫理的で、そして主体的な人間の営みなのである。

そして、じつはこういう説明を重ねるとき、私は、和解というものが特定の信念体系に近しいことを指摘しようとしている。つまり、ある信念体系と親和性を有する理念として和解を捉え直し、そのうえでそれが、私たちが関心を寄せている「政治的」和解にいかなる示唆を与え、いかなる問題点を浮かび上がらせるものなのか、考えてみたいのである。

ここでいう和解と親和性を有する信念体系、それはユダヤ＝キリスト教である。

2．ユダヤ＝キリスト教の視点から

神学と「和解」
キリスト教神学における和解の位置づけ

　そこでまず、ユダヤ教やキリスト教の伝統とそれが支配的な文化圏にとって、和解という理念がいかなる地位を占めているものなのか、確認しておこう。

　総体としてのキリスト教神学を成り立たせている一つのディシプリンとして、教義学（Dogmatik）ないしは組織神学（systematic theology）と称されるものがある。これは、キリスト教の教説の体系化を目指す学問だが、そこでは多くの場合、神の本質や三位一体を説く「神論」（die Lehre Gottes）また世界の始まりとその意味を吟味する「創造論」（die Lehre der Schöpfung）と並んで、宗教としてのキリスト教が人びとに提供しようとする救済についての考えを整理した「和解論」（die Lehre von der Versöhnung/the doctrine of reconciliation）と呼ばれる各論が理論構築の主柱とされている。すなわち、キリスト教とは、人間の救済をそもそも「和解」として把握しようとする宗教にほかならないのである。

　この点を端的に述べたのが、20世紀最大のキリスト教（プロテスタント）神学者と目される、カール・バルトの以下の言葉である。「キリスト教の説教・教導・牧会・教義学・倫理学は、それを肯定するものも否定するものも、賛否いずれにしても、いつもただ、和解だけから出発することが出来るのである」（Barth [1955] S.85, 邦訳136頁）。また、戦後日本を代表するキリスト教神学者・熊野義孝も次のように述べる。「救いは神にたいして和解と平和をあたえられ、それを根拠として人と人との間に真実の交わりが形づくられていくこと、このことにほかならない。であるから〈救いの形〉を言うならば、それは「和解」という語をもって表わすことが最も適当である」（熊野

[1962] 61-62 頁)。

ユダヤ教と和解

　事情はキリスト教の母体となっているユダヤ教でもほぼ同じだといえよう。旧約聖書と呼び習わされているユダヤ教の聖典において、神とイスラエル民族との契約にもとづく和解の形成に、技術的な観点を重視するか理念的なそれを重視するかの違いはあっても、多くの場合聖書記者たちは関心を向けている（並木［1997］255-257 頁）。その際、この宗教もまた「正しい関係を示す状態」ないしは「正しい関係を回復するプロセス」（Philpott [2012] p. 122）として、和解を重んじてきたのである。

旧約聖書における「和解」論の萌芽
「創世記」

　では、このユダヤ＝キリスト教の伝統に生きる人々は、どのようにして和解という理念に思い至るようになったのだろうか。この問題を少し具体的に考えてみよう。取り上げるべきテクストは膨大なものになるから、ここではユダヤ教とキリスト教がともに尊重してきた、そして私たちにもある程度なじみ深い記事に、まず注目してみよう。それは、旧約聖書の「創世記」である。

　周知のとおり、「創世記」は「初めに、神は天地を創造された」（「創世記」第1章1節。以下、聖書からの引用は、日本聖書協会『新共同訳 聖書』による）という有名な一文からスタートする。神による世界創造の物語が、ここで描かれることになる。もちろんこの物語は、素朴といえば素朴な、古代オリエントに生きた人びとによる世界説明の一バージョンである。しかし、それを通しても私たちは、この物語を重んじる伝統と文化圏において、のちに和解という理念が重視されることになるであろう思想的萌芽を、確認することができないわけではない。

第2章　ユダヤ＝キリスト教の伝統と「和解」

良き世界創造

たとえば、自ら創造した世界に神が深い満足を覚えた、という点が注目に値する。世界創造の開始にあたり、「創世記」は「地は混沌であっ」たと述べる（第1章2節）。この、およそコスモスを確認できにくい原初の状態に対して神は「光あれ」（同章3節）「大空あれ」（同章6節）「水は一つ所に集まれ。乾いた所が現れよ」（同章9節）「地は、それぞれの生き物を生み出せ」（同章24節）「我々にかたどり、我々に似せて、人を造ろう」（同章26節）といった言葉を発しつつ、次々に世界を創り上げていく。そして、神が大地・動植物・人間などをひとつひとつ創造していく文脈のなかで、聖書記者は「神はこれを見て、良しとされた」という言葉を数回挟み込むのである。

つまり、私たち人間がおかれることになった世界は、神がそれを見て満足を覚えるほど完成されたものだった。そしてここからユダヤ＝キリスト教文化圏に生きる人びとは、調和に満ちた創造時の世界を、自分たちが現におかれている環境を考えるときの引証基準にしていくこととなる。言い換えると、紛争のやまない混乱した世界のありようは、決して神の創造に由来するものではない。紛争や混乱が本来性を僭称できないことを、この宗教的伝統は人びとに自覚させるのである。

悪の発生と失楽園

しかし、ただちに指摘しなくてはならないのは、この理想状態の記述があくまで「これに続いて、悪が世界に破滅的な形で入り込むことを意識している」（Whybray［2001］p.42）聖書記者のプロット（筋書き）の一部を構成しているという点である。

はたせるかな「創世記」は次に、これまた有名な失楽園の次第を物語ることになる。神は最初の人アダムとエバをエデンの楽園においた。彼と彼女には食物も十分に与えられており、楽園をエンジョイすることが許されていた。しかし、園の中央にある木の果実だけは食べてはならない。そういう不思議な戒めを神は人間に与える。結果としてアダムとエバはこの禁断の木の実を口にして、戒めを破ることになるのだが、この時点から人間にとって世界の

ありようは一転する。世界は人間にとって苦難に満ちたものとなるのである。

戒めを与えた神と、それを与えられた人間との関係は破綻し、同時にそのことが世界に悪が満ちることの原因ともなった。神はアダムに言明する、「お前のゆえに、土は呪われるものとなった。お前は、生涯食べ物を得ようと苦しむ。……お前は顔に汗を流してパンを得る。土に返るときまで。お前がそこから取られた土に。塵にすぎないお前は塵に返る」(「創世記」第3章17・19節)。

失楽園の悲劇はまだ終わらない。楽園を追放されたアダムとエバの子供たちは、ただちに殺しあいを始めるのである。兄カインと弟アベルの物語がこの点を描いている(「創世記」第4章1節～12節)。すなわち、そろって奉納行為をした兄弟ではあったが、神は「アベルとその献げ物に目を留められたが、カインとその献げ物には目を留められなかった」。そして、神がアベルを贔屓していると憤慨したカインは、弟を野原に誘い出し、ついに彼を殺害するに及ぶのである。

対神関係の破れ／対人関係の破れ

このように「創世記」冒頭の数頁を読む者は、失楽園の原因となった神と人との関係の破れが、人と人との関係の破れに連動していく消息を知ることになる。その際、これらの破れの根底にあるものとして、ユダヤ＝キリスト教の伝統は人間の罪を指摘する。つまり、エデンの園において、戒める神に対して反逆という罪を犯したことが人間にかかわる悪や不幸の原因とされているのである。そして、この罪に由来する神と人との、そして人と人との不和の解決が歴史的にどう果たされていくのか、その問題に聖書記者たちの関心は向かうことになる。

ユダヤ＝キリスト教史における「和解」
和解の歴史性

もちろん、この和解への道は平坦なものではない。むしろ聖書において和解の行程は行きつ戻りつを繰り返しており、そのことがこの世に生きる私た

ちの実感に強く訴える。事実、そこで神は何度となく、神と人との調和を回復するように、そしてその結果実現されるはずの人と人とのあるべき関係に立ち返るように、人間に対して訴える。その際、人間は、関係修復への促しに対してイエスともノーとも応答できる自由な存在とされているが、多くの場合この聖書のなかで人間は、神からの促しに繰り返し繰り返し反抗する。そして、とくに古代イスラエル民族によって代表されることになる人間は、異民族の支配といった歴史的な悲劇を神の裁きとして経験することで、自らの悲惨さを増していく愚かな姿をさらけ出すことになるのである。

新約聖書以後の時代

　にもかかわらず、ある場合は優れた政治指導者を通じて、ある場合は預言者を通じて、神はこうした人間に対する語りかけをやめない。のちにキリスト教は、神が申し出る和解に、第二のアダムともみなされるナザレのイエスが最終的かつ決定的に応答して、これを成就したという教説を整備する。そしてキリスト教の神学とその教団の確立に決定的な貢献を果たしたパウロは、キリスト教の救済メッセージを詳述するに際して、和解を中心的なメタファーとして用いることになる（Philpott［2012］p.135）。パウロはいう。「敵であったときでさえ、御子〔イエス〕の死によって神と和解させていただいたのであれば、和解させていただいた今は、御子の命によって救われるのはなおさらです」（新約聖書「ローマの信徒への手紙」第5章10節）。

　こうして、古代地中海世界において、和解を尊ぶ宗教的信念が体系化されていく。と同時に、この信念を共有する信仰共同体が、帝政期にあった国家ローマのなかで生成していく。いうまでもなくキリスト教会のことであるが、これまでの文脈からして重要なのは、教会が現世において政治共同体以上に、和解という理念にコミットする共同体であるとの自負を抱き、そのプレゼンスを強めていった消息であろう（Cavanaugh［2004］p.206）。

第Ⅰ部　政治思想としての和解・政治理論における和解

3．「和解」論構築のために

「和解」の応答的性格
「水に流す」こととの相違

　さて、このような聖書が語る宗教的な教説に示唆を受けつつ政治的な和解を考えようとするとき、論じるべき問題は多い。しかし、紙幅の関係もあるので、ここでは取り上げるイッシューを限定することにする。しかもあらかじめいうならば、それらは条件づけられた人間のあり方からして、どうしても矛盾するような内容になってしまうであろう。

　まず、和解という理念を重視するときに求められていたのは、先に確認したように、いま生じている紛争の原因を、何か人間の手にあまる巨大な悪といったものに帰さない姿勢だった。和解とは、それを実現する人間的主体性を前提とした営為だからである。

　しかも聖書物語に再度言及するなら、神と人間との間および人間と人間との間に起こった紛争の修復を、罪を背負った人間に対して再考し反省する（悔い改める）よう神が語りかける記述が、そこでは目についていた。聖書とは全編を通して、諸関係の破れを自覚して、当事者同士が正しく応答しあう、あるべき関係に立ち返るようにと神が人間に諭しつづけるテクストだといえなくもない。この当事者同士の応答が、単なる「水に流す」ことと和解とを区別しているのである。

南アフリカの事例から

　この点はいくら強調しても強調しすぎることはない。というのも、和解を語ることが、応答を通じた人間集団のあり方の改善を人びとに促すのではなく、むしろそれを回避する方向に作用することが、ユダヤ＝キリスト教の伝統そのもののなかにもあったからである。

　ケープタウン大学で長らく教鞭を執り、南アフリカの反アパルトヘイト闘争に自身深くかかわっていたジョン・デ・グルーチーによれば、この闘争に

第 2 章　ユダヤ゠キリスト教の伝統と「和解」

南アフリカのキリスト者たちを駆り立てるのに大きな役割を演じたのは、1985 年、人種差別問題をめぐって国民的分断の危機にあった南アフリカのキリスト教の現状を分析した「カイロス文書（Kairos Document）」だった。ところで、この文書が明らかにしていることの一つは、反アパルトヘイト闘争を支持するキリスト教神学が批判していたのが、アパルトヘイトの現状に神学的な正当性を与える神学と並んで、抜本的な社会変革をともなわない「精神的な」和解を論じるそれだったということである（デ・グルーチー［2010］232-233 頁）。

　この事例が私たちに促す反省があるとすれば、それはどういうものだろうか。和解は、優れて倫理的な概念である。けれどもそのために、かえって和解は、紛争を個々人の内面で解消してしまおうとする「心構え」論に容易に転化してしまうことも否定できないのである。この点を忘れてはなるまい。

　もちろん、「心構え」論は精神論として主体的かつ真摯であることができる。けれども、とくに政治という場で和解を実現しようとする場合に大切なのは、それが、人びとのコミュニケーションを経た実践と結びついているかどうかの吟味であろう。この点でも、「創世記」において神が「人がひとりでいるのは良くない」（第 2 章 18 節）としてアダムにエバというパートナーをあてがったことは示唆的である。人間は複数性の動物であり、複数性に由来する（紛争という）困難に対しても、その解決を複数で行うべきことが、ここでは指し示されているようである。

人間的「和解」の限界
媒介を要する和解

　ただし、その一方でこれもまた否定しがたいのは、人間が限界を有している存在だ、という事実である。

　先述したとおり、ユダヤ゠キリスト教の伝統は、人と人との和解は神と人との和解を前提にしていた。これは、一度生じた人間関係の破綻の修復には、人間の努力による改善をはみ出た部分がどうしても残る、との現実的な認識にもとづくものだといえる。「人間は、その暗い衝動を体内化させて抱えも

つがゆえに、たがいが直接に傷つけあわないように、自分と神という直接的な関係を設定したうえで、その神を媒介者として、たがいを間接的に結び合わせ、神というメタファーのもとに共同性を築き上げていく」（磯前［2012］69頁）。

　そもそも和解にかかわることができるのは、思惑を異にする（だからこそ紛争が生じるのである）複数の主体にほかならない。そういう、互いに相容れない理念と利害を有した主体の間でそれでも和解が成り立つとすれば、それはたいていの場合、理論的にも実践的にも不備のあるものとなっているはずである。私たちは、本当の和解を希求しつつも、それをついに得られないであろう存在なのである。

忘却という可能性
　この関連で述べれば、正義の実現と政治的和解とを過度に直結して考えることを相対化してみる必要性も、私たちは考慮しておかなければならない。
　小菅信子は、1713年にスペイン継承戦争を終結させるために結ばれたユトレヒト条約を例に挙げながら、紛争から生じた苦痛や犯罪行為を個別に非難するのではなく、むしろそれらを忘却することで戦争終結の講和をはかり和解を実現しようとする伝統がヨーロッパに存在していたことを紹介している（小菅［2005］10-16頁）。今日からすれば違和感を抱かざるをえない和解観ではある。けれども、こうした紛争処理の理解の背景には、神ならぬ人間が限界を有するとの自覚が存在しているのも確かで、これを一概に「人道にもとる」と決めつけることはできないであろう。
　この文脈で小菅は、スイスの法学者にして外交官でもあったヴァッテルの言葉を紹介しているが、彼は、正義の原則に厳格にのっとった講和条約の作成が不可能だとしたうえで、その理由として「被った損害に対して、正当な見積もりをまとめあげるなどということが、はたしてできるものだろうか？流された血、失われた多くの命、家族にもたらされた悲嘆に、どんな代償を支払うことができるだろう？」（同、16-17頁）ということを述べている。
　ここにあるのは、決してシニカルな国際法の学説ではない。ヴァッテルの

発言の背景にあるのはむしろ、戦争が引き起こした悪に苦しんだ人びとの思いを計量化したうえで、それを人間が適切に「再分配」して正義を実現できるとすることのうちに潜む欺瞞性をただそうとする、きわめてモラリスティック（道徳的）な問題意識だといえよう（なお、こうしたヴァッテルの所論が、国家間関係を律する、これもまた神と並んで超越性を特徴とするところの自然法の存在を前提としていることについては、細谷［2012］47-50頁を参照）。

妥協としての政治的和解

このように、完全な正義の実現としてではなく、正義の実現の手前にあるものとして和解を理解しようという発想は、和解をめぐる理論的フェティシズム（物神崇拝）に対して、私たちの反省を促す。私たちの周りには、和解（論）の精度を高めようとするあまり膨大な時間を費やしてしまい、和解を通じて本来救済すべき人を救済できなくなった、という喜悲劇が少なくないのである。その意味では、和解というものには妥協がともないがちであることを、私たちはわきまえておく必要もあろう。

もちろん、小菅もいうように、正義の実現と比べ、妥協はあまりにもみすぼらしい。しかし、バーナード・クリックの説に従うなら、「見解の一致しない諸価値と諸利害の間に納得しうる妥協点を見出すという努力を、政治を通じて行わなければならない」（クリック［1990］19-21頁）のが、私たち人間である。だとしたら、少なくとも政治的な和解に妥協がともなうことを、不潔だといってつねに拒否する理由はない。むしろ、直面する当面の問題を自分たちの手で一定程度処理できた、という実績の積み重ねを、私たちはあまり小さく見積もることのないようにしたい。それらは、人びとを新たな紛争解決に向かわせる動機づけに十分なりうるからである。

時間のなかでの「和解」
和解のアド・ホック的性格

そして直前で述べたことはそのまま、本章で和解というものを考えるときの最後の論点につながっていく。それは、和解は歴史という時間の流れのな

かでなされる、ということである。そして、歴史のなかの和解、ということで、ここでは二つのサブトピックを考えてみよう。

　第一に指摘したいのは、先にふれたように、人間が生み出す和解はほとんど間違いなく絶対的なものではなく、まさにそれゆえに、紛争が生じていた一時代を終結させた当の和解そのものが、次代における紛争の原因となることさえある、という問題である。

　繰り返しになるが、紛争当事者という主体間での解決が要請されたとしても、私たちがこの世で用いることのできるリソースはかぎられている。それゆえ、歴史のなかで成立した和解というものは、皆が満足する内容というよりは、皆が不満に思うことが（その時点で）もっとも少ない内容になっている、と考えるのが自然であろう。和解とは、ある時点ある場所に生きる当事者たちの何とも危うい倫理的かつ理論的なバランスの上に成り立っているものであり、和解成立の次の瞬間には、それに対する不平や苦痛が訴えられはじめたとしても、決して不思議ではないのである。

　この点を軽視し、ある特定の和解の成立を「永遠平和」の到来のように受け止められると、かえって、このたびの和解でもって撤回を余儀なくされた声が、ただただ忘却に値するものとして処理されることになる。当然、そうした声の担い手は、次の新たな段階に向けて和解の見直しを要求することになるのだが、ここで問題が生じる。すなわち、場合によっては、同一の共同体においても、和解を受け入れた者と受け入れられない者との間に、新たな紛争の火種がおかれないともかぎらないのである。およそ共同体というものには、その内部を全体化しようとする圧力が働いており、硬直化する危険性を帯びているからである（杉田 [1999] 14頁）。前にも述べたように、和解は倫理的に瑕疵の少ない理念である。そうであればこそ、この理念にコミットするときほど、人は独善に陥らないよう配慮する必要があろう。

過程のなかにある和解

　このことを裏面から言い直せば、和解というものは過程のなかにある、ということになる。直前で、ある和解が別の紛争の原因となりうることにふれ

た。こういう事例は枚挙に暇がない。歴史上の悲劇というものは、紛争を和解に至らせなかったことによってではなく、むしろ、和解の名のもとに紛争そのものを長いことなかったことにして積み重ねてきた無理によって生じる、といってもよいくらいである。

思えば旧約聖書においても、神は何度となく預言者を古代イスラエルに遣わし、「平和がないのに、都のために平和の幻を見る者たちよ」(「エゼキエル書」第12章16節)という皮肉の言葉を発して、平和をめぐる世界の途上性を自覚するよう、人びとに訴えかけていた。その意味で、ファイナルアンサーのない営みを継続することが、和解に関与しようとする私たちには課せられているのかもしれない。

考えてみれば、疲労感の募る営みではある。

けれども、モグラたたきゲームのように終わらない和解という営みに従事しているとき、私たちは、資源も情報も道徳性も不完全なこの世界で、間違いなく人間として生きているのである。

【参考文献】

Barth, Karl [1955] *Die Kirchliche Dogmatik I/IV: Die Lehre von der Versöhnung*, Evangelisher Verlag AG. (井上良雄訳『教会教義学 和解論 I/1』新教出版社、1959年)

Cavanaugh, William T. [2004] "Discerning: Politics and Reconciliation," in Stanley Hauerwas and Samuel Wells (eds.), *The Blackwell Companion to Christian Ethics*, Blackwell, pp. 196-208.

Philpott, Daniel [2012] *Just and Unjust Peace: An Ethic of Political Reconciliation*, Oxford University Press.

Whybray, R. N. [2001] "Genesis," in John Barton and John Muddiman (eds.), *The Oxford Bible Commentary*, Oxford University Press, pp. 38-66.

磯前順一 [2012]『宗教概念あるいは宗教学の死』東京大学出版会。
熊野義孝 [1962]『キリスト教概説』新教出版社。
クリック、バーナード [1990]『現代政治学入門』添谷育志・金田耕一訳、新評論。
小菅信子 [2005]『戦後和解』〈中公新書〉中央公論新社。
杉田敦 [1999]「全体性・多元性・開放性」『年報政治学』1999 年、3-17 頁。
デ・グルーチー、ジョン [2010]『キリスト教と民主主義』松谷好明・松谷邦英訳、新教出版社。

第Ⅰ部　政治思想としての和解・政治理論における和解

　並木浩一［1997］『ヘブライズムの人間感覚』新教出版社。
　細谷雄一［2012］『国際秩序』〈中公新書〉中央公論新社。
　山折哲雄［1993］『仏教とは何か』〈中公新書〉中央公論新社。

第3章
分断社会における「和解」の制度構築
レイプハルトの権力分有モデルを中心に

松尾秀哉

　紛争後の移行期における社会にどのような政治制度が適しているのだろうか。本章ではアレンド・レイプハルトが提唱した「権力分有モデル（power-sharing）」を中心にこの問いを考える。

　「権力分有モデル」は、彼がその起草にかかわった南アフリカ共和国の暫定憲法（1993年）をはじめ、レバノン内戦のターイフ合意（1989年）、ルワンダのアルーシャ和平合意（1993年）、ボスニア・ヘルツェゴヴィナ内戦のデイトン合意（1995年）、北アイルランド紛争の聖金曜日協定（1998年）、マケドニア紛争のオフリド合意（2000年）、そしてイラクの新憲法（2005年）などに影響を及ぼしたとされる（Finlay［2010］pp. 1-2）。

　この影響を考慮して、本章では、まず権力分有モデルを紹介する。ただし、実際の和平協定に影響を及ぼしたとはいってもすべての例でうまくいくわけではない。その成否の要因を研究した成果を含めて、権力分有モデルをめぐる議論を紹介する。さらに本章では、成否の差を生み出す要因を「権力分有モデル」の発祥の地であるヨーロッパの現状をもとに考えてみる。そこから抱える本質的な問題がみえてくると考えられるからである。

1．紛争後社会における政治制度の設計――政治学の本分

　内戦なり、他国との戦争なり、紛争後の社会にどういう政治制度が適して

いるかを考えることが、政治（学）の重要な課題であることはいうまでもない。対立していた集団が共生していける社会を形成するためには、一定のルールを共有しなくてはならない。傷つけあった過去を償い、互いに許しあって「和解」できるかどうかは究極的には当人（集団）間の問題ではあるが、二度と愚かな過ちを繰り返さないためには共有できるルールづくりも重要なはずである。否、まさにルールづくりの話し合い段階で「和解」できるかどうかが決まるといってもいいのかもしれない。これは政治「家」の仕事であるが、そこに政治「学」は何らかのヒントを与えられる可能性がある。

　この点でオランダ出身の政治学者、アレンド・レイプハルトは、積極的に自らのモデルを紛争後社会に適用しようとした学者のひとりである。彼は、「私の意見では、研究専門家は、無数の可能性と選択肢のなかから決断しなければならない〔紛争後社会のルールを作ろうとする〕憲法起草者を当惑させるよりも、もっともふさわしい提案と指針とを処方することのほうが、より意味がある」（Lijphart［2004］p.96）と述べている。

　つまり政治学者は机とパソコンに向かってウンウンとうなって論文を書いていくこと（を否定はしないだろうが）や、現実の政治に対してメディアで批判だけを繰り返すことだけではなく、現地に入り込み、研究で得たものを現実の社会に適用していくよう働きかけることのほうが大切な仕事なのだというわけである。

　そのこと、つまり政治学者の「本分」のようなものは人によっていろいろな答えがあるのだろうと思う。しかし、かなり積極的に、現地に入り込んで制度を改革、設計していった姿勢を、単純に「政治学者の仕事ではない」と否定してはいけないのだろうとも思う。実際に彼が提唱した「権力分有モデル」は、少数の白人が多数の黒人を差別した「アパルトヘイト（Apartheid：分離、隔離の意味）」という制度を放棄し、新しい平等な国家を創ろうとした南アフリカ共和国の新憲法に大きな影響を及ぼした。彼は南アフリカの政治改革委員会に参加し、彼の著書は当時多くの現地のリーダーたちに読まれたのである（峯［2000］125頁）。

　南アフリカ共和国は、その後、「パワー・シェアリングの採用によって、

アパルトヘイトの国南アフリカは、多人種国家への軟着陸を果たした」（同、137頁）と評価もされる。新しい制度設定をめぐる議論のなかで「黒人多数派と白人少数派の双方を包含する融和の価値観が熟成された」、「釈放されたマンデラ[1]は、すべての南アフリカの人種集団・エスニック集団の和解の意義を繰り返し説き続け、すべての集団から草の根の水準で尊敬を集めるようになった」（同、131頁）のである。まさにパワー・シェアリングを採用したことによって、人種差別、紛争後の「和解」を可能とした成功例といえる。

　南アフリカと同様に、レイプハルトのモデルは多くの紛争後の移行期にある国家で採用されていく。しかし、そのすべてが南アフリカのように成功したということではない。やはりアフリカ大陸の国家、ルワンダ共和国では、1990年からのツチ族とフツ族との内戦を経て、1993年のアルーシャ和平合意でやはり権力分有モデルを取り入れながら、それは履行されることもなく、すぐに人類史上稀にみる悲惨な民族浄化（エスニック・クレンジング）を経験することになった。南アフリカでうまくいき、ルワンダで失敗したのはなぜか。「権力分有モデル」の意義が議論されることになる。

　権力分有モデルの評価をめぐる議論はすでに1990年代になされてきた。しかし、現在もコンゴ、マリ（LeVan [2010]）、ブルンジ（Vandeginste [2009]）においてこのモデルがうまく適用できるのかと、主にアフリカ諸国における権力分有モデルの意義は政治学における重要な議論となっている（Mehler [2009]）。それだけ、こうした国家、否、世界中でたえず紛争が頻発しているということなのだろう。悲しい現実がここにある。

　以上のような趣旨を前提にして、本章は、まず「権力分有モデル」を説明し、その後の議論を追ってみたい。具体的には、レイプハルトが提唱する「多極共存型アプローチ」に対して、ドナルド・ホロヴィッツが批判し提示した「統合アプローチ」の議論を紹介する（つまり「権力分有モデル」には現在大きく二つの潮流があるとされている）。それを通じて「深く分断された社会（deeply divided society）」がもつ問題を明らかにする（この点の理論的問題点については、第4章を参照してほしい）。

　続いてレイプハルトのモデルがすでに定着しているヨーロッパに立ち返り、

権力分有モデル（多極共存型アプローチ）の意義を検討する。じつはホロヴィッツがレイプハルトに向けた批判の一つは、「ヨーロッパで成功したモデルを別のところに移植しようとすること」に対する批判であった（Horowitz [1985] pp. 571-574）。そこで、本章では権力分有モデルをヨーロッパに立ち返って見直してみる。とくにここでは、近年、選挙のあと1年半もの間新しい政権が組めなかった、レイプハルト・モデルの古典的事例であるベルギーを例にして考えてみたい。成否を決める本質的な問題は何だろうか。

最後に、あらためてレイプハルト・モデルのアフリカ諸国に移植することの意義を考えてみたい。つまり、現下のヨーロッパの多民族国家の状況をみることを通じて、アフリカなどの紛争後社会における制度設計について新しい知見が加えられないかと思索してみたいのである。

「権力分有モデル」をめぐる議論——多極共存型アプローチ

レイプハルト[2]は、自らの祖国オランダをモデルにして「協調（accommodation）の政治」（1968年）や「多極共存型（consociational）民主主義」（1977年）モデルを提唱した。オランダやベルギー、オーストリア、スイスといったヨーロッパの小国は、長く大国に支配されてきた歴史を有している。そのなかで、それぞれに様相は異なるが、多民族、多言語、多宗教国家として独立していくことになった。こういう社会はしばしば「分断社会」と呼ばれる。

少なくともそれ以前の政治学では、こうした社会では安定した民主主義国家の維持が難しいとされていた。しかしレイプハルトは、こうした分断社会においても、それぞれの分断区画を代表する、「卓越した」政治エリートたちが「協調」し妥協することで、内戦を回避し安定した民主主義体制が維持されると主張した。少なくとも先に挙げたような国家では、暴力的な政権交代は生じておらず、また立憲体制も維持されているではないかというわけである。レイプハルトによれば、その鍵は、①主要な区画の代表（政党）が「大連立」を組んで行政を進める、②重要な問題については多数決で決定するのではなく相互に「拒否権」を認める、③政治的な資源（ポストや資金）を各集団規模にしたがって「比例配分」する、④それぞれの区画にかかわる

ことについては、それぞれの「自治」を認める（Lijphart [1977]）、である。

多極共存型民主主義から権力分有モデルへ

　レイプハルトはその後自らのモデルを西欧小国に限定せず、適用する範囲を拡大していく。そして各国を、英米型の多数決、二大政党制によって代表される「多数決型民主主義」と、比例制と妥協、協調を趣旨とする先の「多極共存型民主主義」とを類別し、後者を「合意型民主主義」と読み替えていく。こうした拡大の背景には、のちにレイプハルト自身が説明しているように、当時（1980年代半ばまでに）「多数決型民主主義よりも合意型民主主義のほうが〔民主主義として〕優れていると考えるようになった」（Lijphart [2000]）ことがある。

　同時にこの時期、レイプハルトは南アフリカの状況に関心を向けていく。峯によれば、レイプハルトの「多極共存型民主主義」の発想は「ヨーロッパ発」ではない。西アフリカの研究者であるアーサー・ルイスの影響が大きいという（峯［2000］121頁）。この多極共存型モデルは、その後「英語の発音〔コンソシエーショナル〕が難しいから」（Lijphart [2008]）という理由で、レイプハルト自身によって「権力分有モデル」と読み替えられる。さらに彼は積極的に自らの「権力分有モデル」がアフリカなどの分断社会の統治システムとしてふさわしいとして考えて（規範化）、これが南アフリカ憲法に大きく影響したのである（Lijphart [1985][2002][2004]；峯［2000］）。

　これに対して異議を唱えたのが、ホロヴィッツである。問題は選挙制度にあった。レイプハルトは、「比例配分」を重視して、選挙制度として「名簿式比例代表制」を挙げる[3]。これは、選挙前に立候補者を立てる政党がそれぞれ「候補者名簿」を有権者に提出する制度である。有権者はいわば「名簿」を選択する。選挙後、各政党は、それぞれの政党（名簿）に投じられた得票数が、全体の得票数のどれくらいの割合を占めたのか、その割合にしたがって議席を比例的に配分される[4]。

　しかし、多民族からなる分断社会においては、多数の民族が分散して暮らしていることは少なく、ある特定の地域にある民族が集中して暮らしている

ことが多い。もしある選挙区が特定の民族で占められているのであれば、その選挙区を代表する政党は、その特定民族だけに支持されればいい。そのため、主要政党のリーダーは、自分が基盤としている地域（民族）へアピールして票を獲得しようとする。

えてしてそのアピールは自民族の優位を訴え、他の民族を攻撃するような言葉で彩られることも多い。そうなってしまうと、その後の「協調」は難しいものになりかねない。つい先ほどまで他の民族を敵視してアピールし選挙に勝利した政党（リーダー）が、選挙が終わった途端、その敵と協調することができるだろうか。こうした「競り上げ効果」を批判したのがホロヴィッツであり、彼はそれを封じ込めるために「選択投票制（alternative vote）」を提示する。

この制度では、各選挙区から1名を選出する。その1名は選挙区で過半数の票を得なくてはならない。そういう条件（絶対多数）がある。そして有権者は候補者に優先順位をつけて投票する。もし「第一優先」とされた候補者のうち過半数に達する者がいなければ、最下位候補者を除外して、その候補者に投じられた票の「第二優先」に、票が振り分けられる。過半数獲得者が現れるまで、これが繰り返される（Renwick [2011]）。

この制度の場合、分断社会における立候補者や政党は、「第二優先」になろうとする動機が強まる。理論上、分断された社会では「第一優先」だけで当選者が決まることは少ないと考えられるからだ。つまり、他の民族の有権者にも「第二優先」として支持してもらえなければ、当選できなくなる可能性が高くなってしまう。「自分の民族だけ！」という主張は弱くなり、「私たちもだが、あなたたちも」と「協調」をアピールする可能性が高くなって「競り上げ効果」を抑え込むことが期待される。ホロヴィッツのアプローチが「統合アプローチ」などといわれるのは、そのためである。

ただし、これにも問題が指摘されている。それは選挙区をどう分けるかという作業上の問題である。たとえ1名だけを選ぶ「小選挙区」だったとしても、その選挙区内に一つの民族が集中して住んでいれば、「第一優先」だけで過半数を獲得する可能性は高まる。その点は変わらない。むしろ選挙区が

第3章　分断社会における「和解」の制度構築

小さくなればなるほど、同一民族がそこに集中する可能性は高いだろう。その意味では、「統合モデル」は「多極共存型モデル」の「競り上げ効果」に対する批判を完全に乗り越えてはいない。

さらには、選挙区の区割りを設計するのは、そのときの政治家、与党だろう。彼らが自分たちに不利になるかもしれない選挙区割りを設計するだろうか。むしろ自分たちに有利な選挙改革をするのではないか。自分たちの民族が集中している地域を一つの選挙区とし、別民族が集中している地区は民族が分散するような区割りを考えるかもしれない。こういう恣意的な選挙区設計を、一般に「ゲリマンダリング」と呼ぶ。ゲリマンダリングが生じれば、「競り上げ効果」を押さえることはできないことになってしまうし、それを決めていく話し合いが決裂して新しい紛争の火種になることも考えられる。

多極共存型アプローチと統合アプローチを簡単にみたが、いずれにせよ競り上げ効果を食い止めるのは難しいかもしれない。しかし、だからこそ、制度設計のための話し合いが、新しい紛争を食い止めるためにも重要であることは理解してほしい。このように、まだ問題が指摘される権力分有モデル（多極共存アプローチ）ではあるが、しかし一方では南アフリカでの紛争後和解を成功裏に終わらせ、他方でルワンダでは失敗した。では、その差はどこに認められているのだろうか。

権力分有モデルの成否──南アフリカとルワンダ研究から

モデルの成否について考えるために「成功」した南アフリカ、「失敗」とされるルワンダについてふれておこう[5]。もちろんそれぞれの国の動向がすべてこの制度だけで決定されるわけではないが、ここでは簡単に制度に注目して説明する。

南アフリカ共和国は、かつてオランダの東インド会社がケープタウンに貿易の中継地を建設し入植、その後1910年に生じたイギリスとの南アフリカ戦争（ボーア戦争）を経て、イギリス連邦の一部としての南アフリカ連邦が成立したところから現代史が始まる。この時点で原住民が8割程度を占め、白人はオランダ系移民の系譜であるアフリカーナーとイギリス系とに分かれ

第Ⅰ部　政治思想としての和解・政治理論における和解

ていた。

　その後、白人間の協力によって1913年、36年と土地の分離が進んだ。23年には人種別のIDカードが配布、強要される。1948年にはイギリス統治に不満をもつアフリカーナーの政党、国民党（NP）が政権を奪取し、アパルトヘイト体制が成立することになる。

　以上のような土地の分離と強制移住が進められるなかで、抵抗運動も台頭する。1912年にはアフリカ民族会議（ANC）が結成される。ANCは抵抗を繰り返しながら成長する。60年代、さらに80年代の弾圧強化の時代を経て、ようやく90年にはNPのデクラーク政権がANCで抵抗運動のリーダーであったマンデラを釈放し、アパルトヘイトの廃止を宣言するに至る。

　その後新体制が成立するまでの間の4年間はテロなども頻発し、多数の市民が犠牲となったが、ようやく1993年に暫定憲法が制定され、翌年に原住民にも権利を開いた新しい選挙が行われることになった。主にこの暫定憲法において権力分有モデルが採用されている。たとえば選挙制度としては比例代表制が採用され、また閣僚ポストの配分も各党の議席数に比例したものとされた。

　翌年の選挙ではANCが63％の議席を獲得し、マンデラが大統領に選出される。他方でNPで前大統領のデクラークも副大統領に就任し、権力から排除されなかった。4年間の暴力の時を経て、しかし南アフリカ共和国は、権力分有モデルによって「虹の国」へと再出発した。現在の南アフリカ共和国は、貧富の差の拡大などの問題を抱えつつも、経済成長著しく、かつてのようなアパルトヘイト体制に戻ることはないといわれている。

　他方、ルワンダ共和国は元来フツ族が8割、ツチ族が2割で構成される。ただし言語、宗教、居住地の差はなく、そこに「民族」の相違というレッテルを貼ったのは、この地を植民地としたベルギーである。かつベルギーは少数派であるツチを優秀な民族と捉え、少数派ツチによる統治体制を作り上げた。こうした統治体制に多数派フツの不満は募り、反植民地運動と重なって1959年にフツによる社会革命が生じる。これによってルワンダは、1962年にフツ・エリートによる独立を達成し、このとき排除されたツチは多くがウ

ガンダへ亡命することとなる。

　1973年には、ルワンダでハビャリマナ大統領が就任し、一党制、独裁体制を作り上げていく。これに対してウガンダに逃れたツチはルワンダ愛国戦線（RPF）を組織し、90年にルワンダに侵攻する。いわゆるルワンダ内戦である。多数の犠牲者を出したこの内戦は、93年にアルーシャ和平合意が結ばれ終結すると思われた。

　この合意では、「幅広い移行政府」の責任のもとでの法治国家づくり、すなわち（移行）議会は70議席をRPFほか主要5政党が11議席ずつ占めること、21閣僚中五つをRPFが占めること、大統領から議会への権限委譲、さらに軍隊も政府軍とRPF軍からなる「移行国民軍」の形成がうたわれる（軍の40％、士官の50％をRPF）など、権力分有にもとづく規定が随所にみられるものであった。

　しかし、この合意から排除されたフツ強硬派と、おおよそ半分の兵を解雇することになる政府軍とはこの合意を阻止しようとする動きを強める。また権限が縮小されるハビャリマナ大統領も1992年11月にはこの停戦合意を「紙くず」と評し、一時は交渉のテーブルから撤退するなどしていた。すでに成立以前から協定とそのための対話は崩れかかっていた。

　結局1993年8月に協定が結ばれるが、翌94年4月のハビャリマナ大統領暗殺を機に、人類史上稀にみる悲惨なジェノサイドが生じることになる。わずか3カ月の間に80万から100万の市民が犠牲になった。RPFが勝利し事態は一応収束したが、多くのフツが国外に難民となって流出し、大きな国際問題となった。

　その後ルワンダは比例代表制による選挙を再開し、RPFが圧倒的に多数を占め開発独裁、権威主義体制といわれることもある（Stroh [2009]）が、女性議員のクオーター制（全議員の一定の割合以上を女性が占めることを定める制度）が導入され、現在世界でもっとも議員の女性比率が高い国として注目されている。

　比較政治学者のトラニエロによれば、南アフリカとルワンダの成否の差は、合意交渉にあたったリーダーにある。ルワンダの場合、ハビャリマナをはじ

第 I 部　政治思想としての和解・政治理論における和解

めとする政府およびルワンダ軍は、権力分有の導入によって自らの権力を失うことを恐れていた。すなわち妥協、和解に対する意識が政府（軍）、RPFに希薄であった（Traniello [2008]）。むしろルワンダでみられたものは、ロスチャイルドとローダーが指摘したように、権力分有型の合意に対して、民族（ethnic）リーダーが抵抗する姿である（Rothschild and Roeder [2005]）。軍と大統領、過激派は和平に向かう対話よりも権力を失うことへの恐怖、敵意にとらわれた。

　他方で、南アフリカのマンデラ、デクラークはテロ、暴力が横行するなかでも、アパルトヘイトからの脱却と新しい理想の国家を目指して、粘り強く対話、交渉した。また彼らに対する民衆の支持も高いものであった。南アフリカやルワンダのリーダーをそれぞれ「対話」や「敵意」に走らせた要因は検討されねばならないが、この比較研究が指摘するのは、リーダーの重要性である。つまり、リーダーが和解を指向しないかぎり、さらにその資質をもたないかぎり、権力分有的制度は和解をもたらさないのである。では、いかにリーダーたちに和解を志向させるか。そこで発祥の地とされるヨーロッパに立ち返って検討してみたい。ここではベルギーを取り上げる。

　西欧の小国ベルギーは 1830 年にオランダから独立した。主にオランダ語を話すフランデレン民族と、フランス語を話すワロン民族によって構成されている。双方の対立を一般に言語問題という。言語問題によってベルギーは 1993 年に連邦制を導入することになった。フランデレン、ワロンそれぞれ一定の政治的、経済的自治を認めることによって民族共存の途を探ったわけである。しかし連邦化後およそ 20 年を経て二つの民族の対立が再燃し、2007 年 6 月連邦選挙以降、両民族を代表する政党の合意ができず、半年間も正式な新政権が組めない政治空白が続いた。さらに 2010 年 6 月 13 日の総選挙ではフランデレンの分離・独立を主張する民族主義政党が第一党となり、連立交渉は平行線をたどり、約 1 年半もの政治空白（史上最長記録）が生じたのである。以下では権力分有モデルの意義を考察するために、政治空白の要因を検討する。

2．多極共存型アプローチの現状――ベルギーを事例に

　ベルギーは1960年代のフランデレン（オランダ語）とワロン（フランス語）の対立を契機に両民族・言語の分権化・連邦化を進める。独立時に国家形成の主導権を握っていたのは、当時経済的に豊かであったワロンであった。しかし、戦後のベビーブームのなかでフランデレンは急激に人口が増加し、さらにワロン経済を支えていた石炭の需要が国際的に低下しつつあった。それとは対照的に豊かな港をもつフランデレンに外資が集中してフランデレンの経済が急成長した。これらを背景に1960年代にはワロン優位の諸制度に対する見直し要求が高まっていったわけである。こうして両言語・民族の間の対立が激しくなり、1970年の憲法改正を手始めに、フランデレンとワロンそれぞれの自治が拡大し、計4回の憲法改正を経て1993年に「連邦国家」を宣言するに至った。

　ベルギーが1993年に導入した連邦制は、地理的単位である「地域」と別に「言語」という属人的単位によっても構成された、複雑な三層の統治構造を有している。まずベルギー（中央）連邦政府、そしてフランデレン、ワロン、ブリュッセルという三つの「地域」という構成体、さらに属人的なオランダ語、フランス語、ドイツ語（人口の約0.5％といわれる）という言語によって区分された「共同体」という構成体が設定されている。

　このように、ベルギーは民族間の対立を解決するために、独自の連邦制度を作り出した。また連邦での閣僚ポスト配分を言語別に同等とすること、少数者の拒否権を認めるなど、成立当時ベルギーの連邦制度はレイプハルトによる多極共存型民主主義の「複写」（Deschouwer [2009] p.71）とされていた。しかし、それにもかかわらず、その後、政治空白が続いたのである。その原因は何だろうか。

　重要な問題はワロンとフランデレンの経済格差にあった。先に1960年代にフランデレンとワロンの対立は激しくなり、連邦化改革が始められることになったと述べた。繰り返すが、その背景には、第二次世界大戦後、フラン

第Ⅰ部　政治思想としての和解・政治理論における和解

デレンとワロンとの経済的、社会的地位が逆転したことがある。このフランデレンとワロンの格差は現在においても是正されていない。戦後、福祉国家が確立していくなかで、徐々にフランデレンによる社会保障財源負担が不平等感を高め、フランデレンの独立の主張が強くなったわけである。

　この問題は、2007年選挙後の交渉では答えを見出せず、さらにその後の暫定政権においても改革を進めることができなかった。その政権は短命に終わり、ベルギーは2010年6月に再び選挙を行った。その選挙では、財政不均衡を理由にフランデレンの分離独立も辞さないとする民族主義政党、新フランデレン同盟（N-VA）が単独で勝利することになる。この結果により、ベルギーはまた分裂（危機）かと騒がれ、結局新政権成立まで1年半の時間を要した。

　この交渉は、N-VAのバルト・デ・ウェヴェールとワロン側第一党の社会党、エリオ・ディ・ルポを中心に進められた。前者は、フランデレン市民の税収がいまよりもフランデレンに還元されるべきであると訴え「〔経済の〕自由〔な競争〕」を主張した。しかし、ワロン側は、経済的弱者であるワロンを国家財政（その多くはフランデレンに負っている）によって救済してほしいと考え、「連帯」を主張した。詳しい交渉過程はここでは省くが、この「自由」か「連帯」かをめぐって、何度も交渉は決裂したのである。

　最初の話し合いが決裂するまでの約2カ月を経て、その後さまざまな仲介者たちが両者の間に入り意見調整を試みるも、およそ10カ月の間事態は進展しなかった。調停者はディ・ルポとデ・ウェヴェールの間を行き来し、時間だけが過ぎていく。政治空白の世界記録を更新し、さらに大小を問わず市民のデモが生じ、さらに国王が政治家をテレビ講演で叱責するなどして、ようやく2011年7月頃から前向きに交渉しようとする動きが出てくる。しかし、この交渉にはN-VAは参加しなかった。彼らはこの交渉が自らの主張を「妥協」することにつながるとして交渉から離脱する。結局、妥協的な結論（ワロンへの拠出金増額）に達し、12月6日に正式にディ・ルポ6党連立政権が成立したのである。

　今回の交渉の長期化のポイントは、選挙で民族主義政党N-VAが勝利し

た点にある。N-VA は、第二次世界大戦後から台頭していた民族主義政党、フランデレン同盟（VU）が 2003 年に分裂してできた政党である。1999 年以降のヴェルホフスタット連立政権下においては、1999 年まで政権を守ってきたキリスト教民主フランデレン党（CDV）と N-VA が選挙連合（共通の名簿と共同の選挙公約）を結成した。そして 2007 年の選挙では、CDV の党首ルテルムは「フランス語話者はオランダ語を理解できない」などと民族主義的な言説によってキャンペーンを展開し勝利した。

そして 2010 年の選挙では N-VA が単独で勝利し、他方で CDV の得票率は過去最低を更新した。これは、2007 年の CDV の勝利が、N-VA とのカルテルによっていたことを裏づける。つまり CDV はある意味「民族主義化」していたのである。さらに 2010 年に小政党であった N-VA が勝利したことは、ここベルギーにおいても「競り上げ効果」が生じていたことを示している。

またその背景として「経済格差」があったことを忘れるべきではない。ベルギーの今回の事例は、たとえ先進国といえども、また長い「権力分有アプローチ」の伝統を有する分断社会といえども、経済格差の激しい時期において競り上げ効果を防ぐことが難しいことを示唆している。では民族共存のための制度設計は意味がないのだろうか。

3．結論と課題——「対話」のための時間

性急に結論を出す前に、もう一度ベルギーの交渉過程を振り返ってほしい。彼らは 1 年半も新政権を発足させることができなかった。それをどう評価するかがここで問われている。選挙が終わってすぐ政権ができあがることを前提としているならば、これは異常な事態である。しかし経済格差という解決困難な問題を抱えるなかで、彼らはじっくりと時間をかけて対話しつづけた。そして過激な分裂主義を排除したと評価できないだろうか。つまり分断社会における和解の重要なポイントは、競り上げ効果を阻止するための選挙制度改革だけではない。地理的な民族の均等分布や、経済的立場の対等な状況は

中長期的にみてありえない。つまり競り上げ効果を制度上阻止できないのだとすれば、むしろ選挙制度よりもリーダーを「対話」に向かわせる制度の構築が必要になるのではないだろうか。

もし紛争後社会の主要なリーダーたちが、有権者の信頼を得つづけながら対話していくことができるのであれば、権力分有モデルの可能性は広がるだろう。冒頭に記した多極共存型アプローチの諸条件でいうのであれば、おそらく②「相互拒否権」は「対話」を阻害するだろう。そしていかにして①「大連立」形成の仕組みを作り上げる——たとえば「調停者」もその一例かもしれない——かが問われている。政治学にとって重要な課題は、長きにわたる「対話」の場をどのように設計するかであり、そして政治の課題とは、リーダーが信頼を得つづける、対話可能なリーダーたりうること（そういうリーダーを選ぶ有権者であること）にあるのではないだろうか。

＊本章は、科学研究費補助金（基盤B海外学術調査）「マルチレベルガバナンス化するヨーロッパの民主的構造変化の研究」（研究代表者・小川有美）（23402019）、同（基盤C）「ベルギー連邦化改革の「意図せざる結果」」（研究代表者・松尾秀哉）（24530144）の成果の一部である。

【注】
（1）　Nelson Rolihlahla Mandela. 反アパルトヘイトの活動家として反逆罪で捕らわれるも、1990年に釈放後アパルトヘイト撤廃の活動を継続し、1991年から混乱を繰り返すなかで1994年の初の全人種参加の選挙後、大統領に就任した。1993年にノーベル平和賞受賞。
（2）　レイプハルトのアプローチのわかりやすい解説として、岩崎［2006］を挙げておく。
（3）　名簿式にも候補者の優先順位が定められている拘束名簿式、個人への得票数によって優先順位が変化する非拘束名簿式などがある。
（4）　比例配分の計算方法にはドント式、サン＝ラグ式、ヘアー式などがある。ベルギーではドント式が採用されている。
（5）　以下の南アフリカとルワンダの事例記述は、主に以下の文献にもとづいている。Traniello［2008］；南アフリカ：藤本［1998］；峯［2000］／ルワンダ：武内［1998］；田中［2002］；饗場［2006］。

【参考文献】

Deschouwer, Kris [2009] *The Politics of Belgium, Governing a Divided Society*, Palgrave Macmillan.
Finlay, Andrew [2010] *Governing Ethnic Conflict, Consociation, Identity and the Price of Peace*, Routledge.
Horowitz, Donald [1985] *Ethnic Groups in Conflict*, University of California Press.
——— [1991] *A Democratic South Africa? : Constitutional Engineering in a Divided Society*, University of Carifornia Press.
——— [1994] "Conflict and the Incentives to Political Accommodation, in Northern Ireland and the Politics of Reconciliation," in Dermot Keogh and Michael H. Haltzel (eds.), *Northern Ireland and the Politics of Reconciliation*, Cambridge University Press, pp. 173-188.
LeVan, A. Carl [2010] "Power Sharing and Inclusive Politics in Africa's Uncertain Democracies," *Governance: an International Journal of Policy, Administration, and Institutions*, Vol. 24, No. 1, pp. 31-53.
Lijphart, Arend [1977] *Democracy in Plural Societies: A Comparative Exploration*, Yale University Press.
——— [1985] *Power-sharing in South Africa*, Institute of International Studies, University of California.
——— [2000] "The Pros and Cons-but Mainly Pros-of Consensus Democracy," *Acta Politica*, Vol. 36, No. 2, pp. 129-139.
——— [2002] "The Wave of Power-Sharing Democracies," Andrew Reynolds (ed.), *The Architecture of Democracy*, Oxford University Press, pp. 37-54.
——— [2004] "Constitutional Design for Divided Societies," *Journal of Democracy*, Vol. 15, No. 2, pp. 96-109.
——— [2008] *Thinking about Democracy: Power Sharing and Majority Rule in Theory and Practice*, Routledge.
Mehler, Andreas [2009] "Introduction: Power-sharing in Africa," *Africa Spectrum*, Vol. 44, No. 3, pp. 2-10.
Obler, Jeffrey, Jürg Steiner and Guido Dierickx [1977] "Dicision-making in Smaller Democracies: The Consociational 'Burden'," *Sage Professional Papers in Comparative Politics*, Sage, pp. 40-43.
Pagano, Giuseppe, Julien Vandernoot and Thomas Tyrant [2011] "Vingt ans de solidarité entre les entités fédérées (1989-2009)," *Courrier hebdomadaire de CRISP*, n, 2122, CRISP.
Renwick, Alan [2011] "The Alternative Vote, A Briefing Paper," Political Studies Association, 〈http://www.psa.ac.uk/PSAPubs/TheAlternativeVoteBriefingPaper.pdf〉（2013年1月30日アクセス）
Rothschild, Donald S. and Philip G. Roeder [2005] "Power Sharing as an Impediment to Peace and Democracy," Donald S. Rothschild and Philip G. Roeder (eds.), *Sustainable Peace: Power And Democracy After Civil Wars*, Cornell University Press, pp. 29-50.
Sägesser, Caroline [2009] *Introduction à la Belgique fédérale, Courrier hebdomadaire de CRISP*, CRISP.
Stroh, Alexander [2009] "The Effects of Electoral Institutions in Rwanda: Why Propor-

tional Representation Supports the Authoritarian Regime," *GIGA Research Programme: Legitimacy and Efficiency of Political Systems*, No. 105.〈http://repec.giga-hamburg.de/pdf/giga_09_wp105_stroh.pdf〉（2013 年 1 月 30 日アクセス）
Traniello, Marisa [2008] "Power-sharing: Lessons From South Africa And Rwanda," *International Public Policy Review*, Vol. 3, No. 3, pp. 28-43.
Vandeginste, Stef [2009] "Power-sharing, Conflict and Transition in Burundi: Twenty Years of Trial and Error," *Africa Spectrum*, Vol. 44, No. 3, pp. 63-86.

饗場和彦［2006］「ルワンダにおける 1994 年のジェノサイド」『徳島大学社会科学研究』19 号、38-39 頁。
岩崎正洋［2006］『政治発展と民主化の比較政治学』東海大学出版会。
スウェンデン、ウィルフリード［2010］『西ヨーロッパにおける連邦主義と地域主義』山田徹訳、公人舎。
武居一正［2002］「ベルギーにおける言語的少数者保護」『福岡大学法学論叢』47 巻 1 号、39-65 頁。
武内進一［1998］「ルワンダ史年表」同編『現代アフリカの紛争を理解するために』アジア経済研究所、261-316 頁。
田中宏明［2002］「国内紛争における和平プロセス：アルーシャ和平プロセスの成功と失敗」『宮崎公立大学人文学部紀要』9 巻 1 号、83-117 頁。
藤本義彦［1998］「民族分断と国民統合――その歴史的過程」佐藤誠編『南アフリカの政治経済学――ポスト・マンデラとグローバライゼーション』明石書店、83-104 頁。
峯洋一［2000］「紛争処理における多極共存型統治モデルの可能性――南アフリカ共和国の事例から」峯・畑中編『憎悪から和解へ　地域紛争を考える』京大出版会、105-155 頁。
レイプハルト、アレンド［2005］『民主主義対民主主義――多数決型とコンセンサス型の 36 ヶ国比較研究』粕谷祐子訳、勁草書房。

第4章
熟議による「和解」の可能性

田村哲樹

　本章では、近年注目を浴びつつある熟議民主主義について、それが、「和解」をどのように扱うことができるのかを示す。つまり本章は、熟議民主主義が「分断社会」における和解を提供できるかという問題を検討する。この問題に対する本章の回答は「できる」である。ただし、この回答は、それほど自明ではない。そもそも熟議民主主義によって分断社会における和解を実現することなどできないとする見解があるうえに、熟議民主主義のなかにもさまざまな考え方があるからである。そこで本章では、「分断社会」においてどのような熟議民主主義が和解を実現しうるのかについて、理論的な考察を行う。議論が少々抽象的で込み入っているようにみえるかもしれない。しかし、それは、「分断」を真剣に考慮するからである。

1．本章の問い

　熟議民主主義（deliberative democracy）とは、人びとが熟慮と議論を通じて、互いに自分の意見を見直し、それを変化させていくこと（選好の変容）を重視する民主主義の考え方である（田村［2008］）。熟議とは、参加者が自分の主張を正当化するために付与する「理由（reason）」の妥当性を検討するプロセスである。熟議を通じて、人びとは自分とは異なる人びととの立場や経験あるいは価値観を考慮に入れ、自らのそれを見直しながら、他者とともに受

容できる理由を探ろうとする。このような熟議民主主義は、多数決としての民主主義や各人の利益の実現・調整をはかる民主主義に対する代替案として提起されてきた。熟議民主主義において「民主主義」とは、「数の力」でも「利益の調整」でもなく、「理由の検討」のことである（齋藤［2012］182頁）。

　しかし、熟議民主主義に対しては、次のような疑問が投げかけられてきた。すなわち、それは、深い文化的差異や（民族的）アイデンティティの深刻な対立、すなわち「分断社会（divided society）」に対して無力ではないのか[1]、と。たとえば、アンドリュー・シャープは、熟議民主主義は熟議において期待される「道徳的合意」という形で、紛争状態にある人びとの間にある種の共通性があることをあらかじめ織り込んでしまっていると批判する。これに対して彼は、そのような共通性は、道徳的に合意されるものではなく、偶然性のなかで「政治的に」形成されるものと考えなければならないと述べ、偶然性と「政治」を強調する「闘技（agonism）」の立場を擁護する（Schaap［2006］）。同じく闘技民主主義（agonistic democracy）を提唱するシャンタル・ムフも、人びとが「敵」同士となりうるような深刻な意見対立は、情念（passion）にもとづいているため、理由／理性を重視する熟議民主主義では、その対立の深刻さを十分に認識することができないと主張する（Mouffe［2000］）。このように、熟議民主主義は深刻な意見対立に対して無力であるとの批判が多く存在するのである。

　このような批判に対して本章は、熟議民主主義が分断社会における「和解」を提供できると想定する。そのうえで、分断社会における和解を実現しうるのはどのような熟議民主主義なのかを考察する[2]。以下ではまず、分断社会における熟議民主主義を論じている研究者の代表として、ジョン・S・ドライゼクとイアン・オフリンの議論を紹介する。そのあとで、「熟議による「和解」の可能性」について、本章なりの見解を提示することにしたい。

第 4 章　熟議による「和解」の可能性

2．分断社会における熟議民主主義をめぐる諸議論

ドライゼク

　ドライゼクは、分断社会を「相互に矛盾するアイデンティティの主張」によって定義する。分断社会の問題とは、「あるアイデンティティの妥当性が他のアイデンティティの抑圧によってのみ立証されうる」か、より悪い場合には、「あるアイデンティティが他のアイデンティティの抑圧によってこそ構成される」ことである。そこで、熟議民主主義がこうしたアイデンティティの衝突にどのように対応できるのかが問われる（Dryzek [2006] p. 6）。彼の議論のポイントは、以下の 4 点にまとめられる。

　第一に、「文化」を「言説」によって再解釈することである。文化的な差異は、しばしば絶対的なものとして捉えられがちである。しかし、ドライゼクによれば、このような理解は妥当ではない。一方で、「文化」を「統一的な実態」として理解することはできない。ある「文化」の外部の者がその文化の特徴とみなすことの多くは、当該文化の内部では「しばしば激しく争われている」ものだからである（*ibid.*, p. 42）。他方で、分断社会で対立している諸勢力は、「文化的にはほとんど同一」であることが多い。これは、北アイルランドのプロテスタントとカトリックの対立にも、ボスニアにおけるムスリム・クロアチア人・セルビア人の対立にもあてはまる。このように「文化」とは、「同じ」にみえて「違う」ものであり、かつ、「違う」ようにみえて「同じ」ものでもある。そこでドライゼクは、「文化」を「言説」の観点から捉え直すことを提案する。一見「同じ」にみえる「文化」も、その内部に異なる「言説」を抱えている。だからこそ、同じ「文化」内でも争いが発生しうるし、場合によってその争いは、特定の（民族間対立をあおるような）言説の提起によって、抜き差しならないレベルにまでエスカレートしうるのである（cf. *ibid.*, p. 53）。

　注意すべきは、ドライゼクにとって、「文化」を「言説」として捉えることは、単に分断の理由の説明だけを意味しているわけではない、ということで

ある。むしろ、文化を言説の観点から理解することは、「分断」の解決策をもたらすことにもつながる。なぜなら、「言説」は複数存在するため、それらの配置状況を、「分断」を深めるのではなく「和解」を促進するような形で変化させることも可能だからである。

　第二に、分断社会における熟議においては、一般的な価値観ではなく、「特定のニーズ」に焦点を当てることが重要だということである（Dryzek [2006] p. 53）。たとえば、アフリカにおける女性器切除（FGM, Female Genital Mutiation）問題について、ドライゼクは、しばしばなされるように、普遍的人権の侵害や家父長制の問題といった観点でこれを批判するのは逆効果であると指摘する。このような批判はかえって、この実践を文化的なアイデンティティのマーカーとすることを助長し、その廃止に対する抵抗をもたらしてしまう。したがって彼は、むしろ、女性の個別的な状況と、当地の女性たちが自分たち自身の要求をどのようなものとして認識しているかについて理解することから始めるべきだという。つまり、一般的原理とアイデンティティ・マーカーの両方に抗して、個人・集団の個別のニーズに焦点を当てることによって、文化の境界を横断する対話は生産的になるのである（*ibid.,* pp. 42-43）。

　第三に、そのような熟議の場としては、国家から「半ば切り離された（semi-detached）」、あるいは、国家と（緊密ではなく）「緩やかに結びついた」公共圏が想定される（Dryzek [2006] p. 62）。この場合の公共圏とは、そこに形成される——しばしば「ミニ・パブリックス」と呼ばれるような——熟議のフォーラムではなく、より非公式のさまざまな集団のネットワークを意味する（cf. *ibid.,* p. 58）。近年の熟議民主主義論が熟議の場としてミニ・パブリックスに注目することが多いことを念頭におくならば（Dryzek [2010] chap. 8；Fung [2007]；篠原編 [2012]；フィシュキン [2011]）、この主張は意外に思われるかもしれない。しかし、ドライゼクは、意見の変化という観点からみた場合、分断社会におけるフォーラムでの熟議の効果は限定的なものであると考える。なぜなら、その人の立場がアイデンティティと結びついている場合、フォーラムにおける熟議そのものの結果として意見が変化することは、あま

りありそうにないからである。これに対して、より広範な公共圏における「言説を通じたかかわり合い（engagement of discourse）」は、この問題を回避することができる。なぜなら、自己の見解を見直す反省（reflection）は、「分散したプロセス」であり、「時間を経て」効果をもつものだからである（Dryzek［2006］pp. 57-58）。「時間とともに、特定の争点についての関心の活性化の程度は変化しうる。人びとは、党派性から穏健な立場、さらには無関心へと変化しうるし、その逆もありうる」（ibid., p. 58）。

　最後に、「言説を通じたかかわり合い」が分断を超えるためには、「社会的学習（social learning）」としての熟議が決定的に重要である（Dryzek［2006］p. 28）。「社会的学習」としての熟議は、ボラ・カンラが提案したものであり、その目的は決定を行うことではなく、それぞれの主張についての相互理解を深めることである。「社会的学習」としての熟議は、意思決定に影響を及ぼさなくとも、それ自体として重要性をもつ（Kanra［2009］p. 7）。

オフリン

　オフリンは、分断社会における安定性の確保のために、比較政治学における「権力分有（power sharing）」制度設計の議論と、政治理論における熟議民主主義論とを結びつけることを提案している。前者について彼が注目するのは、アレンド・レイプハルトが提唱した多極共存型民主主義である[3]（レイプハルト［2005］）。レイプハルトの議論は、一見、多極共存型民主主義の経験的な説明であるかのようにみえる。しかし、オフリンによれば、実際にはレイプハルトの議論には、分断社会を安定化させるためのさまざまな規範的想定――たとえば、それぞれの「区画（segment）」の自律性が確保されることは望ましい、など――が含まれている。つまり、多極共存型民主主義論は、単に分断社会がいかにして安定的であるかという経験的次元だけではなく、分断社会の安定性はこのようにして実現される「べき」だという規範的次元をもともなった理論なのである。それにもかかわらず、レイプハルト（および、彼を批判する分断社会における民主主義研究者たち）は、この規範的次元の正当化問題に十分な注意を払っていない（O'Flynn［2007］）。そこで、規範理

論としての熟議民主主義が持ち出されるのである。

分断社会における熟議民主主義についてオフリンが重視するのは、次の2点である。第一に、制度の重要性である。制度なき場での自由な熟議ではなく、熟議を促進するような権力分有の制度がどのように設計されうるのかを考えることが重要なのである。ここでは、ドライゼクが非制度的な熟議を重視していたこととの違いに注意しておこう。第二に、熟議を通じた集合的アイデンティティ形成の重要性である。どのような民主的社会も、それがうまくいくためには、「そのアイデンティティについての一般的構想」を作り上げなければならない。そのようなアイデンティティがなければ、その社会の市民たちに自分たちが共通の政治的営みにかかわっていると感じさせることができず、市民たちを束ねることもできないので、その社会はうまくいかない。分断社会において欠けているのは、まさにこのような種類のアイデンティティである。だからこそ、それは熟議を通じて作り出されなければならないのである（O'Flynn [2006] pp. 4-5）。以下で、それぞれについて説明する。

第一の熟議的な制度の設計について、オフリンが行うのは、多極共存型民主主義論を熟議民主主義的な観点から再構成することである。多極共存型民主主義の基本想定は、民族紛争を民主的に管理するために、主要なエスニック集団または区画（segment）の代表者たちが「統治の大連合」に包摂されなければならない、というものである。しかし、オフリンは、熟議民主主義の規範的要請である「互恵性（reciprocity）」と「公開性（publicity）」の観点からみると、多極共存型民主主義の問題点が明らかになると主張する。その問題点とは、つまるところ、この民主主義論では、エスニックな境界線を横断するようなアイデンティティや利益の表出のための十分な空間を確保することができないということである[4]（O'Flynn [2006] pp. 12, 152）。

まず、互恵性とは、自らの主張を正当化する際には、他者も受け入れることができると期待できる理由を提示すべきだという規範である（*ibid.*, p. 77）。次に、公開性とは、政治のプロセスが開かれていること、透明性があることを指す。とりわけ、オフリンは、代表者たちだけの熟議ではなく、彼／彼女たちが代表しているすべての人びとの声を聴き、その人びととともに理由づ

けを行うべきであることが重要であるとする (*ibid.*, p.52)。もしもある熟議が互恵性の要請を満たしているとしても、公開性を欠くならばそれは、「統治エリートによる小規模の非常に排他的な集団」による決定を下支えしてしまうかもしれない (*ibid.*, p.98)。民主主義が政治における「本質的平等」と「個人の自律」を基底的価値とするものならば[5] (*ibid.*, chap 2)、熟議「民主主義」は、互恵性とともに公開性の規範も満たしていなければならない。

それでは、互恵性と公開性の観点からみた場合に、多極共存型民主主義にはいかなる問題があるのだろうか。まず、互恵性については、多極共存型民主主義に適合的とされる比例代表制によって、政治的争点がエスニックな境界線に沿って、しかも、より極端な形で表出されかねないことが指摘される。たとえば、より極端な民族主義的主張を掲げる政党が出現すると、それ以外の政党も、有権者からの支持を維持するためにより極端な立場をとるようになることがありうる[6]。この場合、異なる文化に属する人びとが互いの主張を尊重するという互恵性の理念は見失われてしまう (*ibid.*, pp.153-154)。次に、公開性については次の問題点が指摘される。多極共存型民主主義では、主要なエスニック集団・区画のエリートが統治連合を形成すると想定されている。しかし、それは、エリート連合への反対派が消滅することを意味する。その結果、エリートたちの決定をチェックし、それに異議を申し立てる機会が失われてしまう。このことは、民主主義における公開性の確保が失われることを、ひいては、個人の自律が保障されないことを意味する。

それでは、互恵性と公開性が確保されるためにはどうすればよいのだろうか。オフリンは、多極共存型民主主義がこれらの規範的要請に合致するためには、「エリート間の交渉」という特徴を緩めることが必要であると述べる。そして、そのためには、できるだけ市民社会と議会・代表との間の相互作用を生み出すような制度設計が重要であると主張する (*ibid.*, pp.142-143)。

第二の集合的アイデンティティの構想について、オフリンは、分断社会においては、「すべてを包摂する市民的ナショナリティ」の創出が重要とする。「市民的ナショナリティ」とは、エスニックなそれとは異なり、共通の政治制度への忠誠の感覚の共有によって成り立つものである (O'Flynn [2006] p.56)。熟議民主主義は、この市民的ナショナリティの創出に貢献する。なぜなら、いったん熟議を行うことに同意したならば、各エスニック集団が単純に自分自身の利益に訴える形で自己の主張を正当化することは、もはやできなくなるからである。熟議において自分たちの主張を認めてもらいたければ、各集団は、「自分たちの主張が他の集団にどのようにインパクトを与えるか」について考えはじめなければならない。このとき、各エスニック集団のメンバーたちは、自分が属する集団の一員としてではなく、「市民として行動しはじめる」のである（*ibid.*, pp. 57-58）。「ナショナリティ」は論争的な概念だが、ここでは、オフリンが「市民的」と「エスニック」とを区別し、熟議民主主義において前者の観点からの議論が行われることで、民族的な分断を超えた集合的アイデンティティの形成が可能になると考えていることを確認しておきたい。

3．どのような熟議民主主義か？

本節では、ドライゼクとオフリンの議論の共通点と差異を整理することを通じて、分断社会における和解を実現するための熟議民主主義をどのように考えるべきなのかについて、私見を示していきたい。

熟議民主主義は共通性を前提としてしまっているか？

本章冒頭で述べたように、しばしば、熟議民主主義は分断社会におけるある種の共通性を前提としてしまっている、という批判が投げかけられる。この批判に熟議民主主義論は、どのように応えることができるだろうか。

おそらく問題は、共通性の前提の有無自体ではなく、熟議民主主義論が規範的基準を立て、その規範的基準を分断状況にあてはめて評価する場合に生じる。たとえば、「互恵性」の基準については、そもそもその基準が要請する「自分とは異なる意見をもった他者も受け入れ可能な理由を提示する」こと自体が不可能であるのが分断社会ではないか、との疑問が提起されうる。

まず確認しておくべきことは、分断社会を論じる熟議民主主義論では、こ

の点は意識されているということである。たとえば、ドライゼクは、互恵性概念を提示する熟議民主主義論者に対して、それこそが分断社会において欠けているものなのだと指摘している（Dryzek［2006］p.7）。おそらく、ドライゼクの指摘は正しい。しかし、そうだとすれば、規範的な民主主義論としての熟議民主主義論に何ができるのだろうか。それが掲げる規範的基準は、分断社会において求められるものでありながら、まさにそうであるがゆえにそこには存在しないものなのである。

　ここには、規範的な議論が抱える固有の困難が存在する。一方で、規範的な基準は、「現実」そのものではない。むしろ、「望ましく」ない状態にある「現実」を規制するための基準として提示されている。つまり、規範は現実と乖離しているがゆえに規範なのである。しかし、他方で、規範的な基準はまさにこの現実との乖離ゆえに批判される。現実と乖離した規範を唱えても、それが期待されている現実に対する規制効果など望むべくもないというわけである。

　ここでは、規範と現実に関する一般的な議論ではなく、分断社会における熟議民主主義に話題を限定しよう。少なくともいえることは、熟議民主主義論が「望ましい」民主主義像を提示する規範的な議論だとしても、その「規範性」を「現実」への考察と切り離されたところで設定すると、上記のような難問が生じる、ということである。「互恵性」や「公開性」などの規範的な基準は、まさに分断社会において求められているものかもしれない。しかし、重要なことは、これらの規範的基準がそれが存在しない場所でどのようにして獲得されるのかについての考察であるように思われる[7]。

　この点に関して興味深いのは、ドライゼクによる「言説」の観点からの「文化」の再解釈の議論である。すでに紹介したように、彼は、文化を言説として捉えることで、分断社会における「文化」を「統一的な実態」としてみるのではなく、可変的なものとしてみることができると主張している。もしも文化がこのような形で可変的なものであれば、言説への働きかけ次第で、互恵性を満たすような熟議を行うように各集団が変化していくことも、理論的にはありうることになる。ドライゼクはまた、個人そのものも複数の言説

にかかわる「複数的な自我」（エルスター）として理解することを提案している（Dryzek [2010] pp. 47-48）。ここでは「個人」は、複数の言説によって構成されるとともに、それら複数の言説を横断して反省を行うことができる存在として捉え返される。そうだとすれば、「文化」が可変的である理由も説明できる。ある「文化」を享受しているようにみえる「個人」は、同時に他の「文化」についての言説によっても構成された「多層的な自我」である。だからこそ、それらの個人を構成する諸言説の変化を試みる働きかけによって、当該個人がどのような文化に同一化するかも変化する。

　このように文化や個人を（複数の）言説的に捉えることが、望ましい価値の正当化という意味での「規範的な」議論であるのかどうかは、微妙な問題である。なぜなら、こうした言説の観点からの文化や個人の再解釈は、それ自体として必然的に望ましい状態を導くものでも、望ましい価値を正当化しているわけでもないからである。それはむしろ、「現実」の再解釈の実践というべきかもしれない。したがって、言説の観点からの再解釈は、規範的な議論そのものとしては不十分である。しかし、このような理論的試みによってこそ、「現実」と「規範」とをつなぐ理論的結節点を提供することができる。このような形での「現実」の再解釈という次元を欠くならば、「現実」と「規範」の乖離はそのまま続いていくであろう。

非「分断」的な争点の構成

　ドライゼクとオフリンはともに、分断社会における熟議が「分断的」ではない形で行われることが重要だと考えていた。ドライゼクは、文化を言説によって構成されるものとして捉え直すことに加えて、「特定のニーズ」に焦点を当てた熟議の意義を述べていた。オフリンは、エスニックな争点ではなく、「市民的な」争点を軸に熟議が行われることによって、「市民的な」アイデンティティ形成が可能になると論じていた。いずれも、分断社会といえども、そこでの争点が必然的に分断的なもの——深い文化的／民族的対立——となるとはかぎらないことを示唆している。

　他の論者たちも、分断社会を非分断的に捉える可能性を提示している。た

とえば、モニーク・デヴォーは、文化的紛争の「政治的」次元を認識することの重要性を指摘する（Deveaux [2006] chap. 4）。しばしば、文化的差異は道徳的差異とみなされがちである。しかし、文化的紛争には、道徳的次元とともに政治的次元も含まれている。後者において争われているのは、集団構成員の具体的ニーズと利益であり、それらにかかわる権威と権力の配分の問題である。そうだとすれば、文化的差異をめぐる熟議は、アイデンティティに関する主張を特別視するのではなく、人びとの戦略的でプラグマティックな関心やニーズを扱うものでなければならない。そこでは人びとは、個別の実践や制度についての自分たちの日常的な関心を表明し、それらが議論のなかで精査され評価されることになるだろう（*ibid.*, p. 106）。熟議民主主義が必ずしも利益に関する主張を排除するものではないことは、しばしば指摘されている（田村 [2008]）。デヴォーは、文化的紛争もまた、利益（の配分）の次元から捉えることが可能であり、だからこそ、それを和解不可能なものとしてみる必然性はないことを示している。

　また、セレン・A・エルカンは、文化的紛争をめぐる公式の熟議制度における争点のフレーミングの仕方の重要性を指摘する（Ercan [2012]）。たとえば、イスラムにおける「名誉の殺人（honor killings）」について、この問題を扱うために形成される熟議制度において、それが文化の違いとしてフレーミングされるか、「西洋」も含めたどの文化においてもみられる家父長制的不平等の帰結としてフレーミングされるかによって、この問題への対応が異なってくるのである。エルカンも、ドライゼクやデヴォーと同様に、文化を本質主義にではなく、多層的な特徴をもつものとして理解している。また、彼女は、ドライゼクと同様に、市民社会・公共圏における非公式の熟議の意義を認めてもいる。しかし、同時に彼女は、ドライゼクらよりも、国家によって公式に形成される熟議フォーラムの意義をより強調する（see also Ercan [2011]）。公式の熟議制度において、争点がどのようにフレーミングされるかによって、紛争が文化的差異にもとづく和解不可能なものとなるか、それとも、文化的差異を横断した合意可能なものとなるかが決まるのである。

第Ⅰ部　政治思想としての和解・政治理論における和解

熟議の場はどこか？

　分断社会における熟議の場について、ドライゼクは、公共圏におけるそれ、しかもミニ・パブリックスではない非制度的なそれを重視していた。彼は、国家から「半ば切り離された」公共圏は非制度的であるがゆえに、（国境を含めた）既存の境界線を越えることができ、ゆえにアイデンティティの衝突を穏健化することができるという（Dryzek [2006] p. 47）。これに対して、オフリンは、制度的な場における熟議を重視していた。とりわけ彼の関心は、選挙制度を含めた国家レベルの制度を熟議民主主義の規範的観点から捉え直すことにあった。このようにドライゼクとオフリンが注目する熟議の場は異なっている。分断社会における熟議の場として適切なのは国家なのだろうか、それとも、公共圏なのだろうか。

　まず指摘しておくべきことは、オフリンも公共圏ないし市民社会における熟議を軽視しているわけではないという点である。かつ、市民社会における熟議が重要である理由として、彼が「市民的な」争点についての熟議が可能になることを挙げている点である。

　すでに述べたように、オフリンにとって、分断社会における熟議は、エスニックな境界線を越えて「市民的な」アイデンティティを形成するために必要なものである。彼は、市民社会は、「エスニックな」争点ではなく「市民的な争点」について人びとを議論させることができると主張する。市民社会には多様な自発的結社が存在するが、それらは、多様な背景をもつ市民たちを一堂に会させ、公共サービスの供給、ジェンダー平等、医療問題、教育、環境などの争点について熟議させることを可能にする。これらが「市民的な」争点であるのは、「前者は特定のエスニック集団の利益に還元されえず、市民全般にかかわるものだから」である（O'Flynn [2006] p. 141）。市民社会で始まる議論は、「横断的なネットワークが結果的に形成されるプラットフォーム」を提供する。このようなネットワークは、分断社会における民主主義の展望にとって非常に重要である。というのは、それは、「人々が自分たちのことを単純に特定のエスニック集団のメンバーとしてではなく、市民として考えはじめることを可能にするからである」（*ibid.*, p. 142）。

第 4 章　熟議による「和解」の可能性

　このように、オフリンにおいて市民社会における熟議は、エスニックなアイデンティティではなく「市民的な」それを形成するための重要な契機として認識されている。彼にとって重要なのは、市民社会と国家との相互作用を適切に理解することである。彼からすれば、ドライゼクはむしろ市民社会のみを重視しすぎなのである（*ibid.*, pp. 143-144）。

　もっとも、ドライゼクも国家と市民社会／公共圏の関係に注意を払っていないわけではない。彼が注目するのが国家から「半ば切り離された」公共圏であって、完全に切り離されたそれではないことを想起しておきたい。ドライゼクは、公共圏と国家とがあまりに緊密に結びついているときには、国家と主権の内実をめぐる破壊的な対立が増大するとみる。しかし、同時に彼は、公共圏における熟議にまったく応答しない国家もまた問題であるとみている。そのような国家は、暴力の行使を好み、暴力的で宗派的な政治をあおってしまうと考えられるからである（*ibid.*, pp. 66-68）。したがって、ドライゼクの見解に賛成したとしても、公共圏における熟議にそれなりに応答するような国家のあり方を考えることも、なおも必要なことであるように思われる。

　以上の考察より、分断社会における熟議民主主義を考える場合に、どこか特定の場だけに焦点を合わせるべきではないということがわかる。以下では、分断社会における熟議民主主義を国家 - 市民社会の相互作用のなかで考える場合に、さらに考慮に入れるべき問題をいくつか指摘しておきたい。

　第一に、市民社会・公共圏における熟議について、より広く捉える必要があるということである。オフリンは、市民社会におけるさまざまなアソシエーションにおける熟議を主に念頭においていた。ドライゼクは、より非制度的な熟議を重視するが、それは具体的には主に社会運動によって担われるものである。彼がしばしば、アメリカ公民権運動の指導者マーティン・ルーサー・キング牧師や南アフリカ反アパルトヘイトの指導者ネルソン・マンデラに、公共圏における言説的なかかわり合いとしての熟議民主主義の事例として言及するのはそのためである。

　しかし、分断社会における熟議は、より日常生活に即した局面でも行われる可能性がある。日常生活の場は、親密圏と呼ぶべき空間かもしれない。た

とえば、家族という親密圏における「日常的な話し合い（everyday talk）」を通じて、性別分業などのジェンダー規範が変化する可能性がある（田村［2010］）。また、塩原良和は、この「日常的な話し合い」が多文化主義を考える際にも重要と論じている。彼によれば、「国民社会の多民族・多文化化の進展」によって、「ごく普通の人々が日常生活のなかで異なる民族や文化をもつ他者と出会い、対立・交渉を繰り返すなかで共存を目指して対話するという経験」が「ますます一般的なもの」になっている。この対話の経験は、「日常的な多文化主義」と呼ばれるべきものである。それは、「仲良く」なくても、「片言の言葉や身振り手振り」でも、「沈黙」の共有としても可能である。「日常的な多文化主義」においては、「居場所」を共有する他者と対話を積み重ねる「対話人」へと変容していくことが要請されるのである（塩原［2012］153-154頁）。

　「日常的な多文化主義」は、社会運動やアソシエーションにおける熟議と相反するものではない。むしろ、それらのなかでも「日常的な話し合い」が行われる可能性がある。とはいえ、ここでは、「日常的な話し合い」の場はそれらにかぎられるわけではないことを指摘しておきたい。

　第二に、熟議の制度設計の問題である。まず、市民社会と国家を媒介するミニ・パブリックスの制度設計については、しばしば、どのような人びとをどのように集めるのかということが問題になる。一般市民の無作為抽出はその一つの方法であり、それをどのように行うかは重要な論点である（フィシュキン［2011］）。しかし、無作為抽出以外にも、参加者を募る方法はあり、それぞれのメリットとデメリットが検討されるべきだろう（Dryzek and Hendriks［2012］pp. 42-46）。もっとも、分断社会における熟議においては、どのような人びとが集まるか／集めるかということだけが重要なのではない。すでに紹介したエルカンが述べているように、当該ミニ・パブリックスにおいて、問題がどのような問題としてフレーミングされるかも、場合によってはそれ以上に重要な問題なのである（Ercan［2012］）。

　次に、国家と代表における熟議についても、それを二段階のものとして捉えるべきとする提案もある。このような提案は、国家における「意思決定」

と市民社会における「意見形成」とを区別する「複線モデル」として提示されることが多い（田村［2008］第5章）。これに対して、アン・ドレークとアリソン・マカロックは、多極共存型民主主義をより熟議的にするために、代表レベルにおける二段階の熟議を提案する。すなわち、第一段階では相互理解と可能なかぎりの包摂を目指して熟議の基準は緩やかなものとし、第二段階ではより厳密な熟議の基準（公共的理由／理性）を適用する、「熟議的多極共存主義」が提案されるのである（Drake and McCulloch［2011］）。

自由民主主義は前提か？

　オフリンの議論は、多極共存型民主主義を熟議民主主義の観点から解釈し直すものであった。もっとも、彼の議論では、そもそも分断社会において（多極共存型民主主義をその一つのタイプとする）自由民主主義の制度を導入することそのものがどこまで妥当なのかという問題関心は希薄であるように思われる。しかしながら、熟議民主主義の観点からみた場合、このような自由民主主義を前提とする発想そのものが再検討されなければならない。なお、「自由民主主義」は多義的な概念であるが、ここではとくに、選挙を通じた政党間競争を主要な制度とする民主主義の考え方を指すものとする。

　しばしば熟議民主主義は自由民主主義を前提とし、それを補完する民主主義論として考えられてきた。しかし、それが必然なのかどうかは検討を要する。たとえば、ドライゼクは、自由民主主義を「熟議システム」の類型の一つと捉えることを提案している。熟議システムは、拘束的な意思決定を行う制度を必要とするが、それが「西欧的な」自由民主主義である必然性はない。つまり、自由民主主義的ではない意思決定の制度も、理論的にはありうるのである（Dryzek［2010］）。ドライゼクは、ソ連・東欧の旧社会主義諸国の崩壊後に「勝利」したようにみえた自由民主主義が、現在では、権威主義的な諸国の台頭、さまざまな宗教的原理主義の興隆、国家の主権を超えるネットワーク・ガヴァナンスの発生などによってあらためてその意義が問われていることを指摘し、自由民主主義にもとづく政体が今後も必然とはかぎらないことを示唆している（*ibid.*, pp. 203-205）。分断社会と自由民主主義との関係に

ついては、さらに次のことを考慮に入れる必要があるだろう。すなわち、分断からの「和解」が必要とされる地域において、自由民主主義的な制度導入の試みそのものが、現地における「伝統的な」政治制度に依拠する人びととの間に新たな分断を招くこともありうるということである[8]。そうだとすれば、分断社会における熟議を考える場合に、自由民主主義の枠内でそれをどこまで熟議的にするかのみを考えていては不十分であることがわかる。それだけではなく、熟議民主主義的ではあるけれども自由民主主義的とはいえないような制度形態の可能性も視野に入れることが必要なのである[9]。

4．熟議による和解を目指して

　本章では、分断社会における熟議民主主義を通じた和解の可能性について、ドライゼクとオフリンの議論を中心に考察を行った。分断社会において和解が実現するかどうかは、「文化的」「民族的」とみえる問題を、いかにしてそうではない形で争点化し、熟議することができるかということである。そのためには、まず熟議民主主義を狭い意味での規範的基準に関する理論から拡張し、（たとえばドライゼクによる「言説」概念を通じた「文化」の再解釈のように）「現実」の再解釈を可能にするような理論としても考えていく必要がある。そのうえで、熟議が行われる場の範囲を親密圏（「日常的な話し合い」）まで拡張するとともに、市民社会・公共圏を媒介する熟議の諸制度の設計に注意を払うことが必要である。最後に、熟議民主主義を自由民主主義の枠内で考えることを見直すことである。たしかにオフリンが論じるように、国家レベルにおける選挙制度などの公式の制度をより熟議的なものにしていくことも重要である。しかし、熟議民主主義の立場からすれば、そもそも分断社会において私たちが知っているような自由民主主義的な政治制度の導入を前提としてよいのかどうかという点が、まず問われるべきなのである。

　　＊本章は、科学研究費補助金（基盤研究（C）。研究課題番号：24530132）による

研究成果の一部である。

【注】
（1）「分断社会」については、現代社会の「個人化」（ベック）の帰結としてのそれも考えられるように思われる。「個人化」のもとでは、人びとの社会的共通基盤は自明ではなくなる。その結果、あるルールや規範の存在そのものを理解することができない「制度の他者」（北田暁大）も発生しうる。たとえば、「人を殺してはいけない理由がわからない」と言う「制度の他者」と、その理由をとりあえず「わかっている」つもりの人とが存在する社会をも、「分断社会」と呼んではいけないだろうか。詳細は、田村［2008］を参照。
（2）熟議民主主義と「和解の政治」とを区別したうえで両者の補完的関係を主張する見解もあるが（Bashir［2008］）、本章では「熟議による和解」の可能性を考察する。また、バシール・バシールは、「和解」とは、排除されてきた社会集団への歴史的不正義を認識し、そのような不正義をもたらしたことの責任を引き受け謝罪することであるとしているが、本章では、より一般的に紛争・対立・不和の解決という意味を含むものとして、「和解」の用語を使用する。
（3）多極共存型民主主義と権力分有をめぐる諸議論については、本書第3章、中村［2009］などを参照。
（4）ただしオフリンは、区画の存在そのものが分断を横断する熟議を不可能にするとは考えていない。この点で彼は、区画が既存の社会的亀裂を凍結させ、「社会的学習」としての熟議を妨げるとするドライゼク（Dryzek［2006］）と意見を異にする。オフリンによれば、区画の内部でエスニック・グループに属する人びとに裁量の余地を残す場合もありえ、その場合には、区画内部での「社会的学習」も可能である（O'Flynn［2006］p.151）。
（5）「本質的平等」とは、「それぞれの市民の善あるいは利益を何らかの他者のそれと本質的に平等なものとみなすべき」、あるいは、市民は「その利益が等しく重要であるかのように」扱われるべき、ということである。また、「個人の自律」とは、「人びとは、あたかも各人が自分自身の善と利益の最善の判断者であるかのように扱われるべき」ことを指す（*ibid.*, p.45）。なお、オフリンは、ロバート・ダールの議論を参照している。
（6）この観点からの近年の「ベルギー分裂危機」分析として、本書第3章および松尾［2011］を参照。
（7）バシール・バシールは、熟議民主主義は、「互恵性」と「道理性（reasonableness）」の重視および個人への焦点のゆえに、歴史的に排除されてきた社会集団の要求に対応することができず、和解の政治たりえないと主張している（Bashir［2008］pp.64-66）。しかし、熟議民主主義における「道理性」が必ずしも感情的な表現や主張の排除につながるわけではない（齋藤［2012］）。また、本文で取り上げるドライゼクによる複数の言説によって構成される「複数的な自我」の議論は、狭い意味での「個人」主義の発想を乗り越えるものである。
（8）たとえばターニャ・ホーエは、東ティモールにおける国連による自由民主主義的な政治制度導入が現地の人びとが抱く伝統的な政治的正統性についての考え方と衝突することを指摘している（Hohe［2002］）。
（9）詳しくは、田村［2013］を参照。

【参考文献】

Bashir, Bashir [2008] "Accommodating Historically Oppressed Social Groups: Deliberative Democracy and the Politics of Reconciliation," in Will Kymlicka and Bashir Bashir (eds.), *The Politics of Reconciliation in Multicultural Societies*, Oxford University Press, pp. 48-69.
Deveaux, Monique [2006] *Gender and Justice in Multicultural Liberal States*, Oxford University Press.
Drake, Anna and Allison McCulloch [2011] "Deliberative Consociationalism in Deeply Divided Societies," *Contemporary Political Theory*, Vol. 10, No. 3, pp. 372-392.
Dryzek, John S. [2006] *Deliberative Global Politics: Discourse and Democracy in Divided World*, Polity.
――― [2010] *Foundations and Frontiers of Deliberative Governance*, Oxford University Press.
Dryzek, John S. and Carolyn M. Hendriks [2012] "Fostering Deliberation in the Forum and Beyond," in Frank Fischer and Herbert Gottweis (eds.), *The Argumentative Turn Revisited: Public Policy as Communicative Practice*, Duke University Press, pp. 31-57.
Ercan, Selen Ayirtman [2011] "The Deliberative Politics of Cultural Diversity: Beyond Interest and Identity Politics?" in Fethi Mansouri and Michele Lobo (eds.), *Migration, Citizenship and Intercultural Relations: Looking through the Lens of Social Inclusion*, Ashgate, pp. 75-87.
――― [2012] *Beyond Multiculturalism: A Deliberative Democratic Approach to 'Illiberal' Cultures*, PhD thesis, The Australian National University.
Fung, Archon [2007] "Minipublics: Deliberative Designs and Their Consequences," in Shawn W. Rosenberg (ed.), *Can the People Govern?: Deliberation, Participation and Democracy*, Palgrave Macmillan, pp. 159-183.
Hohe, Tanja [2002] "The Clash of Paradigms: International Administration and Local Political Legitimacy in East Timor," *Contemporary Southeast Asia*, Vol. 24, No. 3, pp. 569-589.
Kanra, Bora [2009] *Islam, Democracy and Dialogue in Turkey: Deliberating in Divided Societies*, Ashgate.
Mouffe, Chantal [2000] *The Democratic Paradox*, Verso.
O'Flynn, Ian [2006] *Deliberative Democracy and Divided Society*, Palgrave Macmillan.
――― [2007] "Divided Societies and Deliberative Democracy," *British Journal of Political Science*, Vol. 37, No. 4, pp. 731-751.
Schaap, Andrew [2006] "Agonism in Divided Societies," *Philosophy & Social Criticism*, Vol. 32, No. 2, pp. 255-277.

齋藤純一［2012］「デモクラシーにおける理性と感情」齋藤純一・田村哲樹編『アクセスデモクラシー論』日本経済評論社、178-199頁。
塩原良和［2012］『共に生きる――多民族・多文化社会における対話』弘文堂。
篠原一編［2012］『討議デモクラシーの挑戦――ミニ・パブリックスが拓く新しい政治』岩波書店。
田村哲樹［2008］『熟議の理由――民主主義の政治理論』勁草書房。

―――［2010］「親密圏における熟議／対話の可能性」田村哲樹編『語る――熟議／対話の政治学』風行社、47-79 頁。

―――［2013］「熟議民主主義は自由民主主義的か――「熟議システム」概念の射程」『政治思想研究』第 13 号。

中村正志［2009］「分断社会における民主主義の安定――権力分有をめぐる議論の展開」川中豪編『新興民主主義の安定』調査報告研究書、アジア経済研究所、24-38 頁。〈http://www.ide.go.jp/Japanese/Publish/Download/Report/pdf/2008_0405_ch2.pdf〉（2013 年 1 月 30 日アクセス）

フィシュキン、ジェイムズ［2011］『人々の声が響き合うとき――熟議空間と民主主義』曽根泰教監修・岩木貴子訳、早川書房。

松尾秀哉［2011］「ベルギー分裂危機と合意型民主主義」田村哲樹・堀江孝司編『模索する政治――代表制民主主義と福祉国家のゆくえ』ナカニシヤ出版、186-205 頁。

レイプハルト、アレンド［2005］『民主主義対民主主義――多数決型とコンセンサス型の 36 ヶ国比較研究』粕谷祐子訳、勁草書房。

第Ⅰ部　政治思想としての和解・政治理論における和解

第5章
「記憶」と「歴史」
「歴史の民主化」の先にあるもの

吉田　徹

　記憶は誰のものなのか——この問いかけは一見、奇妙に聞こえるかもしれない。しかし、記憶を問うことは歴史を問うことであり、歴史を問うことは、私たちのアイデンティティや自己認識を探求することにつながっていく。しかしそれだけに、記憶をめぐる紛争は、事実や客観性を超えた「神々の闘争」（ウェーバー）へと昇華していく。いまや記憶そのものがグローバル化し、それぞれの共同体に固有の記憶、さらにその記憶の承認を求める声が高らかに発せられ、紛争としてさまざまな形で噴出するようになっている。もはや他者の記憶を抜きにして自己を語ることは不可能になっており、さらにそれはブーメランのようにして、自己認識に影響を与えていっているのである。

1．「記憶」の再興

　冷戦が終結して21世紀に入ってから、各国や各共同体の間で「記憶をめぐる紛争」が相次いで生じている。「記憶をめぐる紛争」といえば、「ショア（ホロコースト）」にかかわる歴史問題が真っ先に思い出されるかもしれない。第二次世界大戦中のユダヤ人撲滅については、1990年代以降、虐殺はなかった、もしくは絶滅収容所での死亡数が過大であると主張するような、いわゆる「修正主義」がみられるようにもなったが[1]、もっとも、ホロコーストそのものが長らく歴史上のタブーであったことも忘れてはならない。自身ユダ

ヤ人だった歴史家ジャットが指摘したように、ユダヤ人虐殺に加担した東欧の市民自身もまたナチスの被害者だったこと、冷戦下ではソ連と各国共産党がナチスを引き合いに自らの支配を正当化しようとしたこと、また西欧諸国はフランスのヴィシー政府をはじめとする対独協力の歴史を忘却し、西ドイツを西側にとどめておく必要などから、ユダヤ人撲滅の記憶は後景に追いやられていた。ホロコーストが現在のような認知度を得たのは、東西冷戦の緊張が緩和し、戦後世代が台頭する 1960 年代以降であり（Judt [2008]）、世界最大といわれるアメリカ・ワシントンの「ホロコースト記念博物館」が開館したのも、90 年代頭である。つまり、ユダヤ人のホロコーストは現在ほど、歴史的にみて認知もされていなければ認識もされていなかったのである。

グローバル化する「記憶の紛争」

　現在ではホロコーストだけでなく、多様かつ多元的な形で、記憶をめぐる紛争や対立が噴出している。バチカン公国は 2007 年にスペイン内戦で殉死したキリスト教徒を列福し、他方、スペインのサパテロ政権は同年、フランコ政権（1939〜75 年）下の犠牲者とその遺族を補償する「歴史記憶法」を成立させた[2]。ポーランドでは、1998 年に「ナショナルな記憶に関する研究所」が設立、ナチ支配期のポーランド国民の記憶の維持に努め、ウクライナ議会は 2006 年にスターリン体制による「ウクライナ人に対するジェノサイド（集団虐殺）」があったことを公的に認めた。90 年代後半には、チリのピノチェト大統領が弾圧の罪で同国の被害者のみならず、イギリスやスペインの司法当局から訴追されるという事件もあった。そのほかにも、旧西欧宗主国の植民地支配時代の賠償請求や、反対に植民地支配を正当化する主張など、政治的暴力の犠牲となった集団の名誉回復が、忘却に対する抵抗と記憶の承認要求という形をとって現れる事例は跡を絶たない[3]（Blanchard and Veyrat-Masson [2008a]；Rousso [2007]）。日本を振り返ってみても、国内では太平洋戦争の記憶が薄れる一方で、従軍慰安婦問題や靖国参拝問題、歴史教科書といった加害者と犠牲者の記憶をめぐる相違（いわゆる「歴史認識問題」）が、近隣諸国との摩擦の種になりつづけている。

端的にいえば、21世紀に入ってみられるのは「戦争と革命の世紀」(アレント)たる前世紀の惨事をめぐる記憶が噴出し、紛争化する光景である。それも、これらの記憶は積み重なることなく、「強制収容所の記憶は革命の記憶を消去し、ショアの記憶は反ファシズムの記憶に取って代わり、奴隷制の記憶は反植民地主義のなかに溶け込む」(Traverso [2011] p. 265) と評されるように、相互排他的に地位を争い、和解の可能性を損なったままである[4]。しかもこれからみていくように、こうした記憶の紛争はトランスナショナルな次元で展開されており、国家間や国家の下位集団(エスニシティや民族集団)間の紛争というよりも、それぞれが属する共同体や政府に対して反対運動を繰り広げるという、複雑な構図をとるようになっている。本章で紹介するフランス政府によるアルメニア人虐殺をめぐる対立はその最たる例だが、いずれにしても「記憶」は容易に政治化され、紛争の火種となりやすい。しかし、その前に、こうした特定の集団が有する記憶とは何であって、どういう性質をもつものなのかを明らかにしておかなければならないだろう。

2．「集合的記憶」とは何か——記憶と歴史

　集団に固有な記憶の存在を最初に指摘したのは、フランスの社会学者モーリス・アルヴァックスである。彼は、主著『集合的記憶 (*Mémoire collective/ Collective Memory*)』で、特定の社会階級、家族、結社、労働組合といった集団は固有の記憶をもつ、と主張した。もちろん、具体的な記憶は、こうした集団に属する個々人がもつものである。しかし、こうした個々人の記憶は、彼／彼女が属する集団があってはじめて、過去がどのようなものであったかについての、文脈が与えられることになる、というのがアルヴァックスの発見であった。たとえば、日本人としての記憶は、8月15日の終戦記念日とこれを起点とする戦後という時間感覚に刻印づけられているし、この日本人が学生であれば、所属する学校の歴史、イメージなどにもとづいて記憶は構成される。アルヴァックスは、集合的記憶の対極にあるものとして「夢」を挙げているが、それは夢が個人の領域にとどまり、構造や持続性、規則性を

もたないからだ（Halbwachs［1925＝1950］）。反対に、集合的記憶は体系的な記憶として構成される。彼によれば、他人との協働や共存によって人間は人間としての尊厳を獲得することができるのであり、その他人との橋渡しの役割を果たすものとして集合的記憶がある。それはつまり人びとの結びつきは共有された記憶や体験によって強まるだけでなく、集合的記憶によってある価値が共有され、自己がどのような世界に生きているのかに意味が与えられ、自尊心（自己愛）を調達することになるのである（Van Ypsel［2006］）。

「再想像」される過去

　こうした個人／集団の対比は、アルヴァックスのいう「歴史的記憶」と「自伝的記憶」との区別にもみられる。「外的」なものである歴史的記憶は、共同体に固有の儀式や遺物（写真や建物など）によって養われ、未来の世代にまたがって再生産されていく。その反対に、「内的」なものである自分にかかわる「自伝的記憶」は、結婚や卒業などのある瞬間に生成される集団の一員だった記憶も含まれるものの、個人がこうした出来事にかかわった集団と接触を失ってしまえば容易に忘却されてしまうことになる。だから、彼の言葉を借りれば「あらゆる集合的記憶は空間と時間の制約を取り払う集団によって維持される」しかない（Halbwachs［1925＝1950］p.75）。つまり、個人の記憶の多くは集団によって維持され、再生産されていくからこそ集合的記憶は長期にわたって持続していくことになる。「人々は通常、社会を通じて記憶を獲得する。記憶は社会を通じて呼び起こせられ、認識され、位置づけられる」のである（Halbwachs［1952＝1992］p.38）。

　しかも、この種の集合的記憶は身体的実践をともなう追悼行事によってしばしば維持されるため、集合的記憶はたえず再生産され、強固なものになっていく（Connerton［1989］）。しかし、だからこそ集合的記憶は客観的ないし普遍的な「歴史」にはなりえないという特性をもつことにもなる。たとえば、メディア研究者の佐藤卓巳は、日本の終戦記念日がポツダム宣言受諾を宣言した8月14日でも、講和条約が結ばれた9月8日でもなく、8月15日とされているのは、この日に天皇による玉音放送が流されたからであり、国体維

持を主張する保守派にも、民主化の端緒とする革新派にとっても都合がよかったらだと指摘している（佐藤［2005］）。実際、「終戦の日」が法的に定められたのは1963年のことにすぎない。それは日本国という共同体が、あくまでも人為的に集合的記憶を再生産していく手段となったのである。

歴史と記憶は対立的か

　アルヴァックスにとって集合的記憶は現在を始点に、過去に共有された記憶のたえざる再構成と再構築を意味していた。こうすると、集合的記憶は、いわゆる「神話化」というプロセスと強く結びついていることが理解できる。
　その点、「記憶」と「歴史」の境目は、じつはかなり曖昧である。歴史家フランシス・イェーツは、ルネッサンス期が明るいイメージで語られるようになったのは、個々人がもっていた「自然的記憶」の所産ではなく、記憶を強化し伝えることによって作られた「人為的記憶」があったからだという（Yates［1966］）。たしかに、「記憶」は個人ないし集団によって保持される主観的なものであり、その反対に「歴史」は客観性や普遍性を備えるものだと区別することもできるかもしれない。歴史家の入江昭は「国家や宗教などによって強制された歴史ではなく、自発的な資料の発掘を通して事実を明らかにする……どの国の学者が見てもまったく同じ過去が存在している」ことが、歴史の条件だと説いている（入江［2005］169-170頁）。しかし、歴史家の描く歴史とて、主観性と無縁ではない。古くはE・H・カーが『歴史とは何か』（Carr［1961］）で喝破したように、事実をめぐる客観性は存在しえても、それが現在にとってどのような意味をもっているのか、そしてその意味をどう位置づけるのかといった問いに答えるには、主観的な解釈が介在する余地がどうしても残る。史料や手記といった歴史文書を正確に写し取れば、それで歴史が完成するわけではなく、そこには文脈が付与されなければならないからである。歴史を書くそのものの過程では、何を重要な事実とするのか、どのような因果関係を抽出するのかといった恣意性を排除することはできない。そもそも実証主義や文書館の設置など、歴史学を支える土台そのものが近代や国家ナショナリズムが生み出した思考や制度であったことを忘れてはなら

ないだろう。

　現代では、歴史学の立場から、歴史が自己言及的たらざるをえないことをふまえて、「歴史の歴史」(Le Goff [1988]) を展開しなければならないとの主張も多くなってきた。これがまた、客観的事実を超えて、どのような集団的アイデンティティを作り上げるかという集合的記憶の主観的な解釈をめぐる難しさに直結するようになるのである。

新たな「記憶としての歴史」

　近年では、集団的な出来事や記憶と歴史とをより直接的に結びつけて、歴史研究を行う潮流が出てきた。その代表例が、フランスの歴史家ピエール・ノラによる編著『記憶の場』(Nora [1984]) である。この7巻にわたる大著は、フランス革命や三色旗といった国家のシンボル、凱旋門やラスコーの壁画、ランス大聖堂などの建築物、またはツール・ド・フランスといった国民的行事までを取り上げ、フランス国家と国民の集合的記憶がいかに表象され、人びとの記憶と結びついてきたかを叙述している。そこでは、たとえばフランス革命がどのように生じて、どのような結果をもたらしたかということよりも、革命がいかに捉えられ、後世に語られてきたかに重点がおかれる。しかし、その百科全書的な趣以上にこの企画が世界的な反響を呼んだのは、歴史学そのものの語り口や実証性が、歴史家自身によって分析されなければならないという、その自己言及的な姿勢が斬新だったからである。それは、歴史と記憶が不可分なものであること、言い換えれば、歴史そのものが記憶の場の集積として捉えられることをアピールするものだった。ノラは「歴史とは検証された記憶のこと」と述べ、「歴史とは決して受動的なものではない、創造された記憶のこと」だと定義し、現代のように歴史が論争の対象となり、グローバル化し、民主化している時代においては、こうした立場の根拠となっている記憶そのものを検証しなければ、歴史そのものが成り立たないことを主張した (Nora [2011a] p.310)。いわば、歴史(学)によって成り立ってきた記憶(その逆ではない！)を、再び歴史のもとに回収する作業だったともいえる[5]。それは、透明無色であることを装うことで付与される歴史(学)

第Ⅰ部　政治思想としての和解・政治理論における和解

の特権性を剝ぎ取り、新たな歴史とはどのようなものでありうるかという問題提起でもあった(6)。

　こうしたノラらの試みは有益なものであることは間違いない。国民国家を「想像の共同体」と名づけたことで有名なベネディクト・アンダーソンは、国民が生成される過程で「記憶」が果たす役割を重視した（Anderson [1991]）。社会科学者の石田雄はそこからさらに踏み込んで、国家とは有形無形の経験の積み重ねからなる「記憶の共同体」のことだと端的に定義している（石田 [2000]）。古くは、ルナンがその「国民とは何か」（1882 年）で「過去の記憶を共有しているという意識」こそが国家の基盤であると指摘したとおりである。アルヴァックス自身は、歴史と集合的記憶は、前者が公的な史実であり、後者は国家の下位集団に属するものであるから、相容れないものだと論じていた。しかし、そもそも国家のもつ記憶そのものの自明性が揺らいでいる現代においては、両者の間の境界線は必然的に揺らぎ、集合的記憶は民族集団をはじめとする下位集団において共有・強化されていっているのである。

3．「アルメニア人虐殺」論争——記憶の「主体」の転移

　国家や政府がホロコーストやジェノサイドといった「人道に対する罪」を公的に非難することを咎める論拠を探すのは難しい。こうした事実そのものを否認することは、被害者を「二度殺す」（ノーベル賞作家 E・ヴィーゼル）に等しいからである。しかし、それが他の国家や特定集団の「集合的記憶」にかかわる場合、思わぬ帰結を生むことになる。集合的記憶は具体的な歴史的事実に加えて、これを解釈する歴史家やジャーナリスト、関連する当事者たち、政治家などによって、政治化されていくことになるからだ（Blanchard and Veyrat-Masson [2008b]）。

　フランスでは、2000 年代に入って歴史の記憶、具体的には「記憶に関する諸法（lois mémorielles）」に関する論争が相次ぐようになった。その端緒は 1990 年 7 月 13 日に施行された通称「ゲソー法」である(7)。「人種差別、反ユダヤ主義、外国人嫌いに関するあらゆる行為の抑制」を目的としたこの法律

は、これらを肯定する発言や表現があった場合に司法が介入することを認めた。もっとも、同法は第二次世界大戦中もしくはそれ以前の人道に対する罪の否定を裁くことを念頭においたもので、特定集団にかかわるものではないため、大きな論争を巻き起こすまでには至らなかった。しかし、時の政府が集合的記憶を直接的かつ公的に認定する主体となる傾向はこの法律以降、顕著なものになっていく（Robin［2011］）。2001年1月には「フランスはアルメニア人虐殺を公的に認める」という一文からなる2001-70号法（以下「アルメニア法Ⅰ」）が採択され、ここから本章で紹介される「アルメニア人虐殺」の記憶をめぐるフランスとトルコ、そして両国内での紛争と対立が激化していくことになるのである。

フランスにおける「歴史記憶に関する諸法」

　当時の状況を確認しておこう。フランス議会は2001年5月に通称「トビラ法」を可決した。同法は、大西洋とインド洋で行われた奴隷貿易、さらにアメリカ、カリブ海、インド洋とヨーロッパにおける奴隷制を「人道に対する罪」と認定し、さらに「奴隷の記憶」を維持する行事や記念日を定めることを求めた[8]。当時、フランスの下院は左派が多数派、大統領は保守政党出身という「コアビタシオン（保革共存）」状態にあったが、この政府案を受けて、シラク大統領は毎年5月10日を「奴隷の記憶に関する記念日」と定めた。議会の保守派は同法に反対したが、レームダック（任期終盤の政治家が機能不全にある状態、何もできず役に立たない状態）にあった大統領の後押しを受けて、公式記念日が制定された。これに対しては、奴隷制および奴隷貿易は「人道に対する罪」に該当しないとする歴史家ペトレ＝グルヌイヨーによる抗議もあったが、この発言は法の趣旨に反する違法行為として解釈され、彼の免職を求める訴訟にまで発展した。

　さらなる論争を呼んだのは、2005年2月に可決された「引揚者に対する国家の感謝表明と交付金支給に関する2005年2月23日法」（2005-158号法、以下「引揚者法」）だった[9]。同法は、国家がアルジェリア、モロッコ、チュニジア、インドシナなどのフランスの旧海外領土（植民地）に居住していたフ

ランス人に感謝の念を表すとともに、彼らに対する精神的・物理的補償を定めた。トビラ法のような多文化主義的志向の法律に対する、今度は議会で多数派を握った保守側の反発があったのも確かだが、他方では引揚者のなかには「アルキ（harki）」と呼ばれる、フランス軍とともに植民地戦争を戦った現地人も少なからず含まれており、同法には母国とフランスの両方で居場所を失った彼らを救済する目的もあった。しかし、「引揚者法」で問題視されたのは、「海外領土、とくに北アフリカにおけるフランスのポジティヴな役割を……学校教育で強調すること」（第4条第2項）という一文が挿入されていたことにあった。同法はこの第4条第2項を中心に批判を集めた。政府による歴史認識への介入は撤回されるべきとして、前述の「ゲソー法」や「トビラ法」を含む法案の撤回を求め、ピエール・ノラを含む著名な歴史家19名が「歴史の自由アピール」を2005年12月に公表した。このアピール文は、歴史とは宗教でも道徳でもなく、現在の論争に加担するものであってはならず、議会や司法が「歴史的真実」を独占するものであってはならないと表明[10]、その後国外を含めて400名以上の歴史家がこのアピールに賛同する意を表明した。アルジェリアのブーテフリカ大統領は「引揚者法」に正式に抗議し、補償をうたうのであれば、アルジェリアはフランスが破壊した物損的被害の弁償を求めることもできると述べ、当時良好だった両国関係は悪化した。結果的に、内外からの批判を浴びて、同法はこの第4条第2項を廃止する形で施行されることになる。

興味深いのは、「歴史の自由アピール」とほぼ同時並行して、2005年6月に約40名の歴史家からなる「歴史の公的利用を警戒する委員会」が発足、前者の立論に反論したことだった。同委員会は、公的権力が教育内容に干渉することはあってはならないとする点では意見を同じくするものの、歴史とは歴史家が独占する特権的なものではなく、むしろ現代の問題の過去への投射によって作り上げられるものであるべきと主張したところが大きく異なっていた（CVUH [2005]）。委員長を務めた歴史家ノワリエルは、アルヴァックスを引いて「歴史家の役割とは、現代に生きる人びとが「よりよく生きる」ことの手助けになる希望をもって過去をよりよく理解し、できれば説明する

こと」にあると述べた（Noiriel［2004］p. 14）。すなわち、集積した事実のなかで何が重要であるか、何を価値づけするかについては、政府も当事者であり、最終的には市民社会が決定する事柄だと主張したのである。もっとも記憶が歴史家の特権から放たれて、市民社会に投げ込まれた場合、それはさらなる論争の的となり、政治化されていくことになる。その事例を以下にみよう。

「アルメニア法II」の背景

　フランスで歴史問題が再び論争の的となるのは、2011年のことである。先にみたように2001年の「アルメニア法I」は、1915年（第一次世界大戦中）に起きたトルコ・オスマン帝国による少なくとも数十万人に上るといわれるアルメニア人虐殺の事実を、フランス政府が公認するものだった[11]。ただし、同法は罰則規定を設けず、また虐殺にかかわった主体にも言及しない宣言文にとどまっていた。2006年4月には「アルメニア法I」の補完を目的に、アルメニア人虐殺を否定する者に対して5年の禁固刑および4万5000ユーロの罰金刑を科す内容の議員提出法案が野党・社会党から、一部与党議員の賛成票も得て下院に提出・可決されたものの、与党多数の上院が受理せず、社会党上院議員による再度の提出にもかかわらず廃案になるという経緯もあった。

　ところが、2011年12月にアルメニア人虐殺に対する処罰を含む法案が、今度は与党議員団提出法案として提出され、可決される。この「法的に認められたジェノサイドの存在に疑義を挟むことに対する抑止法」（以下「アルメニア法II」）は、「ゲソー法」と同主旨のもと、「アルメニア法I」を事後的に補完措置し、アルメニア人虐殺を否定する者（また虐殺そのものを否定するトルコ政府の立場を支持する者）を刑事罰に処すことを定めた[12]。

　この法案が提出されるに至ったのにはいくつもの背景があった。まず2007年に選出された保守UMP（国民運動連合）のニコラ・サルコジ大統領は、トルコのEU加盟に消極的なだけでなく、アルメニア人コミュニティによる強力なロビー活動を受け、さらに2012年5月の大統領選を控え、パリおよびマルセイユ周辺を中心とした50万人以上のアルメニア系市民の票獲

得を狙っていた[13]（*Le Parisien*, 22 décembre 2011）。また、サルコジ大統領は就任当初から、ナチスの犠牲者となったユダヤ系児童や共産党員の歴史を小学校で教育する方針を打ち出すなど、歴史と道徳を結びつけてナショナルなものを再興しようとする傾向をもっていた（田畠［2011］）。2011年にはトルコでジャーナリスト70名が政府に対する組織犯罪のかどで拘留されるという事件もあり、エルドアン政権に対する批判も国際的に高まっていた（*Le Monde*, 24 novembre 2011）。法案提出に際してジュペ外相は、アフガン戦争をともに戦うNATOの一員で、アラブ世界の民主化（「アラブの春」）や、欧州へのエネルギー供給でも重要な位置を占めるトルコを刺激することに反対の意を表明し、与党議員のなかにも反対の意思を表明する者がいたが、大統領選を前に、こうしてアルメニア人虐殺問題は政治化されていくことになった。

　「引揚者法」での論争を受けて国民議会（下院）に設置されたアコワイエ委員会も、それまでの「歴史に関する法」を認めつつ、刑事罰を含む形での新たな史的事実にかかる法案は提出されるべきではないと提言していた（*Le Monde*, 23 décembre 2011）。しかし、「アルメニア法Ⅱ」は、それ以前の「アルメニア法Ⅰ」がもともと左派・社会党主導で法案化され、その後保守系議員を巻き込んで提出されて政権によって推進されるという、国内の政治的対立を超えた形で展開しており、その撤回はもはや困難な状況にあった[14]。1990年代と2000年代に法制化されたムスリムのヘジャブ・ニカブ（スカーフ）規制法でみられたように、左派は規範的な啓蒙意識に依拠し、保守はフランスのナショナリズムに依拠することから、両者間で特定の争点が合意されてしまうという、フランス共和主義が内包する特徴から法案化の流れは加速していった（Rémond［2005］参照）。それまでの「記憶に関する法」にもあてはまるが、こうした法律は、時の政権の性格に強く作用される。トビラ法は、「人権重視」を前面に出した左派連立政権（1997〜02年）のイニシアティブによるものであったし、2005年の「引揚者法」は、引揚者の多い選挙区を抱える保守系議員の賛同を得ただけでなく、フランスが植民地支配に果たした役割を再評価することで、その「文明化の使命」で担った歴史的価値を強

調して政権内部を引き締めようとする政治的な意図があった。

　こうした、どちらかといえば内政上の事情を優先した「アルメニア法Ⅱ」に対し、トルコ系市民 3000 人以上が下院前で抗議デモを展開し、トルコ政府もエルドアン首相がテレビ会見で国交の制限を宣言、ダーブオトール外相も同法案は「国家的尊厳への攻撃」であると非難した。その後、トルコ政府は駐仏大使を一時的に召還したほか、公共調達市場からフランス企業を除外するなど、部分的な経済制裁を実施し、両国の関係は極度に悪化した（*Le Monde,* 22 décembre ; 24-25 décembre 2011）。

フランス国内の論争

　こうした事態に直面し、2012 年 1 月の上院での可決を前に、歴史論争が再び盛り上がることになる。フランスで死刑廃止（1981 年）を実現した法曹家のバダンテール元国璽相は、現憲法下でヘイト・クライム（特定集団に対する憎悪にもとづく犯罪）を罰することは十分に可能であり、そもそも立法機関に歴史認定の権能は与えられていないゆえ、「アルメニア法Ⅱ」は違憲であると主張した（Badinter [2012]）。先に紹介した歴史家ノラもまた「歴史の自由」の名において、①「ゲソー法」がフランス・ヴィシー政府のユダヤ人迫害にかかわるものであるのに対し、アルメニア人虐殺は他国の歴史を裁くことを目的とし、②「人道に対する罪」という概念はニュルンベルグ裁判時（1945 年）に提起されたものであり、それ以前の罪にあてはめることは不適切であり、③法によって（十字軍を含む！）すべての虐殺を裁くことは非現実である、といった反対の論陣を張った（Nora [2011b]）。これに対して、与党の有力議員ドヴィジャンは、第一次世界大戦時にフランスはアルメニア人虐殺の解明やセーヴル条約（1920 年）でアルメニア独立を約束していたにもかかわらず、その約束を果たさなかったという歴史的負い目をもっており、歴史家のみが歴史的な客観性を備えた特権的な地位にあるわけでもなく、「人権擁護というプロジェクト」こそが左派・保守を超えたフランスの使命であると反論した（Devedjian [2012]）。ナチ残党の訴追にかかわってきた著名な弁護士クラーズフェルドも、法そのものは歴史研究を妨害するものでは

なく、アルメニア人虐殺はユダヤ人のジェノサイド問題と同質のものであるとして、法案策定に賛成の意を表明した（Klarsfeld [2012]）。主要紙上には、トルコ系とアルメニア系市民団体による法案反対と賛成の意見広告が交互に掲載された。「アルメニア法Ⅱ」は1月23日に上院で賛成126票、反対86票で可決されることになったが、票は与野党議員をまたがって割れた。

トルコにおける「歴史の民主化」

もっとも、こうしたフランス国内での動きが、トルコ国内の論争と歴史の民主化を無視したものだったことを指摘しておくことは重要である。トルコ国内では、アルメニア人への排斥事件が頻発する一方で（*Le Monde*, 2 mars 2012）、歴史家や市民団体によって、1915年の虐殺が事実であったことを認めたうえでこれを再検証し、和解を模索する動きがすでに始まっていたからである。ここに、アルメニア人虐殺をめぐる歴史と記憶の裂け目がもちうる希望があった。それは集合的記憶の主体同士による和解の兆しでもあった。

トルコは幾度かの揺り戻しを経験しつつも、1990年代から緩やかに民主化の過程を積み重ねてきた（内藤編 [2008] 参照）。トルコの市民社会運動にコミットしているフランスの歴史家デュクレールは、2000年代に入って反ユダヤ主義批判や公正な歴史観、クルド人問題の平和的解決などを求めて、数百人から数万人以上の有名・無名の市民が署名した複数の請願書運動を紹介して、2008年12月に「アルメニア人の兄弟姉妹に対する謝罪」の署名運動があったことを指摘している（Duclert [2010]）。この謝罪文は、「アルメニア人が1915年に受けた大惨事（grande catastrophe）に対する無関心、そしてこれを否定することに私の良心は耐えられない。この不正義を棄却するとともにアルメニアの姉妹と兄弟の苦痛を分かちあい、赦しを請う」（cited in Duclert [2010] p. 85）というものであった。この請願には、3万人もの市民が署名するに至った。

この大規模な請願運動は、アルメニア系雑誌編集者だったフラント・ディンクが右派ナショナリストの青年によって2007年1月に暗殺された事件を発端にしたものだったが、これに対する抗議運動も街頭で展開された（『私た

第5章 「記憶」と「歴史」

ちはみなフラント・ディンクだ、みなアルメニア人だ！』というプラカードを掲げて）。アルメニア人虐殺問題は、徐々にトルコ自身の市民社会内部で認知されるとともに政治化され、ヨーロッパの歴史家を交えてのシンポジウムも相次いで開催されるようになった（*Le Monde*, 19 janvier 2012）。

　〔トルコの民主化運動は〕ヨーロッパ人に市民的アンガージュマン〔政治参加〕、社会における政治性、批判的理性と市民の義務としてナショナリズムに抵抗することの重要性を想起させることだろう。それは一言でいえばヨーロッパの歴史であったかもしれない。しかし、それはヨーロッパの未来でもあるのだ（Duclert［2010］p. 14）。

　トルコ政府は、1915年にアルメニア人に対する「ジェノサイド」があったことを公的には認めようとはしていない。それはまた、内部に複数の民族・宗教間対立を抱え、古代から西洋と中東・中央アジアの狭間に、そして現代史では東西冷戦の駆け引きの舞台となり、現在ではイスラム原理主義のテロを経験するような、地政学上の危ういバランスを保たなければならないトルコ政府の譲れない姿勢でもある。しかし、そのトルコの市民社会のなかから、新たな記憶、それもヨーロッパを巻き込む形での「集合的記憶」を形成しようとする芽が出はじめてきたのは事実である。そして、このようなトルコ自身の変化が、フランスで注目を浴びたとはとうていいえなかった。

　結局、フランスでの「アルメニア法Ⅱ」は、2012年1月に、与野党を越えた議員団から憲法院に対して審査請求が出され、結果同法は「表現と情報伝達の自由」の保障と相容れないと判断され、違憲判断が下された。しかし、サルコジ大統領は直後に新たな法案の策定を発表し、2012年6月に選出されたオランド大統領も、制定に取り組むと公約した。

4．歴史と記憶と──自明性なき時代に

　フランスの政治史家シリネッリは、歴史の相対化をともなう「歴史の記

憶」の潮流や国民国家の歴史の世界史との接続の要請を受けて、「歴史はまだフランスにとどまることができるのか？」という問いを投げかけている（Sirinelli [2011]）。少なくとも、フランスの「歴史に関する諸法」、とりわけアルメニア人虐殺に関するそれは、もはや歴史の領域だけでなく記憶の領域においても、促進と抑圧という、相反する摩擦を起こしつつ、ナショナルな問題は容易にトランスナショナルに政治化されてしまうことを示している。

　国家がもっていた自明性の喪失は、歴史の自明性をも奪い、集合的な記憶のうち何を記憶するのかという問いが全面化しているようにみえる。「神のいない世界、人間中心のこの世界で、社会を俯瞰し、人間が構成するさまざまな共同体を超越し、社会を客観的に捉える視点、メタ・レベルの視点とは誰の視点なのか」と岡真理は問うている（岡 [2000] 13-14 頁）。少なくとも、法によって犠牲者を弔うことはできない。それはフランス自身を赦すことになりはしても、たとえばアルメニア人と同じ歴史の暴力を味わっているトルコ人を含む、不正義との戦いを梃子とした犠牲者同士の集合的記憶の再創造へとつながる、和解への共闘を利することにはならない[15]。

　それでは、歴史とは結局のところ、記憶に取って代わられてしまうことになるのか。ピエール・ノラの「記憶の場」の試みに反論しつつ、哲学者ポール・リクールは「否」と応える[16]。彼にとって歴史とは、未来を生み出していく「そのつど更新される埋葬行為」のことである（Ricoeur [2000] 邦訳 310 頁）。ここに自明性を失った世界において歴史の果たす役割が残されているといえるだろう。たしかに歴史は記憶を捨て去ることはできない。記憶とはあらゆる審判を拒む「信念」であるからだ。しかしリクールのいうように、「共同体の記憶が、他の共同体の苦しみに対して目をつむり、耳をかさなくなるほどに、自分自身の苦しみに退き、閉じこもる時」（同、311 頁）には、歴史はその集合的な記憶を修正し、批判し、否認するという特権を行使しなければならない。それは、アルヴァックスが指摘したように、元来、集合的記憶とは共同体に生きる人間としての尊厳と不可分なものであり、そしてリクールがいうように、幸福な記憶とは、人びとの間でバランスをとる「公正な記憶」でもまた、なければならないからだ。その特権的な義務を忘れ去った

とき、歴史はその地位を失ったといわれても仕方がないだろう。

　ここに、和解に向けての歴史の果たすべき役割がある。それぞれの共同体の記憶は否定されるべきではない。しかし、その記憶が他者の記憶を犠牲にして成り立つとき、記憶に対して歴史が優越しなければならない局面が出てくるのである。もし、記憶が他者の存在を前提にしなければ成り立たないものであるとするのであれば、「閉じこもる記憶」は記憶の名に値しない。これをいかに開かれたものにしていくのか——それが可能になったとき、さまざまな記憶が和解を果たすとともに、歴史と記憶の間にも和解がもたらされることになるだろう。

【注】
（1）　日本でも文藝春秋発行の雑誌『マルコポーロ』が1995年2月号に西岡昌紀著「ナチ「ガス室」はなかった」と題した記事を掲載し、国際的な非難を浴びた結果、廃刊に追い込まれるという事件が起きた。
（2）　フランコ政権下で共産主義者の妊婦や女性囚人の幼児が拉致・転売されていたというスキャンダルも暴かれた。その数は13万人から15万人にも上るという（*La Libération*, 25 janvier 2011）。
（3）　こうした「歴史の民主化」に映画が果たした役割も無視することはできない。米スピルバーグ監督の『アミスタッド』（1997年）、仏レジス・ヴェルニエ監督の『インドシナ』（1992年）、ポーランドのアンジェイ・ワイダ監督の『カティンの森』（2007年）をはじめとして、90年代以降に「犠牲者」をめぐる数多くの作品が上映された。
（4）　歴史感覚の欠如を自ら告白している社会学者・古市憲寿ですら、戦争をめぐる記憶が第二次世界大戦に集中していることで、その他の数多くの「小さな戦争」の忘却につながる危惧を表明している（古市［2012］）。
（5）　ノラは次のように指摘する。「歴史はいまや集合的記憶の圧力のもとで書かれる。それはメディアによって作られ集合的記憶を作り出していく「現在進行形」の歴史、その関心や好奇心が集合的記憶によって支持される「科学的」歴史でも同じである。こうした逆転こそが歴史の多様化をもたらし、数々の歴史をイデオロギー的な勢力源たらしめているのである」（Nora［2011a］pp. 302-303）。
（6）　このような試みは、「パブリック・メモリー」研究として、ヨーロッパやアメリカでも一つの潮流と化していく。その流れを解説したものとして、谷川［2000］。
（7）　「ゲソー法」から数えて七つ存在する「記憶に関する法」は、「内容の差異にかかわらず、手段を問わず過去の苦痛を承認することによる正義の実現を目的として、ジェノサイドや人道に対する罪といった現代における司法概念を借りて歴史を「述べる」こと、場合によっては歴史を形容すること」と定義される（Assemblé Nationale［2008］）。
（8）　法案提出者のトビラは、フランス領ギアナの選出議員である。
（9）　以下の経緯については、Michel［2010］、丸岡［2007］にもとづく。

第Ⅰ部　政治思想としての和解・政治理論における和解

(10)　アピール文は *La Libération*, 13 décembre 2005 に掲載された。
(11)　本章で詳しくふれることのできない（複数回に及ぶ）アルメニア人虐殺については、さしあたり藤野［1991］、Kevorkian［2006］参照。アルメニア人虐殺の事実を公認する動きはフランスだけでなく、80 年代には欧州審議会が、90 年代には欧州議会が公に認め、ベルギー上院も 2008 年に 3 月にアルメニア虐殺をトルコ政府が認めるように促す法案を可決している。
(12)　与党 UMP 議員団約 50 名から提出された同法案は、当初はアルメニア人虐殺の否定のみに目的を絞ったものだった（*Le Monde*, 23 décembre 2011）。
(13)　有名なアルメニア系フランス人としては歌手のシャルル・アズナブールや有力政治家ドヴィジャンがおり、サルコジ大統領（2007〜12 年）の支持者としても知られた。2011 年 12 月、両者とともにアルメニア共和国を公式訪問したサルコジ大統領は、その場で「アルメニア人に対するジェノサイドの否定」を法的に規制する方針を発表した。もっとも、『ル・モンド』紙が報じたところによると、2006 年にすでにサルコジおよびロワイヤル社会党候補によって刑事罰を含む「アルメニア法」の採択が同意されていたものの、「ウィキリークス」によって漏れた 2010 年の外交文書では、サルコジ大統領は当選後に外交補佐官をトルコに派遣して、同法案が上院で可決されることはないと伝えたという（*Le Monde*, 23 décembre 2011）。
(14)　最大野党の社会党、共産党および極左・左派党の議員も下院で同法案に賛成した。
(15)　フラント・ディンクは、フランスのアルメニア人虐殺の刑罰化の姿勢に反対しており、かりに施行されたら、自らそれを破りにフランスに出かけると公言していたという。
(16)　リクールに対するノラの反論は Nora［2011a］参照。

【参考文献】

Anderson, Benedict [1991] *Imagined Communities: Reflections on the Origin and Spread of Nationalism*, 2nd ed., Verso.（白石隆・白石さや訳『増補　想像の共同体』NTT 出版）

Assemblé Nationale [2008] Rapport d'information fait en application de l'article 145 du Règlement au nom de la mission d'information sur les questions Mémorielles. 〈http://www.assemblee-nationale.fr/13/pdf/rap-info/i1262.pdf〉（2012 年 9 月 22 日アクセス）

Badinter, Robert [2012] "Le Parlement n'est pas un tribunal," *Le Monde*, 15-16 janvier 2012.

Blanchard, Pascal et Isabelle Veyrat-Masson [2008a] "Les Guerres de Mémoires: un objet d'étude, au carrefour de l'histoire et des processus de médiatisation," in Do. (dir.), *Les Guerres de Mémoires*, La Découverte.

─── [2008b] "Les Guerres de Mémoires dans le Monde: Introduction" in *Hermes*, N°52, pp. 3-30.

Carr, E. H. [1961] *What is History?*, Macmillan.（清水幾太郎訳『歴史とは何か』〈岩波新書〉岩波書店、1962 年）

Connerton, Paul [1989] *How Society Remember*, Cambridge University Press.

CVUH [2005] "Manifeste du Comité de Vigilance face aux Usages publics de l'Histoire (CVUH)," *Cahiers d'histoire. Revue d'histoire critique*, Vol. 96-97, pp. 191-194.

Devedjian, Patrick [2012] "Le Néganitionnisme ravive les souffrances du Génocides Arménien," *Le Monde*, 1-2 janvier 2012.

Duclert, Vincent [2010] *L'Europe a-t-elle besoin des Intellectuels Turcs?*, Armand Colin.

Grandjean, Geoffrey et Jérôme Jamin (dir.) [2011] *La Concurrence Mémorielle*, Armand Colin.
Halbwachs Maurice [1925＝1950] *La Mémoire Collective*, Presses Universitaire de France. (小関藤一郎訳『集合的記憶』行路社、1989年)
―――― [1952＝1992] *On Collective Memory*, trans. Lewis A. Coser, The University of Chicago Press.
Judt, Tony [2008] "The 'Problem of Evil' in Postwar Europe," *New York Review of Books*, February 14.
Klarsfeld, Serge [2012] "Oui, les lois mémorielles sont indispensables," *Le Monde*, 4 janvier 2012.
Kévorkian, Raymond [2006] *Le Génocide des Arméniens*, Odile Jacob.
Le Goff, Jacques [1988] *Histoire et Mémoires*, Gallimard. (立川孝一訳『歴史と記憶』法政大学出版局、1999年)
Michel, Johann [2010] *Gouverner les Mémoires*, Presse Universitaires de France.
Noiriel, Gérard [2004] "Histoire, Mémoire, Engagement Civique," Revue Hommes et migrations, N° 1247, pp. 17-26.
Nora, Pierre (dir.) [1987] *Les Lieux de Mémoires*, t. 1-t. 7, Gallimard. (谷川稔監訳『記憶の場』第1-3巻、岩波書店、1992年)
―――― [2011a] *Présent, Nation*, Mémoire, Gallimard.
―――― [2011b] "Lois Mémorielles: pour en finir avec ce sport legislatif purement français," *Le Monde*, 28 decembre 2011.
Rémond, René [2005] *L'Invention de la Laïcité Française*, Bayard. (工藤庸子・伊達聖伸訳『政教分離を問い直す』青土社、2010年)
Ricoeur, Paul [2000] *La Mémoire, L'Histoire, L'Oubli*, Seuil. (久米博訳『記憶・歴史・忘却（下）』新曜社、2005年)
Robin, Régine [2011] "La France et la Concurrence des Mémoires: L'impossibilité d'Assumer le passé," in Grandjean, Geoffrey et Jérôme Jamin (dir.) *La Concurrence Mémorielle*, Armand Colin, pp. 3-10.
Rousso, Henry [2007] "Vers Une Mondialisation de la Mémoire," *Vingtième Siècle*, No. 94, pp. 3-10.
Sirinelli, Francois [2011] *L'Histoire est-elle encore Francaise?* CNRS Editions.
Traverso, Enzo [2011] *L'histoire comme Champ de Bataille*, La Decouverte.
Van Ypsel, Laurence [2006] "Les Mémoires Collectives," *Questions d'Histoire Contemporaine*, Presses Universitaires de France.
Yates, Francis [1966] *The Art of Memory*, The University of Chicago Press.

石田雄［2000］『記憶と忘却の政治学』明石書店。
入江昭［2005］『歴史を学ぶということ』〈講談社現代新書〉講談社。
岡真理［2000］『記憶／物語』岩波書店。
佐藤卓巳［2005］『8月15日の神話』〈ちくま新書〉筑摩書房。
谷川稔［2000］「社会史の万華鏡」『思想』911号、4-12頁。
田畠佑実子［2011］「サルコジ政権における「ナショナル・アイデンティティ」の政治利用」『日仏政治研究』6号、23-35頁。
藤野幸雄［1991］『悲劇のアルメニア』〈新潮選書〉新潮社。

第Ⅰ部　政治思想としての和解・政治理論における和解

内藤正典編［2008］『激動のトルコ』明石書店。
古市憲寿［2012］「敗戦をかみしめて」『g2』Vol. 11、180-207 頁。
丸岡高弘［2007］「戦争の記憶と記憶の戦争」『南山大学ヨーロッパ研究センター報』13 号、79-97 頁。

第Ⅱ部
国内社会における紛争と和解

第6章
スウェーデンの移民問題と政治

渡辺博明

　近年、いわゆるグローバル化の進展とも相まって、多くの国で「移民」がその数と存在感を増しつつある。彼らは、社会が何らかの事情で不安定化したときに、目に見える「他者」として認識されやすく、それが政治争点化する可能性も高くなる。他方で移民の実態、すなわち祖国を離れた理由、移民先への受け入れられ方、その後の暮らし向きなどは、事例ごとに異なってもいる。本章では、スウェーデンの移民事情を紹介し、移民問題が争点化し、「紛争」を引き起こしていることをみたうえで、同国の人々がそのような状況にどう対応しようとしているのか検討する。それらを通じて、「和解」に至るという楽観的な展望は示せないかもしれないが、現代における移民をめぐる紛争と民主政治との関係について考えていきたい。

1．何が起こっているのか

　2010年4月28日の夜、ラメル通りで火災が発生した。自動車、売店、ごみ収集コンテナ、自転車置き場などが次々と放火され、炎上したのだ。通報を受け、警察車両に護衛された消防隊が現場に駆けつけると、付近にはバリケードが築かれており、マスクで顔を隠した20人ほどの集団が石を投げたり、ロケット花火を打ち込んだりして消火活動を妨害した。それを多くの若者が取り囲み、騒ぎはさらに広がりつつあった。警察が付近の幹線道路を封鎖し

て対処し、数時間後、事態はようやく沈静化した（*Dagens Nyheter*, 2010.4.29）。

　これは、スウェーデン第三の都市マルメのローセンゴード地区での出来事である。しかも、それがはじめてではない。2008年以降、同地区ではたびたびこのような暴動が起きており、このとき、消防隊が警察によって護衛されていたのも、それまでの経緯から消防署が隊員の安全確保を出動の条件として強く求めていたからであった。

　ローセンゴード地区は、スウェーデンでもとくに移民の集住化が進んだ地区として知られ、2万人余りの住民のうち、9割近くを移民が占める。移民の所得水準は一般的に低く、失業率は平均値の2倍を超え、とくに若年層では高くなっている。上述の暴動は、日々の生活のなかでうっ積した不満が噴出したものであり、大規模なテロ組織などとは関係がないとみられている。しかし、他の移民集住地区でも同様の事態が繰り返し起こっていることからすると、同国において増えつづける移民とネイティブとの間で構造的な格差が広がり、問題が深刻化していることがうかがわれる。

　他方で、ちょうど上述の事件があった頃、スウェーデン政治においては、同年9月の国政選挙に向けて各政党が本格的な選挙戦に入ろうとしていた。そのなかには、この選挙で初の議席獲得を狙う「スウェーデン民主党（Sverigedemokraterna）」があった。同党は、移民排斥を党是とする右翼政党であり、2000年代に入ってマルメを含む南部のいくつかの地方議会で議席を得ていたうえに、世論調査の政党支持率でも数値を伸ばしており、国政進出の可能性も高いとみられていた。

　このように、近年のスウェーデン社会では、移民問題をめぐり緊張が高まっている。日本では一般的に「福祉」や「平和」というイメージでみられがちなスウェーデンで、このような事態が生じているのはいかなる理由によるのだろうか。

　本章で取り上げるのは、北欧の小国を舞台に繰り広げられる、外部から移り住んだ人びとと以前からそこに住む人びととの間での紛争や、前者の処遇に関する考え方をめぐる対立である。これは一見すると、ごくかぎられた文脈での話に思われるかもしれないが、近年の同国への移民の多くは世界の紛

争地域から逃れてきた人びとでもあり、その点で、現代における紛争と和解について、より広い視野で考えることを迫るトピックでもある。

以下では、スウェーデンの移民事情を概観したあと（第2節）、その移民政策を同国福祉国家との関係で整理する（第3節）。次いで、近年になって移民問題が政治争点化した背景を確認し（第4節）、従来の移民政策を批判する右翼政党が台頭した過程をみていく（第5節）。その後、移民問題の意味をあらためて検討しつつ、私たちがそこから何を学ぶべきか考えてみたい。

2．スウェーデンの移民事情

「移民」の定義

今日のスウェーデンにおいて、「移民（invandrare）」を表すものとして公式に使われている定義は、「外国に出自をもつ者」であり、外国生まれの者と、国内で生まれたが両親はともに外国生まれの者とをあわせた部分を指している。かつては、「外国生まれの者」が用いられていたが、人の成長には文化的な環境の影響が強く残るということを考慮して2002年以降、中央統計局も上述の定義を重視するようになっている。いずれにしても、2010年末の時点で「外国生まれの者」は14.7％、「外国に出自をもつ者」は19.1％に上る（SCB［2012］s.101）。今日では、スウェーデン国内に住む人のじつに2割ほどが「移民」なのである。

経済的理由による移民

かつてのスウェーデンは、移民の送り出し国であった。19世紀後半から1920年代までの数十年間で、あわせて120万もの人びとが新たな生活の場を求めてアメリカに渡った。その規模は1900年当時の同国の人口の23％にも上った（Lundh［2010］s.13）。

それが1930年代に移民受け入れ国に転じ、とりわけ1945年以降は、流入する移民の数が増えていった。第二次世界大戦の戦禍を免れたスウェーデンでは、その直後から工業生産が順調に拡大し、まもなく労働力が不足しはじ

めた一方、復興が遅れた近隣諸国、とくにフィンランドからは、人びとが働き口を求めて同国に流れ込んだ。

その後、経済成長が本格化していく1950年代から60年代にかけて、チェコやポーランドといった東欧諸国、さらにはギリシア、ユーゴスラビアからも労働力としての移民が続いた。当初は、スウェーデンの労働市場庁と送り出し国の当局とが金属産業、林業・パルプ産業、繊維産業、飲食業などで経験をもつ労働者を組織的に募集していた部分が大きかったが、入国や滞在に関する規制が緩かったため、観光ビザで入国し、職を見つけて働きながら在留許可を得て定住する例も多かった(*ibid.*, s. 28)。

こうした極端に寛容な移民受け入れ方針については、1960年代の後半になると、労働組合が異議を唱えはじめ、経営者団体、労働市場庁との協議を経てその見直しが進んだ。そして1969年以降は、共通の労働市場を創設する協定を結んでいた他の北欧諸国を除き、外国籍の者がスウェーデンで働くためには、入国前に就労許可と在留許可を得なければならないこととなった。その後、1970年代になると、経済成長が失速したこともあり、就労許可の審査は厳格化されていき、許可数は年間1000件程度となり、80年代から90年代にかけては年間200〜300件にまで抑えられるようになった。

政治的理由による移民

他方で、1970年代後半以降、難民や亡命者など、政治的な理由による移民が増えはじめる。東西冷戦下にあって、国連重視の中立外交を貫き、広く対外援助と人道的支援に取り組んでいたスウェーデンは、朝鮮戦争やハンガリー動乱、ベトナム戦争などによる難民や孤児を引き受けていたが、その後もチリのクーデタ、レバノン内戦、イラン革命およびイラン・イラク戦争といった政変や戦争で国を追われる身となった人びとを積極的に受け入れた。

東西冷戦が終わる1990年代になると、内戦や混乱が続く旧ユーゴスラビア地域やアフリカ北東部の紛争地帯（ソマリア、エリトリア）からも、それぞれ数万人規模で難民を受け入れた。これらは基本的にジュネーブ条約（戦争犠牲者・難民の保護に関する国際条約）の基準にもとづいていたが、スウェ

ーデンの場合、戦傷者や拷問被害者などの独自の基準による受け入れも行われた（*ibid.*, s. 40-41）。

　2000年代に入ると、アメリカが国際テロ組織の掃討を理由にイラクに軍事介入を行って以降、同国からの移民が急増し、現在までにその数は累計で10万人近くなっている。最近でも、内戦状態に陥ったシリアから、2012年の前半だけで2000人ほどを受け入れている。

　このように、1980年代以降は、政治的な理由による非西欧地域からの移民が多い。しかも、1990年代から2000年代にかけて、オランダやデンマークといったかつては寛容な移民受け入れ策をとっていた近隣諸国が、その抑制へと方針転換したあとも、スウェーデンは人道的見地から難民の受け入れを続けた。スウェーデンでも、2008年には外国人法が改正され、「人道上の理由」にかえて「きわめて過酷な状況におかれていること」という規定が設けられ、同国社会への適応力をも審査項目に加えるなど、基準の厳格化が進んだが、いまなおヨーロッパのなかでは難民受け入れにもっとも寛容な国であるといってよい。さらには、難民となる人びとの側でも、そのような同国を目指して入国するためのネットワークが作られ、流入経路が形成されるという事情があった（Pelling *et al.* [2012]）。加えて、1980年代以降も親族の呼び寄せは広く認められており、先にスウェーデンに移住した人びとの家族として、毎年相当数の人びとが同国に移ってきている。

　このようにして、スウェーデンは今日までに多くの移民を擁するに至っている。古くから統計がある「外国生まれの者」の割合でみると、1970年に6.7％であったものが、1980年に7.5％、1990年に9.2％、2000年に11.3％、2010年で14.7％となっている。これに両親が外国生まれの者を加えると2割ほどになるのは本節冒頭でふれたとおりである。

3．スウェーデンの移民政策

「同化」から「多文化主義的統合」へ
　前節でみたように、経済成長にともない労働力移民を受け入れてきたスウ

ェーデンは1960年代以降、その方針を再考することになるが、この時期には受け入れた移民の処遇も国政における課題の一つとして意識されるようになる。

元来、言語的・文化的同質性の高い国家であったスウェーデンでは、当初は「同化」政策的発想が主流であった。すなわち、移民に言語や生活様式などの面でスウェーデンに順応するよう求めるかわりに、さまざまな公的サービス、社会保障などもスウェーデン人と同等に認めるということであった。もともと同国には、人びとは就労を通じて社会に統合されるという考え方(「就労原則」)があり、基本的にそれが移民にも適用された。その際にとくに重視されたのはスウェーデン語の習得であり、この点については、無償で提供される「移民のためのスウェーデン語」講座が1960年代の半ばから制度化されていた。

当時としては、このような方針が「進歩的」で移民のためにもなると考えられていた。また、ヨーロッパからの移民が中心であるうちは、大きな問題が生じることもなかった。しかし、まもなく移民の数が増すだけでなく、出身地が多様化し、文化的にも多様な人びとが同じ社会で暮らすようになると、上述の「同化」方針ではさまざまな軋轢が生じるようになる。それにともない、1970年代の半ばを過ぎる頃から移民政策の目標が「平等、選択の自由、スウェーデン人と移民の協調」に変わっていった。すなわち、「同化」から、差異を認めたうえで共存し、社会としてのまとまりを保とうという「多文化主義的統合」へと移行したのである (Hammarén [2010] p.208)。

議会でも、移民に「スウェーデン人」と同等の権利を保障し、その文化的背景を尊重すべきとする方向で議論がなされ、1974年の憲法改正時には、移民の文化を尊重することが明記された。また、1977年には母語教育への公費助成制度も導入された。それは、移民にスウェーデン語の教育だけでなく、本来の母語である言葉を習得する機会をも保障しようとするものであり、多文化主義的統合の方針を象徴する制度であった (Hilson [2008] pp.161-164)。さらには、反差別教育にも力が入れられ、1986年には人種差別を防ぐための「反差別オンブズマン[1]」も導入された。

第6章　スウェーデンの移民問題と政治

寛大な市民権付与

　スウェーデンの移民政策の特徴は、市民権付与の寛大さにあるといってよい。正規雇用で3年間働けば、原則として国籍を取得することができたし、スウェーデン人と結婚した場合は2年間でそれが認められた。同国では外国生まれの住民のうち3分の2ほどが国籍を取得しており、その割合は国際比較においても高い部類に入る（Schierup et al. [2006] p.33）。また、国籍がなくても3年以上合法的に滞在すれば、居住地での地方参政権が付与される。国際的にみると、こうした「市民的統合」路線の採用は1970年代とヨーロッパでももっとも早く、2000年代に入っても多文化主義への抵抗は比較的小さい（Mulcahy [2011] pp.103-107）。ストックホルムを中心とした都市部では、移民が地域社会に根づいて暮らしていくことができるようにエスニック・グループごとの自発的結社を支援（補助金と助言）する試みもなされている（Strömblad et al. [2011]）。ヨーロッパでは高度経済成長期に外国人労働者を積極的に受け入れた国が多かったが、スウェーデンの移民労働者は、たとえばドイツの「ゲスト・ワーカー（gastarbeiter）」とは異なり、当初より完全な福祉受給権をともなうシティズンシップを与えられてきた（Hilson [2008] pp.156-157）。

　移民へのこうした対応は、スウェーデンの福祉国家の特質とも関係している。1920年代末以降、長期にわたり政権を担ってきた社会民主党が提唱する「国民の家（folkhem）」とは、労資の階級対立を克服し、すべての人びとに安心を与えられるような社会を志向するものであった。

　また、その福祉国家はしばしば普遍主義的であると指摘される。普遍主義とは、経済的その他の事情によらず多くの人が公的な福祉サービスや社会保障の対象とされることであり、自活することが困難な者に対象を限定しようとする選別主義に対置される。理論上、前者においては、後者のように受益者と負担者が分断されないため、さまざまに異なる立場の人が対立することなく共存しやすい。そのような普遍主義的福祉国家は、産業化以後の課題となる男女同権化や移民の権利保障といった問題にも比較的うまく対応しうると考えられる。実際にスウェーデンでは、労働組合を含む公的福祉推進勢力

も、移民に対して各種受給権を制限するのではなく、それらを付与して包摂する方向を支持していた（Ryner [2002] pp. 22-23, 213, n. 9）。

4．移民問題の争点化

近年の社会科学においては、社会問題の構成的な性格が意識されることが多い。とりわけ、他のさまざまな争点とも結びつきやすい移民問題は、「実態」というより「認知」の問題であるという面が大きい（島田 [2011]）。ここでは、スウェーデンで移民の存在が「問題」として認識され、政治的な争点となった背景をみておこう。

移民の周辺化

前節でみたように、1980年代以降、移民はその文化的背景を尊重され、福祉国家に包摂・統合されるはずであった。しかし、1990年代前半にスウェーデンは第二次世界大戦後最大の経済危機に見舞われる。1991年には経済がマイナス成長となり、財政収支も赤字に転ずる。雇用も減少し、失業率はそれまでの3％前後から一気に8％台へと上昇した。そのようななかで、とくに移民層は深刻な影響を受け、失業者も急増した。その間にも旧ユーゴスラビア地域やアフリカ北東部からの難民の受け入れは続き、1990年代には国内生まれの者と国外生まれの者の経済格差が拡大した（SCB [2009] s. 54-56）。

スウェーデンの場合、公式な制度面で差別がなく、国際比較でも移民の包摂・統合が進んだ国ではあったが、この頃から実際には構造的な周辺化が進行していたといえる（OECD [2005]）。とくに経済格差と雇用機会の偏りは顕著で、移民の場合、製造業、旅館・飲食業、介護、家事補助の分野での就労が多く、その失業率は「スウェーデン人」の3倍に上った。

とりわけ、移民の周辺化を目に見える形で示していたのが、その集住化であり、三大都市のそれぞれにそうした地区が出現した。ストックホルムのリンケビー、イェーテボリのアンゲレードや、冒頭で紹介したマルメのローセンゴードである[2]。また、ストックホルム近郊の工業地帯を抱えるセーデテ

リエ市では、現在までに総人口の3割以上を移民が占めるようになっている。

　移民集住地区で深刻な問題となるのは若年層の周辺化である。すなわち、若者の間に失業と福祉給付依存が目立つことであるが、それは社会的・民族的な分断を生む。いくつかの調査が示しているように、青少年が住環境、言語能力、(早期の有効な) 学習経験、教師や親からの支援などの点で不利な条件のもとにおかれ、社会から事実上排除される。そこに悪循環が生じ、移民は「国民の家」の「よそ者」となっていく (Hammarén [2010] pp. 228-229)。ある研究者が「割り当てられた民主主義」と呼んだように (Dahlstedt [2005])、移民が社会的に代表される機会を欠いたまま非政治化され、民主的決定プロセスからも排除される傾向にある。

文化摩擦

　1990年代以降、非欧州地域からの難民が増えるにつれ、いわゆる文化摩擦も生じるようになる。とりわけ、ネイティブのスウェーデン人とムスリム (イスラム教徒) との間での問題が深刻化している。女性が公の場でスカーフを着用することやモスク (礼拝堂) の建設がたびたび議論を呼んだ。さらに、ムスリムの家庭では、その信条から女子生徒が性教育のプログラムや体育の授業に参加することを拒む場合も多い。また、イスラムの教義や慣行にもとづいて未成年の子どもの結婚を親が決めたり、極端な場合には、ムスリムの女性が婚前交渉などを理由に親族から暴行を受けたり殺害されたりするケースもある。後者については、事例はわずかであっても、それが報道されると、他の人びととの間には戸惑いや反感が広がることになる。また、さまざまな面で女性の社会進出と対立するイスラム教に対しては、他のヨーロッパ諸国と同様、女性の基本的人権を侵害しているという批判がみられる。

　さらには、世界中で注目されたデンマークのムハンマド風刺画事件と同様に、スウェーデンでも2007年に芸術家ヴィルクス (Lars Vilks) の作品がイスラム教を冒瀆したとの理由で彼に対する殺害予告が出され、2010年には暗殺未遂事件も起きており、表現の自由と宗教的な価値との対立が先鋭化している。こうしたことが積み重なることにより、スウェーデン社会のなかで

第Ⅱ部　国内社会における紛争と和解

も移民の生活様式や文化の違いが「問題」として認知され、政治争点化しやすくなっている。

社会統合の機能不全

　上述のような状況のなかで、2000年代になると、移民への自立支援が政策目標とされるようになる一方、社会統合政策の機能不全も徐々に問題化しはじめる。移民の就労率が下がり、さまざまな福祉給付の受給者が増えるにつれて、統合政策の柱である就労支援と言語習得支援の有効性にも疑問が投げかけられるようになったのである。

　「移民のためのスウェーデン語」講座については、1990年代以降、コース分けが進むとともに、内容面でも同国の文化や社会の仕組みを学べるようにし、就業に役立つ語学力の習得を重視するなどの改善がなされてきたが、受講者間での学習経験の差も大きいうえに、技量と経験を備えた教員を確保することが難しいなど、さまざまな困難をともないがちであった。さらには、各段階を所定の期間内に修了できない者や、途中で受講を断念する者の数は増える傾向にあった。また、就労支援についても、語学講座との連携を強め、実地訓練（研修制度）を充実させるなどの改革が進められてきたが、経済状況の悪化や移民の数自体の増加もあって、その実績を十分にあげることができない状況が続いた。

　これらの点については、しばしばメディアでも取り上げられるようになり、さらなる改善策が論じられるようになっていた。しかし、具体的な政策や制度の実効性についてしばしば疑問が出され、批判がなされるようになった一方で、人道的見地からの難民受け入れの継続と、多文化主義的な社会統合という移民政策の基本方針については、他の点では対立することが多い諸政党の間でもあらためて議論されることはなかった。

　そうするうちにも上述の文化摩擦や、不法移民の増加、一時滞在者の不法就労問題（とりわけ肉体労働や家事手伝いでの違法な雇用）が取りざたされるようになり、また、冒頭でふれたような移民集住地区での暴動などが続くと、次第に社会統合の機能不全が露呈することとなった。

5. 政治的な対立へ

スウェーデン民主党の台頭

　第二次大戦後のスウェーデンでは、近隣諸国と比べてもネオナチや極右の活動は目立たなかった。そのような同国でも1980年代に入ると、移民の増加を批判して独自の文化を守ることを掲げた民族主義組織「スウェーデンをスウェーデンのままに（Bevara Sverige Svenskt）」が活動を始め、その後ファシズムの流れを汲む小党などとの合流・再編を経て、1988年に「スウェーデン民主党」が結成される。ネオナチ団体での活動歴もあった党首に率いられた同党は、明らかに排外主義的な極右政党であり、一般には非民主的な勢力とみなされていた。同党は、1988年、91年、94年、98年と選挙で候補者を立てたが、比例代表制で行われる同国選挙にあって、得票率が1％に満たない泡沫政党にすぎなかった。

　スウェーデンでは、ナショナリズムの再興は大きな動きにならず、隣国のデンマークやノルウェーで1970年代に減税と規制緩和を求めて現れたポピュリスト政党が、1990年代に入って移民の制限と多文化主義批判を掲げて躍進していたにもかかわらず、（1991年に既成政党を批判して議会参入を果たし、次の選挙で議席を失い自壊したポピュリストの「新民主党（Ny demokrati）」が移民問題にも言及していたことを除けば）長らく排外主義の動きが政党政治にまで及ぶことはなかった。

　しかし、2000年代に入ると、スウェーデン民主党は、南部のいくつかの地方議会で議席を得るようになり、同党自身も変化を遂げていった。彼らは、他のヨーロッパ諸国で成功を収めた右翼政党を意識しながら穏健化をはかっていたが、さらに2005年には指導部を一新して本格的に国政進出を目指すようになる。当時、スウェーデン民主党がもっとも成功していた南部（スコーネ）地域の若手グループのなかからオーケソンが党首、セーデルが幹事長となり、移民の制限を中心的な主張として掲げながらも、ネオナチ活動歴のあるメンバーを追放して組織改革を進めた。彼らは、議会制民主主義を尊重

する姿勢を強調し、既存の政党と同じスタイルで政治活動を展開しようとした。

その結果、2006年の選挙では、比例代表選挙での議席獲得の最低要件とされている4％には及ばなかったものの2.9％の投票率を得て、その存在感を示すこととなった。

スウェーデン民主党の議会参入

そして、冒頭で紹介したように、2010年にはスウェーデン民主党が再び議会進出を狙って選挙戦に臨んでいた。同党の選挙綱領は、比較的簡潔なものであり、『スウェーデンをわれわれの手に取り戻そう』という表題が付されたリーフレットにまとめられていた。そこには「責任ある移民政策を」、「安心で尊厳ある老後に」、「犯罪への妥協なき対応を」という「三つの重点領域」が掲げられていた（Sverigedemokraterna［2010］）。

第一の移民政策については、難民受け入れと家族呼び寄せを厳しく制限するよう主張するとともに、外国からの入国者への在留許可や市民権付与の厳格化を求め、さらには、スウェーデンのイスラム化を阻止する、という主張が続いた。第二の高齢者政策については、年金生活者の経済状況の改善や要介護高齢者の食生活の改善とともに、要介護高齢者が配偶者と暮らす権利をも保障すべきだと主張していた。第三の犯罪への対処については、重大犯罪・再犯の厳罰化、移民重大犯罪者の国外追放、小児性愛者の認定・登録制度の導入などが目標として挙げられていた。

そこからもわかるように、スウェーデン民主党は移民の存在を文化変容、犯罪、高齢者福祉など、さまざまな論点と結びつけて批判している。なかでも、移民の受け入れや社会統合に充てている財源を、高齢者を中心としたネイティブの人びとへの施策の維持・改善に用いるべきだと主張する点で、いわゆる福祉排外主義の性格が強い。福祉政策への支持を明確にしている点では、長く同国福祉国家の担い手と目されてきた社会民主党の立場とも重なる部分があり、そのことが、スウェーデン民主党が支持を伸ばす要因の一つにもなったと考えられる（清水［2011］）。

スウェーデン民主党は、2008年以降、各世論調査機関による政党支持率調査でたびたび4％を上回る数値を記録するようになっており、2010年選挙が近づくなかで、議席獲得の可能性はきわめて高いとみられていた。そして、同年9月に行われた選挙の結果、同党は既存の二政党を上回る5.7％の得票率で20議席を得て、国政レベルでの議会進出を果たした。

　この選挙の本来の主役は、左派連合に勝利し2期目の政権担当を決め、自らが率いる保守党も社会民主党に肉薄するまでの伸びをみせた首相フレドリック・ラインフェルトのはずであった。しかし、右派連合の議席が半数を割ったことから、翌日の新聞各紙には彼の渋面が載り、他方でスウェーデン民主党の躍進はおおいに注目されることとなった。この選挙で公営放送が行った出口調査でも、回答者の前回投票先との関係でみると、スウェーデン民主党は、社会民主党をも含めた左右両ブロックの各党から票を奪う形で支持率を伸ばしたことが示されていた（Holmberg red. [2010]；*Dagens Nyheter*, 2010.9.20）。

政党政治とスウェーデン民主党

　スウェーデン民主党は、移民の抑制や移民政策への批判を中心的な主張にしており、その意味では排外主義的な政党であるが、同党自身は、議会政治のルールを尊重する民主的な勢力であると主張している。しかし、左派右派を問わず他のすべての既存政党は、2010年選挙以前から、スウェーデン民主党を人権感覚を欠いた非民主的勢力とみなし、いかなる交渉をも行わないという立場をとってきた。それは、スウェーデン民主党が、左右の政党ブロックの間でキャスティングヴォートを握る状況が生じた現在も変わっていない。

　他党のこうした対応は国政レベルだけではない。スウェーデンの場合、日本の都道府県に相当するランスティング（landsting）でも、市町村に相当するコミューン（kommun）でも、選挙は比例代表制で行われ、政党が基本単位となって政治が展開されるため、地方でも同様のことが起こっている。とりわけ、マルメを含む南部の自治体では、2006年選挙以前にスウェーデン民主党が議席を得ていたり、2010年選挙でさらに議席を増やしたりしたとこ

ろも多いが、既成政党は、スウェーデン民主党とは「同じ土俵に乗らない」という立場をとりつづけている。

　さらに、スウェーデンでは、選挙の前に高校や中学校で政党代表を招いて討論会が行われることが多い[3]。とくに高校では「生徒選挙」と呼ばれる模擬投票が行われるため、生徒会と学校が協議しながら各党の地域支部から代表者を招いて党の政策を語らせ、意見交換がなされる。2010年選挙時には、スウェーデン民主党を議論の輪に加えるかどうか、移民の制限・排除を話題にするかどうかが問題となった。多くは既成政党や学校側がスウェーデン民主党の参加を拒んでおり（生徒のなかには当然「移民」もいる）、これに対し同党は不当な差別であるとして強く反発した（たとえば、スウェーデン南部のヴェリンゲ・コミューンの事例、*Sydsvenskan*, 2010.3.8）。

　以上のように、公式な政治の主要部分を占める政党政治においてもスウェーデン民主党が存在感を強めており、また、同党の政治過程への参加や民主政治のあり方をめぐって議論がある一方、移民政策をめぐっては論争そのものが形成されにくい状態が続いている。

6．移民問題における紛争と和解――私たちが考えるべきこと

　以上でみてきたスウェーデンの移民をめぐる「紛争」は、本書の他の章で取り上げられている事例と比べると、対立の構図が明瞭ではなく、明確な「和解」の形を想起しにくい性質のものだといえよう。とはいえ、そこには現代社会に特有の問題構造をいくつか見出すことができる。

　まず、移民とネイティブの人びととの間に（潜在的なものも含めて）経済格差や文化的な差異にもとづくさまざまな対立や摩擦があり、それらが断続的に噴出している状況がある。これについては、かつて価値観や生活様式を統一することで問題解決をはかろうとしたもののうまくいかず、その後「多文化主義的統合」という形で移民を同国福祉国家に包摂する方向が目指されていた。それがある時期までは一定の成果を上げたといえるが、諸事情の変化とともに、次第に困難になりはじめている。

第6章　スウェーデンの移民問題と政治

　スウェーデン民主党は、新規移民の受け入れを極力抑え、国内の移民の諸権利をも制限しようとするが、実際には、移民が経済活動や福祉サービスの担い手としてスウェーデン社会を支えている面もある。製造業やサービス業、介護や家事補助などの領域での労働を移民が担うケースが増えており、業種の偏りの是非は別としても、もはや福祉国家自体が彼らの存在なしには成り立たなくなっている。スウェーデン民主党が一定の支持を得ている現状からすれば、今後は新規受け入れがある程度抑制されるかもしれないが、それだけで問題が解決されるわけではない。困難であるとしても、移民が主体的に参加できるような形で社会統合を進める努力を続けていくしかないだろう。

　次いで、スウェーデン民主党と他の諸政党との関係、すなわち、排外主義政党を民主政治の枠内でどう扱うかという問題がある。スウェーデン民主党は、1980年代以降のヨーロッパ諸国で台頭している「新右翼」政党の一つに数えられる。すなわち、かつてのナチスのように民族間の優劣を主張することはなく、（とくにムスリムへの批判の際には）リベラルな価値を擁護し、自らが議会政治を尊重する「普通の政党」であることを強調する。しかし他方で、一部の人びとの権利を制限することによって他の人びとの支持を動員しようとする彼らの傾向が民主主義に反する要素をもつことも否定できない。それゆえ既成政党は党派を問わず、スウェーデン民主党との交渉を拒否するが、同党は逆に自らの政治活動が不当に制限され、差別されていると反発するのである。そこから、民主主義の範囲をより限定しようとすることを民主政治のなかで議論しうるのか、そのような主張をもつ政党を民主政治のプレイヤーとして認めるのか、といった難問が浮かび上がる。

　その点、隣国デンマークでは、1990年代半ば以降、やはり排外主義的なナショナリスト政党「デンマーク国民党（Dansk Folkeparti）」が支持を伸ばしはじめた一方で、中道右派の有力政党、自由党も移民を抑制する方向に傾き、政党政治において多文化主義への賛否が議論された。2001年選挙のあとには、自由党と保守党の連立政権をデンマーク国民党が間接的に支える体制となり、同国の移民政策はその権利を制限する方向に大きく転換された（吉武［2005］）。いまのところスウェーデンが同じ道を歩む可能性は低いように思われるが、

両者の比較からは、民主政治による移民問題への対応の可能性や限界を考えることができよう。

さらに、スウェーデンの移民問題をより広い視野で捉えようとすれば、それらの人びと、とりわけ難民が、世界各地の「紛争」の帰結として同国に存在するという事実を考えざるをえない。それらの移民・難民がスウェーデンに安住の地を得ていることが、(最善のものとはいえないまでも) ある種の解決策となっている面もあるからである。

その点、冒頭でふれたローセンゴードの暴動は、移民の実態の一面でしかない。たとえば、いまや世界的に有名なプロ・サッカー選手となり、ヨーロッパの有力チームを渡り歩いて活躍するイブラヒモビッチは、旧ユーゴスラビア移民の両親のもとに生まれ、同地で育っているが、幼年期の苦い思い出を交えながらも故郷への愛着を語っている (Lagercrantz [2011] s. 420-422)。彼の例をもちだすまでもなく、現実に移民の多くはスウェーデン各地に定着し、生活の基盤を築いている。筆者も同国の移民集住地区を何度も訪れたことがあるが、決して普段から混乱が生じているわけではない。いくつかの異なる側面に注意しながら、国内外のさまざまな矛盾を抱え込んだ存在とならざるをえなかった彼らの境遇に想いを馳せることも必要であろう。

最後に、移民問題は日本に住む私たちにも決して無縁ではないことを指摘しておきたい。日本の場合、難民の受け入れにはきわめて消極的な姿勢をとってきた一方で、「外国人労働者」については、非常に選別的にではあるが、現在までに一定程度受け入れてきた。その結果として、製造業に従事する日系ブラジル人を中心に数千人規模で外国人が集まり住む地域がいくつかできている。2001 年にはそれらの地区を抱える自治体により「外国人集住都市会議」が組織され、「多文化共生」もテーマ化されている。

本章執筆中の 2012 年には、大手電子部品メーカーの工場閉鎖などで、一度に多くの外国人労働者が職を失い、生活に窮したり、転居や帰国を余儀なくされたりする例が相次いでいる。彼らにもその家族を含めそれぞれの生活があり、労働市場の調整機能を負わせるだけでよいというものではない。また、看護や介護の分野での人手不足から外国人の受け入れが模索される状況

第6章　スウェーデンの移民問題と政治

も続いている。

　私たちは国境を越える人びとの移動と真剣に向きあわねばならない時代に生きている。本章で紹介したスウェーデンの事例は、そのことについて、国による条件や事情の違いも含めて考える手がかりを与えてくれるだろう。

＊本章の内容には、科学研究費補助金（課題番号23243021「労働の国際移動が福祉国家政策および政治に与える影響に関する比較研究」代表・新川敏光）による研究の成果が含まれている。

【注】
（1）日本の「市民オンブズマン」とは異なり、公的な機関である。他のあらゆる機関から独立しており、訴えがあった場合にはその事案について調査し、必要と判断すれば是正に向けた勧告を出す。2009年には、「男女平等オンブズマン」「障害者オンブズマン」などと統合され、（新たな）「反差別オンブズマン」となっている。
（2）ただしそれらは、いわゆるスラムのようなものではなく、経済成長期に都市に流入する労働者世帯向けに建てられた3～10階建ての公営住宅が多い地区である。80年代以降、自治体が増えつづける難民にそれらをあっせんするようになり、移民のコミュニティが形成されると、ほかからも同じ境遇の人びとが集まるようになる一方、ネイティブの人びとがそれを敬遠して転出していくことにより、こうした集住地区が形成されている。
（3）スウェーデンでは、小学生（高学年）から民主主義や政治について、主要政党の立場や政策の違いも含めて教え、考えさせる慣行が定着している。

【参考文献】
Dahlstedt, Magnus [2005] *Reserverad demokrati: Representation i ett mångetniskt Sverige*, Boréa bokförlag.
Hammarén, Nils [2010] "Sweden: Being a Stranger in the 'People's Home'," Katrine Fangen, et al. (eds.), *Inclusion and Exculsion of Young Adult Migrants in Europe*, Ashgate, pp. 203-235.
Hilson, Mary [2008] *The Nordic Model: Scandinavia since 1945*, Reaktion Books.
Holmberg, Sören red [2010] *Riksdagsvalet 2010 Valu*, SVT.
Lagercrantz, David [2011] *Min historia: Jag är Zlatan Ibrahimović*, Albert Bonniers Förlag.
Lundh, Christer [2010] *Invandringen till Sverige*, SNS Förlag.
Migrationsverket [2010] *European Migration Network: Satisfying Labour Demand through Migration*.（移民庁・報告文書）
Mulcahy, Suzanne [2011] *Europe's Migrant Policies: Illusions of Integration*, Palgrave Macmillan.
OECD [2005] *Trends in International Migration: Annual Report 2004*.

Pelling, Lisa, Veronica Nordlund and Maja Magnusson [2012] *Ny väg in: Forskningsstudie om migrationskanaler*, Migrationsverket.
Ryner, Magnus [2002] *Capitalist Restructuring, Globalization and the Third Way: Lessons from the Swedish Model*, Routledge.
SCB（Statistiska centralbyrån）[2009] *Integration-utrikes födda på arbetsmarknaden.*
――― [2012] *Statistisk årsbok för Sverige 2012.*（中央統計局・統計年鑑）
Schierup, Cark-Ulrik, Peo Hansen and Stephen Castles [2006] *Migration, Citizenship, and the European Welfare State: A Eupopean Dilemma*, Oxford University Press.
Strömblad, Per, Gunnar Myrberg and Bo Bengtson [2011] *Optimal Opportunities for Ethnic Organization and Political Integration?: Comparing Stockholm with Other European Cities*, Palgrave Macmillan.
Sverigedemokraterna [2010] *Ge oss Sverige tillbaka!*（スウェーデン民主党選挙綱領）

島田幸典［2011］「ナショナル・ポピュリズムとリベラル・デモクラシー――比較分析と理論研究のための視角」河原祐馬・島田幸典・玉田芳史編『移民と政治――ナショナル・ポピュリズムの国際比較』昭和堂、1-25頁。
清水謙［2011］「スウェーデンの2006年議会選挙再考――スウェーデン民主党の躍進と2010年選挙分析への指標」『ヨーロッパ研究』10号、7-26頁。
吉武信彦［2005］「デンマークにおける新しい右翼――デンマーク国民党を事例として」『地域政策研究』8巻2号、21-50頁。

第7章
世代間の対立／連帯と福祉国家

堀江孝司

1．社会保障における世代間格差と「若者＝かわいそう」論

高齢化と社会保障費

　2012年、消費税を5％から8％を経て10％まで引き上げる消費税増税法が成立した。野田佳彦首相（当時）が、「社会保障と税の一体改革」と称して実現を目指していたものである。野田は「改革」が必要な理由として、人口バランスの問題を挙げていた。曰く、「団塊の世代が「支える側」から「支えられる側」に移りつつあります。多くの現役世代で一人の高齢者を支えていた「胴上げ型」の人口構成は、今や三人で一人を支える「騎馬戦型」となり、いずれ一人が一人を支える「肩車型」に確実に変化していきます。今のままでは将来の世代は、その負担に耐えられません。もう改革を先送りする時間は残されていないのです[1]」、と。15～64歳／65歳以上人口比率は、1960年の11.2から2010年には2.8となり、そして2055年には1.3となる[2]。

　高齢者と現役世代のバランスは社会保障制度に影響する。年金制度上、高齢者は、現役世代から所得移転を受けているし、医療も介護も高齢者のほうが利用者は多い。つまり高齢者が増えれば社会保障費が増え、社会保険料や税の形で現役世代の負担が増える。社会保険料と税の負担と受給分との差し引きから、世代ごとの「損得」を計算する世代会計では、生まれる時代によ

って、負担と給付の差が巨額になることが試算されている（島澤・山下［2009］；小黒［2012］）。日本できょう生まれた子どもひとりの背中に700万円を超える借金があるというのも、野田が所信表明演説でふれた点である[3]。

認識される「損得」と年齢別政策選好

年金制度が世代ごとに不公平で、自分たちは損な世代だという認識を、すでに多くの若者はもっている。今日、「社会保険に関しては多くの人が、もしかして自分はすごく損をしているのではないか……と疑っている」（重田［2011］20頁）としても、自分を損だと思う割合は年齢により異なる。2003年には、「今の公的年金制度で何となく損をしているという感じをもったことがある」人は、65歳以上で19％、20代では67％であった（『朝日新聞』2003年6月21日付）。「一生涯における社会保障の給付と負担」認識をみると、60代でも自分は負担より給付が少ないと思う人がもっとも多いが[4]、40代以下では8割近くがそう考えている[5]。

そのため、年金改革への意見は年齢により異なる。税や保険料の負担が増えても年金水準を確保すべきとの意見が、60歳以上の約50％に対し20～30代では30％台、公的年金の水準を抑制すべきとの意見は、20～30代の約50％に対し60歳以上では30％台であった。自分は年金を受け取れないと考える若者も多い。老後の生計の手段としてもっとも頼りにするものでは、「国民年金、厚生年金などの公的年金」が65歳以上の76.9％に対し、30代では40.4％、20代では37.8％で、他方、「自分の就労による収入」は、65歳以上の7.7％に対し、30代では31.1％、20代では35.2％に達する[6]。年金にかぎらず社会保障制度全体でも、若い世代ほど給付引き下げを容認し負担増への拒否感が強く、年齢が高くなるにつれ、給付引き下げ容認は減り負担増への支持が増える[7]。また、高齢者への支出を減らし、若い世代への支出を増やすことに対し、若い世代ほど支持が多い（『朝日新聞』2012年8月28日付）。

1990年代末の古い調査だが、「世代間連帯」の考え方にもとづく社会保障制度に「賛成」／「賛成できない」の比率は、50代：63.5％／32.4％、40代：57.9％／39.4％、30代：57.9％／40.4％、20代：51.4％／45.1％、であった[8]。

その後、若い世代の経済的困窮や世代間格差に関心が集まり、年金制度への信頼も大きく揺らいだ。いま同じ調査をやれば、「賛成できない」若者が増えている可能性もある。当時は20代でもかろうじて過半数が支持した「世代間連帯」は、いまどれほどの若者に支持されているであろうか。

いまの若者は不幸か

　いまの若者が正社員になりにくいことも知られている。こうした若い世代を指す、「ロスト・ジェネレーション（ロスジェネ）」という語も普及した。赤木智弘の「「丸山眞男」をひっぱたきたい——三一歳、フリーター。希望は、戦争。」という論文は、こうした正社員になれない若者のルサンチマンを、年長世代に突きつけ話題になった。就職氷河期に学校を卒業し正社員になれなかった彼は、フリーターを中途採用する企業がほとんどないというデータから、日本社会の流動性のなさを指摘する。そして、日本を代表する政治学者の丸山眞男が戦時中、二等兵として従軍し、中学にも進んでいない上官に殴られたエピソードをふまえ、戦争でも起きないかぎり、いまの日本社会では負け組に逆転は不可能だとして、生まれた時期による運・不運を問題にする（赤木［2007］）。仕事もせずに会社にしがみつく中高年の「ノン・ワーキング・リッチ」や、年金などで若者にたかる「パラサイト・シルバー」を告発する漫画も登場した（山野［2010］）。

　2000年代以降、「世代間格差」への関心は高まった。タイトルに「世代」と「格差」を含む雑誌の論文・記事は、1990年代には22件にすぎないが、2000年代には147件、2010年代には早くも53件に達する[9]。

　いまの若者がかわいそうだとの認識が普及すると、バランスをとろうとする議論も現れる（海老原［2010］）。20代の大学院生・古市憲寿は、意識調査では、いまの20代は現状満足度が年長世代よりも過去の20代よりも高く、自分たちは幸福だという（古市［2011］）。ただ彼は、生活に不安を感じる若者が多いことも指摘しており、この「幸福」はカギカッコつきである。いまの若者はかわいそうだという議論が流布していなければ書かれなかったであろう同書はむしろ、「若者＝かわいそう」論の広がりの証明といえるかもしれ

ない。

2．福祉国家と社会連帯

階級間・世代間の連帯と福祉国家

　このように今日、世代間格差の指摘は多いが、それがとりわけ顕著なのは、やはり年金に代表される社会保障の分野であろう。社会保障制度が世代間の所得移転を前提とする以上、世代間の連帯は、福祉国家を成り立たしめる要素とさえいえる。支え手たる若い世代が、それに不信や不満を抱いているとすれば、これはまさしく福祉国家の危機といえよう。

　福祉国家の形成・発展については、産業化にともなうリスクへの対処、総力戦遂行上の必要、民主化と人権意識の高揚、官僚のイニシアティブ、国際的な政策波及など、さまざまな説明がなされてきた。なかでも有力なのは、階級に着目する視角である。ドイツが世界に先駆けて社会保険を導入したのは、ビスマルクの労働運動対策であるし、戦後の福祉国家体制も階級間の妥協として理解されてきた。シティズンシップの観点から、福祉国家を理論的に基礎づけた、T・H・マーシャルの「シティズンシップと社会階級」という論文（1950年）には、階級社会にシティズンシップという網をかけ、社会統合をはかる狙いがあった（マーシャル／ボットモア［1993］10-11、97-100頁）。

　つまり、福祉国家の成り立ちには、階級間の妥協（和解）の産物としての側面がある。これを社会のなかに連帯をもたらすものとしての福祉国家、と言い換えることもできよう。

　だが、ほかならぬその福祉国家が社会連帯を毀損するという議論がある。「現在の状況では、福祉制度は想定されていたような大きな社会的連帯をつくり出すよりもむしろ、社会的連帯の基礎を掘り崩す可能性がある」と指摘するギデンズは、ドイツ、イタリア、日本の年金制度を例に挙げる（ギデンズ［2003］118-119頁）。今日、連帯（solidarity）の語が用いられる数少ない文脈の一つは世代間でのそれであるが、社会保障政策の対立軸が、所得間・職業間から世代間・世帯間へと変化してきたという指摘（武智［2003］）や、社

会政策に対する政策選好は、階級よりも年齢やジェンダーによる差が大きいとの分析（Kitschelt and Rehm [2006] p.74）がある。

つまり、階級間の連帯をもたらすべく建設された福祉国家が、人口構造の変化を経たいまでは、世代間の連帯を脅かしている、との見方が可能である。

連帯の危機

齋藤純一は、人びとが互いの具体的な生を支えあう「人称的連帯」と、社会保障制度が媒介する見知らぬ人びとどうしの「非人称の連帯」を区別する。非人称の連帯は、社会保障制度が特定の誰かに支えられているとか、特定の誰かのコストを負担しているという意識を抱かせないために必要とされる。「連帯の一方的受益者」とみなされた人びとを、連帯から排除しないためである（齋藤［2008］164-167頁）。ヨーロッパでは、医療システムは社会連帯に基礎をおくべきだという考え方は、ギルド、宗教団体、労働組合、民族団体など、つながりを感じられる人との連帯を念頭においていた。だが、財政と供給の水準を維持するため、強制力のある国家の関与が必要とされるようになり、連帯のあり方が変容した（Houtepen and Meuren [2000] p.329）。制度の整備にともない、社会保険を通じた連帯の仕組みが脱人称化したのである。

人は、正義の信念とともに互恵性（reciprocity）、つまり自分も助けられるので人を助けるという観点からも他者と連帯するというウルリッヒは、ドイツの公的医療保険加入者の発言から三種の互恵性を抽出する。第一は、保険に入るのは自分もいつリスクに遭遇するかわからないからという「リスクの互恵性」である。第二はライフステージのあとの時点を考える「長期的互恵性」で、いまは必要ないが、歳をとったり家族の状況が変化して必要になったときに備え保険に入るというものである。第三は「一般的な互恵性」で、たとえば自分が高等教育を受けさせてもらったので社会に恩義を感じるといった類の発言に現れるものだという（Ullrich [2002] pp.128-130）。

ロザンヴァロンは、こうした連帯の衰退を指摘する。曰く、福祉国家を支えていた公正と連帯の原理は、リスクが平等に分配されることを前提にしていた。だが今日、排除や失業は常態化し、遺伝学の進歩や、生活習慣と病気

の関係についての知識の普及などにより、リスクは誰にも等しく降りかかるわけではなく、リスクの大きい人と小さい人が可視化し、無知のヴェールが引き裂かれた、と（ロザンヴァロン［2006］23、30-34頁）。「無知のヴェール」は、ロールズが、何が正義かを考える際、誰も自分が何者かを知りえない無知のヴェールを被った「原初状態」を想定したことに由来する（ロールズ［2010］184-192頁）。無知のヴェールを被った私たちは、リスクの前で平等となる。自分にも他者にもリスクは等しく降りかかるとすれば、いま困っている他者といまは困っていない自分は、運命を共有する仲間となる。だがいまや、互いのリスクの大きさがある程度わかるので、リスクの前での平等にもとづく連帯が成立しにくいというのである。

　こうしたことを象徴するエピソードがある。麻生太郎首相（当時）は、同世代の友人がやたら医者にかかっている、自分の医療費のほうがはるかに少ないのは毎日歩いているからだとして、「たらたら飲んで、食べて、何もしない人の分の金を何で私が払うんだ」と発言したことがある[10]。健康管理を怠らない自分と、運動もせず飲食にも気を使わない不摂生な人では、病気になるリスクが違うので、そうした人の医療費を払いたくないというのである。現職の首相が、社会保障を通じた連帯に拒否感を表明した貴重な発言であるが、健康情報の普及がもたらした連帯の危機を象徴するエピソードであろう。

　こうした「リスクの互恵性」に加え、「長期的互恵性」も危機に瀕しているのが、先にみた日本の状況である。ライフステージのあとの段階で必要になったときには社会保険に頼れるという信頼が低下し、長期的互恵性の観点からの連帯が動揺しているのである。

3．デモクラシーと世代

年齢・世代というアイデンティティ

　本書で「紛争と和解」の主体とされる国民国家や民族、階級などと比べ、世代とはどのようなカテゴリーだろうか。たとえば、年金改革を「世代間の政治的戦争」としてみるなど（井堀［2002］37頁）、世代間対立を戦争になぞ

らえることもある（立木［2006］）。しかしそれは、国家間の紛争や民族対立とは様相が異なる。世代会計に現れる収支も、ゼロサムの関係にはない。たとえば、高齢者の年金が減れば、親の生活リスクを個人的に負わなければならない子の負担は増える（山口［2010］134-135頁）。

　また、世代の捉え方は多様である。これまで漠然と、「若者」と「高齢者」の利害対立や意見の相違を論じてきたが、何歳までが若者で何歳からが高齢者かは自明ではない。「将来世代」につけを残すという意味では、若者は高齢者と同じ「加害者」側になりうる。そもそも若者にしろ、中年にしろ、ずっとその立場でありつづけるわけではない。

　このように、カテゴリーとしての安定性を欠き、境界もわかりにくい「世代」が、政治の場において、民族や階級に比べマイナーな扱いを受けてきたことは、当然かもしれない。

シルバー・デモクラシーと民主主義の機能不全

　福祉国家の対立軸が、階級から世代へと変化している、との見方を先に紹介したが、人口の高齢化が必然的に高齢者に有利な福祉国家をもたらすわけではない（Vanhuysse［2012］）。リンチは、福祉国家の支出構造が高齢者志向になるかどうかは、福祉国家形成期における制度選択と、歴史上の決定的時点における政党間競争によるという（Lynch［2006］）。高齢者に手厚い福祉国家と、若者・子ども施策も手厚い福祉国家の違いをもたらす要因はほかにも考えられるが、政治家は、数が多く投票率も高い高齢者の支持を得ようとするからという説明が、広く信じられている。これは、福祉国家の形成・発展を、階級の権力資源動員で説明する議論の年齢版といえよう。

　高齢者は、投票率は高いものの、彼らの利害にかかわる年金などの政策で、同質の塊として投票していないとの指摘もあるが（Goerres［2009］）、政治家が「高齢者」を一枚岩とみなし怖れているなら同じことである（cf. Vanhuysse and Goerres［2012］p. 4）。

　高齢者の利益代表団体としては、定年制を廃止させた全米退職者協会（AARP）というアメリカのグレイ・ロビーが有名である。日本の政治学で

高齢社会の問題を先駆的に提起したのは、内田満の 1986 年の著作であるが（内田 [1986]）、1985 年当時、総人口に占める 65 歳以上人口の割合は 10.3% であった。2010 年にはこれが 23.0% に達しているから[11]、高齢者が数の力で政策を実現させようとするなら、はるかに容易になっているはずである。

　高齢者の数と政治力に着目する立場からは、民主主義の仕組みに疑問が投げかけられ（小黒 [2012]；小塩 [2012]）、世代を超えた政策課題には、民意や政治を意思決定に持ち込まない「マイナスの政治主導」を求める主張もある（小峰 [2012]）。政治（家）に主導させると、高齢者にいい顔をするから、若者や子ども、これから生まれる将来世代に不利な政策が決定されるという認識である。「世代間公平委員会」の設置を提案している財政学者が、それを日本銀行のような、政治から独立した機関にというのも、同様の問題意識であろう（小黒 [2010]）。有権者は利己的であり、再選を目指す政治家はその支持を得ようとすると想定すれば、1 人 1 票という民主主義の仕組みのもとでは、数が少ない若者や選挙権のない子ども、そして将来世代は代表されないので、世代間の公正のため、政策決定を政治から絶縁せよとの主張である。

　今日、多くの日本人は、民意が政治に反映されないことを嘆き、あるいは憤っているが、ここで懸念されているのは、政治に現在の民意が反映されすぎてしまうことである。

若者の声を反映する仕組み

　そこで、若い世代の意見を政治に入力するための提案もなされている。一般的なのは、若者への投票の呼びかけだろう。投票は市民の義務だからではなく、若者が選挙に行かないと高齢者に有利な政策が実現され損だから、という議論もある（森川 [2009]）。また、若者の声を反映する制度も提案されている。国際的にみて例外的に高い、20 歳という選挙権年齢の引き下げは、しばしば提案される。年齢選挙区構想や、平均余命に応じて議席を配分する制度などの提言もある（高橋 [2010]；小塩 [2012]；小黒 [2012]）。子どもについては、ハンガリーの与党が 2011 年、憲法改正で子育て中の母親に 2 票を与えようとしたこともある（実現はせず）。選挙以外の制度では、社会保障制度

改革国民会議の委員に、各世代の声を代弁できる人を選出せよとの指摘がある[12]。また、「若者目線」で各党のマニフェストを採点する試みもある[13]。

だが、こうした試みが功を奏すかどうかは、当の若い世代次第である。実際、選挙権年齢の18歳への引き下げに、当事者たる10代の「賛成」は43％、「反対」が57％であった[14]。

じつは2012年現在、日本の人口に占める20代（10.4％）＋30代（13.6％）の割合は、65歳以上（23.9％）より少し多い[15]。だが投票率は、2009年総選挙では70歳代の71.1％、60歳代の84.2％に対し、30歳代が63.9％、20歳代は49.5％にすぎない。20歳代の投票率は全年齢層中でつねに最低で、1996、2000、2003年総選挙では30％台であった[16]。若者が政治に顧みられないのは数が少ないからではなく、権利を行使しないためで「自業自得」だとの理屈も成り立つ。

デモクラシーと将来世代

だが、高齢化が今後ますます進む以上、若者の数自体が少ない事態は現実となる。また、上記の方法でも、これから生まれる将来世代の利益は考慮されえない。

将来世代への負債は、国債という借金だけではない。加藤尚武は、核廃棄物は100万年の監視が必要との説を紹介し、合意のとれない未来世代につけを回すことの問題性を問うている。ここでも議論の鍵は、決定の仕組みとしての民主主義である。加藤は、民主主義は決定の影響を受ける人が同一コミュニティに同時に存在することを必要とするが、この同時性が、核廃棄物の危険が続く時間の長さになじまないという（加藤［2012］）。野田首相は2012年に大飯原発の再稼働を表明した際、「国民の生活を守るため」だと述べた。国民の生活を守るのに再稼働が必要であったかには疑義もあるが、ここで問題にしたいのは、野田がいう「国民」とは現在の国民だということである。現在の国民の、電気に不自由しない生活を守るため原発を動かし、処分方法のない核のゴミを将来世代に残しつづけることはなぜ許されているのか。野田は、「私の責任で再稼動する」とも述べた。現在の政治家は、どれくらい遠

い未来にまで責任をとれるのだろうか（cf. 杉田［2012］187頁）。

　1986年のチェルノブイリ原発事故後に注目されたベックの議論にも、先にみたリスクの前での平等という考え方がみられる。彼は、階級や地域によってリスクの大きさが異なることも指摘しているが、リスクが十分に大きい場合には、富める者も権力を有する者も安全ではありえないとする（ベック［1998］）。さらに古くは、同じ地球で暮らす者どうしは、環境問題などで運命を共有しているとの考えに立つ「宇宙船地球号」のたとえもある。

　だが、時間の変数を入れると構図が変わる。つまり、先行世代がもし逃げ切れるならどうであろうか。ある世代が環境を破壊しても、それが深刻な破局となるには長い時間がかかる。すると、環境に負荷をかけて豊かな生活を送った世代は、そのつけを払わずに逃げ切れるかもしれない。ロールズが、原初状態の人びとは、自分がどの世代に属するかについての情報を有してはならないとするのは、そういうことである（ロールズ［2010］185-186頁）。自分の生存中に破局は訪れないと予想する人に、宇宙船のたとえは通じない。また、財政が破綻するのは自分の死後だと予測する人は、自己利益の観点から財政再建のための負担を受け入れようとはしないだろう。そのため、将来世代との連帯のためには、自己利益を超えた何かが必要なのである。

4．対立を解きほぐす

世代間対立は目くらましか

　これまで世代間の意見や利害の対立をみてきたが、世代間対立をあおることへの批判も多い。「世代」をスケープゴートに、「真の問題」が隠蔽されるとの懸念もある。ニートやフリーターの怒りは、年長世代にではなく「自分たちがおかれている構造」に向けられるべきで、非正規雇用の問題を世代論にしてしまうのは「政府・経済団体の思うツボ」だという指摘は、その例である（上野［2008］）。アメリカでは、右派勢力が世代間対立というフレームアップを行い、社会保障政策への支持を掘り崩そうとしたという（Street and Crossman［2006］p.77）。また世代間の所得移転は、税や社会保障というフォ

ーマルなルートでのみ行われるわけではない。高齢の親から成人の子への経済的支援も広範に行われており、お金は循環している（Kohli [1999]）。世代の問題にすると、贈与や相続の形で、祖父母や両親から多額の所得移転を受ける若者と、そうしたもののない若者を一緒くたにしてしまう危険もある。

　とはいえ、安定的な職に就けない人も多い若者世代が、年長世代のため重い負担を背負い続ける構造は、そのなかの一部が恵まれていることで帳消しになるだろうか。17歳の高校生が、新聞の投書で、定年後、福祉施設で働く教頭について、「若者たちが明日の仕事が見つからずに右往左往しているのに……働きたくても働く場のない多くの若者のことを考え、定年後の人たちは潔く身を引いていただきたいと思うのです」と書いた。それに対し、「新たな人生の船出をする先生」を、「祝福するどころか、働く場がない若者のために身を引くよう」促す高校生に「衝撃」を受けた68歳の会社員は、「定年後も働こうとするすべての高齢者にその怒りが向けられているようで、恐怖さえ感じました。投稿をされた方、その主張に共鳴する若い人たちに、心から訴えます。私を含め、定年後も働き、働こうとしている高齢者の大半は厳しい生活を維持するため、また、少しでも世の中の役に立ち、有意義な人生を送ろうと、日夜、懸命に努力しています。……あなたたちの正当な怒りを、「働きたくても働く場がない」ゆがんだ社会構造へ向けてください」と応じた（『朝日新聞』2010年5月10日、16日付）。

　両者の中間で、世代会計上は給付より負担が多く、だがこの高校生ほどの「損」はしない世代に属する筆者は、この会社員の言葉は、正社員になれない若者にはたして届くだろうかと考えてしまった。「社会構造」に怒りを向けろという60代には、その構造を作った責任はないのか、と問いたい若者も少なくないのではないか。同時に、すわ若者からの糾弾かと「恐怖」を感じるほどに、世代間格差をうしろめたく感じている高齢者もじつは多いのではと、気づかされもした。これは「和解」不可能な対立なのだろうか。

自己利益と連帯のはざまで

　今日、利己的な高齢者が若者を搾取している、という認識が存在する。ア

メリカのメディアは1980年代以来、高齢者を自己中心的で政治的に強力な「強欲な老人」として描いてきたという (Street and Crossman [2006] p. 77)。日本でも団塊の世代を、「年金逃げ切り世代」などと呼ぶことがある。

だが、自己利益ばかり追求する高齢者像や、世代間対立とは異なる姿も、じつは世論調査から読み取ることができる。たとえば、日本、スウェーデン、ドイツ、韓国、アメリカの60歳以上への調査では、政府の政策で「若い世代をもっと重視すべきだ」とした人が日本でもっとも多く、「高齢者をもっと重視すべきだ」を選んだ人は日本でもっとも少なかった[17]。高齢者重視派のほうが多いとはいえ、国際的にみれば日本の高齢者がもっとも「利他的」といえる。

世代間対立とともに、世代間の支え合いという言説も力をもつ。社会保障負担を誰に求めるか尋ねると、「現役世代の負担増」や「高齢者の負担増」を抑えて全年齢層でもっとも多いのが、「全世代で支えていくべきで、現役世代と高齢者、双方の負担増はやむを得ない」で、40％台後半〜60％台に達する[18]。

このように支え合い意識は高い一方、先にみたとおり社会保険を通じた連帯は若い世代に人気がない。これは、「世論」なるものが、問題の定義や切り取り方に左右されるということでもある (堀江 [2012])。高齢者も、若者の負担を軽減すること一般については、おそらく反対ではない。だが自分に負担が降りかかるとなると、「その前に無駄の削減を」などと考えるのである。「無駄の削減」は、世代間対立をあおらないよい政策にみえるが、それで必要な財源が賄えるかについての意見は、世代ごとに異なる。「高齢社会の進展に備え、取るべき対策」を尋ねると（四つまで選択）、「若い人口構造を前提とする現行の年金制度の抜本的な見直し」が、29歳以下（63％）、30代（62％）、40代（57％）、50代（56％）では最多だが、60歳以上では、「政府、自治体の事業、人員、経費の見直しによる財政支出削減」がもっとも多い（60代で59％、70歳以上で61％）。他方、同項目は50代で45％（3位）、40代で38％（3位）、30代で38％（3位）、29歳以下で26％（4位）であった[19]。年金受給世代は、無駄を減らせば何とかなると考えるが、若者は、もう年金制

度の抜本的見直ししかないと考えているのである。

「若者＝かわいそう」論の二側面

　一方における支え合い意識と、他方における世代間連帯からの若者の離反を、ここでは「若者＝かわいそう」言説を、世代間格差と若者の困窮や将来不安に分節化するという形で、解きほぐしてみたい。たとえば年金について若者が真に不満に思っているのは、高齢者が「得」で自分が「損」なことより、自分が将来、年金を受給できるかどうかわからないことではないか。つまり真の問題は、若者が困窮し将来不安を抱えていることであり、世代間格差への不満は二の次ではないか。「若者＝かわいそう」論として両者が一緒にされていることが、議論を複雑にしている。国民年金の保険料滞納理由で圧倒的に多いのは、「保険料が高く、経済的に支払うのが困難」（64.2％）である[20]（以下、「年金制度の将来が不安・信用できない」14.3％、「社会保険庁が信用できない」7.0％、など）。年金「空洞化」の主因は「世代間格差」ではなく、納付困難な人や制度を信頼できない人が多いことだと思われる。

　「若者＝かわいそう」論をこう分節化するなら、若者の雇用や収入を安定させることと、制度への信頼を取り戻すことの政策的優先順位がより高いといえよう。将来、年金を受給できるという確信は、長期的互恵性の観点から、連帯の回復に寄与すると考えられる。他方、生まれた時代により損得が生じることの不正義は、保険料の納付に苦慮する若者が多いことほど自明ではない。厚生労働省は、いまの高齢者は自分の親の年金が少額だったため、親を扶養しながら保険料を納めたが、いまの若い世代は親を扶養する経済的負担が軽減されており、「「今の高齢者だけがやたら恵まれていて、現役世代は不幸だ」とは、一概にはいえない」としている[21]。世代内の階層差を捨象している点で問題があるし、年金問題の張本人がいうと言い訳めくが、一定の真理もあるように思う。異なる時代を生きる人の間での損得の比較は、かように簡単ではない。

　まして、異なる時代を生きる人びとの幸／不幸を比較することは、いっそう困難である。高齢者への負担が話題になると、「戦争で苦労したお年寄り」

や「戦後の発展を支えたお年寄り」が持ち出される。かつて「経済学者の大方の意見」は、「老年世代が悲惨な戦争を経験しているのに対して、勤労世代は高度成長期の資本蓄積の成果を享受」したから後者から前者への所得移転は正当化できるというものだったという（井堀［2002］25頁）。だが、戦争を経験した人と、現在のロスジェネの苦労の質や量を、いかなる基準で比較できるのだろうか。「希望は戦争」という若者もいるのである。古市は、インターネットもケータイもなかった昔に生まれなくてよかったというが（古市［2011］10-12頁）、若い頃にネットやケータイがなかった自分たちは不幸な世代だ、と考える高齢者はほとんどいないのではないか。

交差するアイデンティティ

　先に社会保障をめぐる世代ごとの意見の相違をみたが、問題の切り取り方を変えると、違った様相も現れる。たとえば、ア「福祉を充実させるため、われわれの負担が重くなってもやむを得ない」と、イ「福祉が多少低下することになっても、われわれの負担を軽くしてほしい」の二つの考えのうち、所得の低い人ほどイに近い人が多い（表7-1）。つまり、社会政策をめぐる意見は世代ごとにも異なるが、所得階層ごとにも異なるのである。

　私たちは、年齢や世代以外にも多様な属性をもち、同世代内にもさまざまな境遇の人がいる。60歳以上の人の現在の暮らし向きは、「やや苦しい」（19.2%）と「大変苦しい」（7.2%）の合計が3割近い。「苦しい」は主観なので額面通りには受け取れないが、「大変苦しい」のなかに、過去1年間に「家族が必要な衣類が買えなかったことがある」（19.3%）、「食料が買えなかったことがある」（15.6%）、「料金の支払いが滞り、水道・電気・ガスを停止されたことがある」（4.9%）人がいる[22]。世代に還元する危険の一例である。世代間対立として問題を捉えると、ジェンダー差別のような他の問題がみえなくなる面もある（上野［2008］）。年金制度では、約1000万人にも上る第3号被保険者が、世帯間不公平の問題を構成する。世代の問題にすることは、真の敵を隠蔽しようとする陰謀だとはいわないが、違う問題設定も可能なのである。

表7-1 福祉と負担の関係をめぐる年収別意見　　　　　(%)

	200万円未満	200〜400万円未満	400〜600万円未満	600〜800万円未満	800〜1000万円未満	1000万円以上
ア	39.9	49.9	51.6	50.7	50.7	54.8
イ	54.1	45.1	44.2	45.2	42.9	40.6

(注) ア:「アに近い」と「どちらかといえばアに近い」の合計、イ:「イに近い」と「どちらかといえばイに近い」の合計。
(出典) 厚生労働省前掲「少子高齢化社会等アンケート」2012年。

将来への責任とデモクラシー

　もちろん、こうした議論への反対もあるだろう。それこそ(世代間対立という)「真の問題」の隠蔽だという人もいるかもしれない。ただ、どのような問題として定義されるかは、あらかじめ決まっているわけではなく、公の場での開かれた議論に委ねられるべき事柄である。その点でも、そうした議論の過程に、若者が入ってこないとすれば問題である。

　再び将来世代について考えよう。私たちが行うどんな決定も、世界を変容させ将来世代に影響を与えるのだから、私たちは世界に何一つ変更を加えてはならないという主張や、そんなことはできっこないのだから、私たちは将来世代に気兼ねせず、好きなだけ環境破壊や借金を残してよいという主張は、いずれも極端だと感じる人が多いであろう。だとすれば、将来世代に残してはいけない負担やつけとは、いったいどのようなものだろうか。どのような種類の、あるいはどの程度の負担や負債なら、将来世代に残すことが許されるのか。将来世代への負債について、私たちはまだ議論の蓄積を欠いている。

　重要なことは、こうした問題を公の議論に開いていくことである。まだ生まれていない世代をどう配慮するかはたしかに難しいが、その方法は、やはりいま生きている世代が民主主義で決めるしかない。仮に民意を遮断するマイナスの政治主導が必要だとしても、それを導入すること自体は、民主的な仕組みのもとで決定しなければならない。政策によっては、いまは決めずに決定を将来に委ねたほうがよいかもしれないが、将来に委ねること自体、あるいはどのテーマなら決定を先送りできるかについては、いまを生きる世代が決めなければならない。そう考えるなら、まだ生まれていない世代はとも

かく、少なくともいまの若い世代の声が、公的な議論の場に届きにくいことはやはり問題である。「損」をしないためだけでなく、「損」とは、あるいは「得」とはどういうことか、どういう制度や政策が世代間正義にかなうのかといった難しい問題をともに考えていくためにも、若い世代の声にもっと耳を傾けたい。彼らの声が届く仕組みは、そのためにこそ必要であるだろう。

＊本章は、2010〜2012年度科学研究費補助金・基盤研究（C）課題番号22530129の成果の一部である。

【注】
（1） 第180回国会での施政方針演説。2012年1月24日。
（2） 内閣府『平成23年度版　高齢社会白書』表1-1-6〈http://www8.cao.go.jp/kourei/whitepaper/w-2011/zenbun/23index.html〉（2013年2月1日アクセス）より。
（3） 第179回国会、2011年10月28日。
（4） 内閣府が発表した試算では、生涯の受給から給付を引いた額は、1950年生まれまではプラス、1955年生まれからマイナスとなる（鈴木ほか［2012］）。
（5） 厚生労働省政策統括官付政策評価室委託「社会保障に関するアンケート」（2011年）〈http://www.mhlw.go.jp/stf/houdou/2r9852000001moj0-att/2r9852000001mokq.pdf〉（2013年1月31日アクセス）
（6） 厚生労働省政策統括官付政策評価室委託「平成21年社会保障における公的・私的サービスに関する意識等調査報告書」（2009年）〈http://www.mhlw.go.jp/stf/houdou/2r9852000001mwsb-att/2r9852000001mwwo.pdf〉（2013年1月31日アクセス）
（7） 厚生労働省「少子高齢化社会等アンケート」（2012年）〈http://www.mhlw.go.jp/stf/houdou/2r9852000002i9cr-att/2r9852000002i9eh.pdf〉（2013年1月31日アクセス）
（8） 「1999年1月社会保障制度に関する調査」『平成11年版　厚生白書』179頁より。
（9） CiNii〈http://ci.nii.ac.jp/〉で2012年11月検索。
（10） 「平成20年第25回経済財政諮問会議議事要旨」2008年11月20日。〈http://www5.cao.go.jp/keizai-shimon/minutes/2008/1120/shimon-s.pdf〉（2013年2月1日アクセス）
（11） 内閣府『平成24年版　高齢社会白書』、図1-1-4-(1)〈http://www8.cao.go.jp/kourei/whitepaper/w-2012/zenbun/pdf/1s1s_1.pdf〉（2013年1月31日アクセス）
（12） 民主党・鈴木寛の発言。参院消費税特別委員会、2012年7月18日。
（13） ワカモノマニフェスト策定委員会HP〈http://www.youthpolicy.jp/about〉（2013年2月1日アクセス）
（14） NHK「クローズアップ現代」2012年4月11日放送。
（15） 総務省統計局「人口推計——平成24年9月報」〈http://www.stat.go.jp/data/jinsui/pdf/201209.pdf〉より。（2013年1月31日アクセス）
（16） 財団法人明るい選挙推進協会HP〈http://www.akaruisenkyo.or.jp/070various/071syugi/693/〉より。（2013年2月1日アクセス）

(17) 内閣府「第7回高齢者の生活と意識に関する国際比較調査」(2011年)〈http://www8.cao.go.jp/kourei/ishiki/h22/kiso/gaiyo/index.html〉(2013年2月1日アクセス)
(18) 厚生労働省前掲「社会保障に関するアンケート」(2011年)
(19) 一般財団法人・経済広報センター「高齢社会に関する意識調査報告書」(2012年)〈http://www.kkc.or.jp/data/release/00000075-1.pdf〉(2013年2月1日アクセス)
(20) 厚生労働省「平成20年国民年金被保険者実態調査」〈http://www.mhlw.go.jp/toukei/list/dl/140-2a.pdf〉(2013年2月1日アクセス) 年収1000万円以上世帯も38.9%がこれを選択しており、「困難」=「払えない」ではなさそうだが、それは一応、別の問題であろう。
(21) 『平成24年版 厚生労働白書』221頁。
(22) 内閣府「高齢者の生活実態に関する調査」(2009年)〈http://www8.cao.go.jp/kourei/ishiki/h20/kenkyu/gaiyo/pdf/kekka.pdf〉(2013年1月31日アクセス)

【参考文献】

Goerres, Achim [2009] *The Political Participation of Older People in Europe: The Greying of Our Democracies*, Palgrave Macmillan.
Houtepen, Rob and Ter Meuren [2000] "New Types of Solidarity in the European Welfare State," *Health Care Anlysis*, Vol. 8, pp. 329-340.
Kitschelt, Herbert and Philipp Rehm [2006] "New Social Risk and Political Preferences," in Klaus Armingeon and Giuliano Bonoli (eds.), *The Politics of Post-Industrial Welfare States: Adapting Post-war Social Policies to New Social Risks*, Routledge, pp. 52-77.
Kohli, Martin [1999] "Private and Public Transfer between Generations: Linking the Family and the State," *European Societies*, No. 1, Vol. 1, pp. 81-104.
Lynch, Julia [2006] *Age in the Welfare State: The Origins of Social Spending on Pensioners, Workers, and Children*, Cambridge University Press.
Street, Debra and Jeralynn Sittig Crossman [2006] "Greatest Generation or Greedy Geezers?: Social Spending Preferences and the Elderly," *Social Problems*, No. 53, Vol. 1, pp. 75-96.
Ullrich, Carsten G. [2002] "Reciprocity, Justice and Statutory Health Insurance in Germany," *Journal of European Social Policy*, No. 12, Vol. 2, pp. 123-136.
Vanhuysse, Pieter [2012] "Do Elderly Voters Lead to More Pro-elderly Biased Welfare States?: A Comparative Political Science Perspective on Ageing and Generations," *Osservatorio Isfol*, No. 2, pp. 54-64.
Vanhuysse Pieter and Achim Goerres [2012] "Mapping the Field: Comparative Generational Politics and Policies in Ageing Democracies," Pieter Vanhuysse and Achim Goerres (eds.), *Ageing Populations in Post-industrial Societies: Comparative Studies of Policies and Politics*, Routledge, pp. 1-22.

赤木智弘［2007］『若者を見殺しにする国——私を戦争に向かわせるものは何か』双風舎。
井堀利宏［2002］「年金改革と世代間公平」国立社会保障・人口問題研究所編『社会保障と世代・公正』東京大学出版会、21-41頁。
上野千鶴子［2008］「世代間対立という罠——上野千鶴子インタビュー」(聞き手・北田暁大)『思想地図』2号、177-202頁。
内田満［1986］『シルバー・デモクラシー——高齢社会の政治学』〈有斐閣新書〉有斐閣。

第Ⅱ部　国内社会における紛争と和解

海老原嗣生［2010］『「若者はかわいそう」論のウソ――データで暴く「雇用不安」の正体』〈扶桑社新書〉扶桑社。
小黒一正［2010］「社会保障「世代間公平基本法」の制定を急げ」城繁幸・小黒一正・高橋亮平『世代間格差ってなんだ――若者はなぜ損をするのか？』〈PHP 新書〉PHP 研究所、73-120 頁。
―――［2012］「高齢者の意見が通りやすい国」明治大学世代間政策研究所編『20 歳からの社会科』日本経済新聞社、15-54 頁。
小塩隆士［2012］『効率と公平を問う』日本評論社。
重田園江［2011］「なぜ社会保険に入らなくてはいけないの？」齋藤純一編『政治の発見 3 支える――連帯と再分配の政治学』風行社、19-41 頁。
加藤尚武［2012］「テクノ・ポピュリズムとテクノ・ファシズムの深い溝」『中央公論』2012 年 4 月号、42-49 頁。
ギデンズ、アンソニー［2003］『第三の道とその批判』今枝法之・干川剛史訳、晃洋書房。
小峰隆夫［2012］「経済教室　人口動態が迫る政策　中」『日本経済新聞』2012 年 1 月 18 日付。
齋藤純一［2008］『政治と複数性――民主的な公共性にむけて』岩波書店。
島澤諭・山下努［2009］『孫は祖父より 1 億円損をする――世代会計が示す格差・日本』〈朝日新書〉朝日新聞出版。
杉田敦［2012］「「決められない政治」とポピュリズム」『世界』2012 年 10 月号、182-189 頁。
鈴木亘・増島稔・白石浩介・森重彰浩［2012］「社会保障を通じた世代別の受益と負担」内閣府『ESRI Discussion Paper Series』No. 281、1-51 頁。〈http://www.esri.go.jp/jp/archive/e_dis/e_dis290/e_dis281.pdf〉（2013 年 1 月 31 日アクセス）
高橋亮平（小林庸平監修）［2010］「政治参加　ユース・デモクラシーの構築」城繁幸・小黒一正・高橋亮平『世代間格差ってなんだ――若者はなぜ損をするのか？』〈PHP 新書〉PHP 研究所、121-176 頁。
武智秀之［2003］「社会保障改革と官僚制――再分配の政治過程」武智秀之編『福祉国家のガヴァナンス』ミネルヴァ書房、79-108 頁。
立木信［2006］『世代間最終戦争』東洋経済新報社。
古市憲寿［2011］『絶望の国の幸福な若者たち』講談社。
ベック、ウルリッヒ［1998］『危険社会：新しい近代への道』東廉・伊藤美登里訳、法政大学出版局。
堀江孝司［2012］「福祉政治と世論――学習する世論と世論に働きかける政治」宮本太郎編『福祉政治』ミネルヴァ書房、85-110 頁。
マーシャル、T・H／トム・B・ボットモア［1993］『シティズンシップと社会階級――近現代を総括するマニフェスト』岩崎信彦・中村健吾訳、法律文化社。
森川友義［2009］『「若者は、選挙に行かないせいで、四〇〇〇万円も損してる⁉」 35 歳ぐらいまでの政治リテラシー養成講座』ディスカヴァー。
山口二郎［2010］『ポピュリズムへの反撃――現代民主主義復活の条件』角川書店。
山野車輪［2010］『マンガ「若者奴隷」時代　"若肉老食"社会の到来』晋遊舎。
ロールズ、ジョン［2010］『正義論　改訂版』川本隆史ほか訳、紀伊國屋書店。
ロザンヴァロン、ピエール［2006］『連帯の新たなる哲学――福祉国家再考』北垣徹訳、勁草書房。

第8章
「分かれたる家は、立つこと能わず」?
アメリカにおける政党間対立の拡大と社会集団の相互作用

坂部真理

　2011年7月末、アメリカ連邦政府は、史上初のデフォルト（債務不履行）寸前に追い込まれていた。この財政危機は、アメリカ経済の弱さというよりは、むしろ「政治」の欠陥が作り出した危機であった。

　アメリカでは、連邦政府に許容される債務残高の上限をあらかじめ法律で規定し、必要上、それを超える場合には、あらためて連邦議会の承認を得ねばならない。このような債務上限の引き上げは、1910年代の同制度の導入以来何度も繰り返されてきた、単なる「形式上の[1]」手続きとなるはずであった。

　しかしながら、今回は大きく様相が異なっていた。とくに下院で多数をとる共和党が、この手続きを「小さな政府」を追求するチャンスと捉え、バラク・オバマ大統領に、債務上限引き上げに協力する条件として、連邦政府の大幅な歳出削減案を突きつけたためである。この案は、富裕層への減税を維持したまま、高齢者・貧困者への公的医療保険の予算を削減するなど、民主党にはとうてい受け入れられない内容であった。しかしながら、8月2日の期日までに必要な法案が成立しなければ、連邦政府はその活動に必要な資金を調達できなくなるため、諸政府機関の停止、社会保障年金等の給付の停止、国債利払いの停止とそれによる米国債の信頼失墜など、広範な「カタストロフィ」の発生が予想された。このような危機を目前にしての共和党の強硬な非妥協姿勢は、アメリカのみならず世界経済を「人質」にとったチキン・ゲ

ーム（悲劇的な結末を迎えてしまうにもかかわらず、プライドが邪魔をして当事者がともに強硬な態度をとりつづける状態を指す）と批判されたのである（Mann and Ornstein［2012］pp. 5-26）。

政党の間に政策的対立はつきものであるが、近年のアメリカ政治の特徴は、共和党／民主党がそれぞれ"チーム"のように結束し、相互に対立するという構図が鮮明化してきたという点にある。これは、日本の政党のような党議拘束がなく、ゆえにクロス・ヴォーティングの発生が常態であったアメリカの政党では、比較的新しい現象である。本章は、この現代のアメリカ連邦議会において政党間の交渉・妥協を困難にしている党派的対立の拡大の背景を検討していく。

以下では、まず2007年に始まる金融危機を境にいっそう激しくなった、連邦政府の役割をめぐる保守－リベラル間の対立を概観したうえで、その保守側の現われとしての茶会運動（the Tea Party Movement）と共和党の関係を中心に、現代の政党間対立の拡大の背景を検討することにしたい。

1．金融危機と政府の役割をめぐる紛争

茶会運動の形成と拡大
金融危機と二つの社会運動

アメリカでは、2007年以降、連邦政府の役割をあらためて問い直す、ある大きな事件が発生した。それは、同年に表面化したサブプライムローン問題を発端とする金融危機の発生であった。この金融危機とそれに対する政府の対応を契機として、連邦政府の役割をめぐる論争が再燃し、やがて、政府に対する国民の不満を表出する形で、保守－リベラルの両極端から二つの対照的な社会運動が誕生することになったのである。

第一の運動は、2009年初頭から全米に拡大した保守派の「茶会運動」であり、第二の運動は、2011年9月に始まるリベラル側の「ウォールストリート占拠（Occupy Wall Street: 以下OWS）運動」であった。

この二つの社会運動は、ともに政府の危機対応のあり方に対する国民の

第 8 章　「分かれたる家は、立つこと能わず」？

「怒り」を出発点としつつも、連邦政府が担うべき役割については、鮮明に対照的なアイディアを掲げていた。本節は、紙幅の制約上、連邦議会における政党間の対立構図により直接的なインパクトを与えた前者・茶会運動の展開に焦点を当て、後者・OWS 運動については、前者とのコントラストを示す範囲で限定的に言及するにとどめることにする。以下では、この茶会運動と共和党との関係を中心に、国民のなかの紛争が政党間の対立に転化されていくプロセスを跡づけ、近年の政党間対立の拡大の背景を検討することにしたい。

ブッシュ Jr.‐オバマ政権下での危機対応

住宅バブルの崩壊に端を発した 2007 年以降の金融危機により、アメリカ経済は急速な景気後退に陥った。住宅ローンが支払えないことによる差押え訴訟の件数は、2008 年には 300 万件以上に達し、失業率も 10% 付近で高止まった。とくに失業はマイノリティ層で深刻であり、2008 年の黒人層・ヒスパニック層の失業率は、それぞれ 10.1%・7.6%（白人層では 5.2%）に達したのである（U.S. Department of Labor ［2009］ p. 3）。

この経済危機からの脱却が、ジョージ・W・ブッシュ Jr. 共和党政権（2001〜09 年）末期からバラク・オバマ民主党政権（2009 年〜）までを貫く最重要課題となったのであるが、この両政権の危機対応の手法の間には、その党派の違いを超えて、ある連続性も存在した。

まず、2008 年 9 月のリーマンブラザーズの倒産以後、急速に拡大しつつあった金融機関の信用不安と連鎖倒産を食い止めるため、当時のブッシュ政権が導入した危機管理の枠組みが、「不良資産救済プログラム（Troubled Asset Relief Program: 以下 TARP）」であった。これは、財務長官に、総額 7000 億ドル（当時）の公的資金をもとに金融機関が抱える不良資産の買い取りや資本注入を行う権限を与えるものであった。この枠組みのもとで、AIG、シティグループ、バンクオブアメリカなど、アメリカ金融界を代表する多くの金融機関への資本注入が行われたのである。やがて、このプログラムは、金融システムの安定化という当初の目的を超えて徐々に拡大され、同様に経営破

綻に直面していた GM、クライスラーなどの自動車産業（2008 年 12 月〜）や、関連する部品メーカー（2009 年 3 月〜）にも、公費による救済が行われることになった。

　2008 年にブッシュ Jr. 政権の経済・外交政策からの「変革（チェンジ）」を掲げて当選した民主党のオバマ大統領も、金融危機への迅速な対応の必要性から、この TARP の枠組みを引き継いだ。この結果、新政権でも、財務長官の広範な（かつ不透明な）裁量権のもとで、金融機関などへの巨額の公的資金の配分が続くことになった。さらに、オバマ政権は、住宅差押えの危機に直面している個人への救済策も拡大し、2009 年 2 月には連邦政府が 750 億ドルを支出して約 900 万人に上る住宅所有者のローン支払い額を軽減するという「住宅所有者債務軽減・安定化プラン（Homeowners Affordability and Stability Plan: 以下 HASP）」を提唱したのである。

連邦政府による「リスクの社会化」

　このブッシュ・オバマ両政権の危機対応の手法には、ある共通の方向性を見出すことができる。それは、経済的破綻に直面した企業・個人を公的資金で救済し、そのコストを国民全体で負担するという、いわゆる「リスクの社会化」の方向性である。

　「リスクの社会化」とは、一般に、失業、疾病、貧困など、人びとが直面するリスクを社会全体で管理し、発生した損失を社会全体で分かちあって負担することを意味する。この原則を制度化したものが、失業保険、医療保険、公的扶助などのいわゆる福祉国家的諸制度であり、この仕組みのもとで、各リスクが発現した人びとへの富の再分配が行われてきた。TARP も、この「リスクの社会化」と同様の発想に立つものであり、この枠組みのもとで、経営危機に直面した民間企業、住宅ローン破産に直面した個人へと連邦政府による救済対象が拡大してきたのである。

　しかしながら、このような社会大での負担の「分かち合い」は、いかにして正統化しうるのであろうか。とくに、今回の金融危機は、そもそも高リスクを承知で低所得の人びとに住宅ローンを融資し、その結果、住宅バブルを

発生させた金融機関が自ら招いたものではなかったであろうか？

この「強欲で無責任なウォールストリート」による納税者への負担の転嫁、とくに TARP のもとで配分された巨額の公的資金[2]への国民の「怒り」が、茶会運動／OWS 運動の共通の原動力となった。しかしながら、この二つの社会運動は、共通の「怒り」を起点として誕生しつつも、ここから思想的に大きく分岐していくのである。

経済格差の拡大と OWS 運動のアイディア

まず比較のため、先に OWS 運動側の「怒り」の方向性をみておこう。2011 年 9 月、高い失業率に苦しむ若者ら約 1000 人の人びとが、ウォールストリート付近の公園で抗議集会を行い、その後約 2 カ月にわたってデモや座り込みを続けたことが、運動の名称の由来である。その後、同運動は、経済学者ポール・クルーグマンなど著名なリベラル派知識人の支持も受け、シカゴやワシントン D.C. などの他の主要都市にも波及することになった。

彼らにとって、ブッシュ－オバマ両政権による金融機関などの救済は、70 年代から拡大する、アメリカの「経済格差」の象徴であった。1940～70 年代初頭までの間、アメリカでは高度経済成長と政府による再分配政策、とくに富裕層により重い税を課す累進課税の仕組みと福祉国家的諸制度のもとで、国民の間の経済格差は縮小する傾向にあった。しかしながら、それ以降は今日に至るまで、経済格差が再び拡大してきたのである。

アメリカ議会予算局の 2011 年の報告が、この経済格差のトレンドを明らかにしている。図 8-1 が示すように、アメリカ全体での総収入のうち、人口の 80％にあたる第 1～4 五分位（アメリカの全人口を所得順に五つに区分したときの、下から 1～4 番目の階層）の各層の収入が占める割合は、1979～2007 年の間に軒並み減少してきた。これに対して、上位 1％の最富裕層のシェアのみが、ほぼ倍増（8％→17％）してきたのである。

このような著しい富の集中の背景としては、経済のグローバル化・知識経済への移行にともなう教育水準にもとづく賃金格差の拡大、90 年代の株価上昇のもとでのストックオプションを利用した役員報酬の膨張など、さまざ

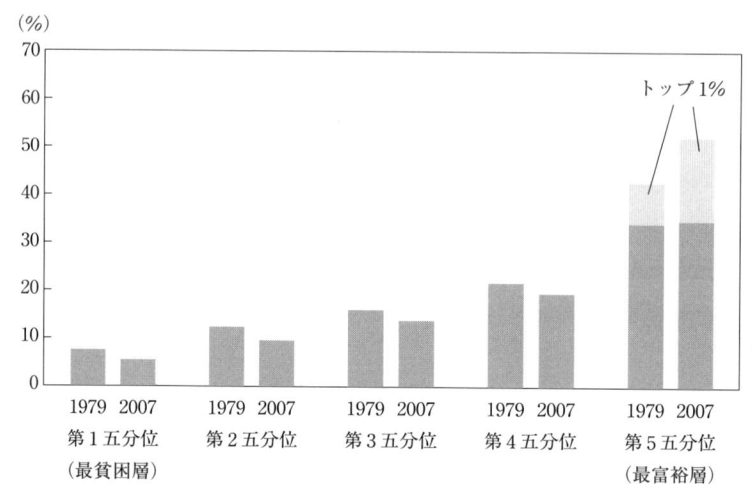

第Ⅱ部　国内社会における紛争と和解

図8-1　連邦政府による課税と所得移転後の総所得に占める各階層の所得の割合
（1979～2007年）
（出典）CBO［2011］p. xiii.

まな経済的要因が指摘される。また、人口学的要因としては、相対的に貧困なヒスパニック系移民（多くの不法移民を含む）の増加の影響も重要である（Stonecash et al.［2002］pp. 64-68；坂井［2007］第1章；CBO［2011］；cf. OECD［2011］）。

しかしながら、同様に重要な要因は、連邦政府による政策の影響であった。とくに2000年代初頭のブッシュJr.政権期に実施された税の累進性の緩和（もっとも富裕な人びとに適用される個人所得税の最高税率の39.6％→35％への引き下げなど）や配当・キャピタルゲインへの減税、低所得者への福祉給付の抑制などによって、連邦政府による富の再分配効果が衰退してきたと指摘されるのである（Hacker and Pierson［2006］；坂井［2007］）。

平等主義を掲げるOWS運動の目には、このブッシュJr.政権が導入し、オバマ政権も引き継いだ、先述のTARPによる金融機関などへの巨額の公費投入は、まさに富裕者優遇政策の一環と映った。すなわち、大規模金融機関や（まさに「1％の最富裕層」に属する）その経営者たちを、国民の税金で救済するTARPの仕組みは、「中産階層から最富裕層への富の再分配」の象

徴と解釈されたのである[3]。

　しかしながら、ここで重要な点は、OWS運動の批判は、必ずしもTARPに底流する「リスクの社会化」という原則自体に向けられていたわけではない、ということである。むしろ、彼らにとっての問題は、TARPのもとでの富の再分配のあり方なのであり、真に政府による分配（リスクからの保護）を受けるべきは、大規模金融機関や、その経営者たちではなく、失業や住宅の差押えなどの経済的リスクに直面している一般の人びと――彼らのスローガンでは「われわれ、99％の人びと」――なのである。

茶会運動のアイディア

　これに対して、OWS運動に先行して2009年初頭から全米に拡大していた茶会運動の「怒り」は、まさにこの「リスクの社会化」の原則自体に向けられた。この保守層の「怒り」は、茶会運動が拡大する契機となったひとりのTVレポーターの「叫び（rant）」に集約的に表れている。

　2009年2月、CNBCのレポーター、リック・サンテリは、番組の生中継中に、連邦政府が住宅所有者のローン返済額を軽減するために750億ドルを支出するという先述のHASPの発表に憤慨し、カメラに向かってオバマ政権への批判をまくしたてたのである。

　　余計なバスルームを作ったあげく、支払いができなくなったご近所の住宅ローンの肩代わりをしたい奴がいったいどれだけいるというんだ！

　　もう我慢できない。……私は、3月にシカゴ・ティーパーティを結成する！

　この映像は、TV・新聞のほか、ユーチューブ、ブログ、ツイッターなど多様なメディアを介して、瞬く間に全国に広がり、これに呼応した草の根の保守層が、各地で「茶会」の名を冠した集団を結成しはじめたのである。
　若年層やマイノリティ、知識人などから構成されるOWS運動に対して、

茶会運動の参加者は、相対的に高所得・高学歴な白人層を中心とし、かつ高齢者の比重が高いとされる[4]。保守層である彼らにとって、高リスクで暴利を追求した金融機関、経営に失敗した自動車産業、さらには自らの所得水準を超えて過重な住宅ローンを組んだ人びとの救済は、すべて資本主義のもとでのリスクの自己管理（「リスクの私化」）の原則に反するものとみなされた（Armey and Kibbe [2010] p.38）。茶会運動のスローガン、「課税はもうたくさんだ（Taxed Enough Already）！」には、富の再分配のコストを負わされる側としての「リスクの社会化」への拒否感がありありと表れている。さらに、彼らの批判は、TARPやHASPにとどまらず、若者の雇用対策や大学奨学金の拡充、増大するヒスパニック系移民のための福祉給付の拡大、さらには無保険者に医療保険を拡大するためのオバマ政権の医療保険改革など、より広範な福祉国家的諸制度にも向けられていった。全米各地に結成された茶会組織は、小さな政府の実現、減税、個人の自由（とくに経済的自由）の尊重、憲法の原意的解釈などの諸原則を掲げて、金融危機のもとでの連邦政府の歳出・権限の拡大に強硬に反対し、ワシントンでの「納税者の行進（2009年9月）」などの全国的な抗議集会の際には、約6〜7万人を動員してきたのである。

2．茶会運動と共和党保守派の相互作用

戦略の分岐

　茶会運動とOWS運動の間には、もう一つ重要な分岐点が存在した。それは、運動の主張を実現するための戦略の分岐であった。

　もともとこの二つの運動には、多くの類似性もみられた。両者には、ともに統一的な公式のリーダー・本部・綱領などが存在せず、全米に広がる小規模な地域組織は、（階統的な上下関係ではなく）SNS（ソーシャル・ネットワーキング・サービス）などによる情報交換やイベントの共催を通じて、相互に水平的で緩やかな連携を作り上げてきたという点である。

　しかしながら、この多様で小規模なローカル組織の集合体として出発した

第8章 「分かれたる家は、立つこと能わず」？

茶会運動／OWS 運動は、その後、対照的な戦略を追求することになった。すなわち、OWS 運動が、直接民主主義への志向性と、金融機関から巨額の献金を受けてきた共和党・民主党双方への強固な不信感から、あくまでも議会外での抵抗運動にとどまる戦略を選択したのに対し、茶会運動は、とくに 2010 年以降、選挙に組織的に参加し、自らの主張に近い候補者を当選させることによって、連邦や州政府内部への影響力の拡大を目指したのである[5]。

先述のように茶会運動の「怒り」の矛先は、オバマ政権や民主党議員たちはもとより、ブッシュ Jr. 政権下で TARP 導入に賛成票を投じた現職の共和党議員たちにも向けられていた。したがって、茶会運動は、共和党を再び「小さな政府」を強力に推進する政党へと変革すべく、このような政府の拡大に「加担」した、いわゆる「名ばかり共和党員（Republican In Name Only: 以下 RINO）」を党から排除することを目指した。具体的には、茶会運動は、2010 年中間選挙に出馬する共和党の公認候補を決める予備選挙（primary）・党員集会（caucus）に参加し、彼らが「RINO」とみなした現職議員・候補たちに強硬保守派の対抗馬をぶつけることによって、共和党候補の顔ぶれを保守寄りに一新する戦略を追求したのである[6]。

抵抗運動から選挙政治へ

ところで、この 2010 年中間選挙では、たとえば連邦上院選挙の場合、新人候補を 1 人当選させるためには、約 900 万ドルが必要であったといわれる[7]。これに対して、当時の各地の茶会運動の平均的な年間収入は、約 800 ドル程度であった（Miller and Walling eds. [2012] p. 12）。このように資金力の乏しい茶会運動が、2010 年中間選挙で多数の保守系候補を擁立・支援しえた背景には、彼らにさまざまな形でリソースを提供する既存の有力な保守系団体の存在があったと指摘される（Skocpol and Williamson [2012] p. 12）。

この代表例としては、ワシントンに本部をおく保守系アドヴォカシー（政策提言）団体「フリーダムワークス（FreedomWorks）」の活動が有名である。これは、共和党保守派の重鎮として下院院内総務まで務めたディック・アーミーを会長に迎え、「小さな政府」などの諸目標を推進するための活動家・

政治家の育成を追求してきた団体である。

　同団体の活動の真骨頂は、各地の茶会活動家への技術的・資金的リソースの提供によって、市民の散発的な抗議活動として始まった茶会運動の一部を、より「常設的な」選挙運動組織へと再編してきたという点にあった（*New York Times*, 2012.8.25)。すなわち、フリーダムワークスは、2010年中間選挙前から、各地で茶会運動の活動家たちを集め、選挙キャンペーンの技術を指導するための講習会（「ブートキャンプ」）を開催してきたのである（*ibid.*)。同団体は、茶会活動家たちに、各選挙区の選挙人名簿や支援候補のステッカーなどを提供するとともに、有権者への戸別訪問や電話のかけ方などを指導してきた。このような選挙キャンペーン技術を習得した茶会活動家たちは、2010年中間選挙では、地元選挙区のみならず他の激戦州にも乗りこみ、各地の保守系候補を支援する「地上戦（有権者への直接的な働きかけによる投票の勧誘）」部隊として活動したのである。

　もっとも選挙では、このような「地上戦」のみならず、テレビCMなどを用いた候補者のイメージ構築戦略（「空中戦」）も必要である。とくにこの点で、大規模な財源をもつ既存の保守系団体は、資金力の乏しい茶会運動の選挙活動を補完する役割を果たした。茶会運動の誕生以前から、「成長のためのクラブ（Club for Growth)」や「繁栄のためのアメリカ人（Americans for Prosperity)」などの有力な保守系団体は、大規模減税や福祉国家の縮小などの諸原則を掲げ、この原則に合致する保守派議員に選挙資金を配分してきた。彼らは、2010年の予備選挙・本選挙でも、強硬保守派である「茶会」候補に多額の資金を提供し、対立候補（民主党および共和党穏健派の候補）へのネガティブ・キャンペーンを展開してきたのである。

「下から」の変革・「上から」の動員

　フリーダムワークス会長のアーミーらは、この2010年選挙でみられたような、茶会運動と保守系団体による保守派候補の擁立・支援を、共和党の「敵対的乗っ取り（hostile take-over)」戦略と呼んだ（Armey and Kibbe [2010] p.136)。彼らは、全米各地の共和党予備選挙・党員集会において、数多くの

(まったく無名の新人を含む)強硬保守派の候補を擁立・支援し、彼らが「RINO」とみなした現職議員・候補者の落選を追求した。茶会運動と保守系団体は、この保守系候補の当選によって、共和党のメンバー構成を「外から」、「下から」保守寄りに変革することを追求したのである。

　重要な点は、この党外からの保守化圧力に呼応する動きが、共和党「内から」も生まれたということである。すなわち、共和党の同僚議員たちによるTARPへの支持や、オバマ大統領に対する妥協的姿勢に不満を募らせていた共和党保守派の議員たちは、この草の根の保守勢力としての茶会運動を「上から」も動員し、運動が支援する候補の当選を後押しすることによって、党内での保守派の拡大へつなげようとしたのである。

　たとえば2010年中間選挙では、上院議員ジム・デミントや下院議員ミシェル・バックマン、アラスカ州知事サラ・ペイリンなど、共和党の強硬保守派に属する現職政治家たちが、ときに党指導部の方針に反して、各地の「茶会」候補を支援した。デミントは、自らの政治活動委員会[8]（PAC）に約930万ドルを集め、のちに「茶会」議員の代表格となるマルコ・ルビオ（フロリダ州）、マイク・リー（ユタ州）、ランド・ポール（ケンタッキー州）らに選挙資金を提供した。同様にペイリンも、全米各地を精力的に遊説し、「茶会」候補に資金提供や応援演説を行った。このようにペイリンなど全国的な知名度をもつ保守派政治家が公に支持表明を行うことは、それまではまったく無名であった「茶会」候補にメディアの注目を集め、かつ各地の茶会運動の支持者が支持・献金を行う対象としての「お墨付き」を与える効果を有していた（Miller and Walling eds.［2012］）。現職や主流派候補[9]に対して知名度・資金力の点で圧倒的に劣る新人の「茶会」候補にとって、これらの現職政治家もまた、重要なリソースの供給源になったのである。

共和党保守派の拡大と「同調圧力」の強化

　この2010年中間選挙では、共和党が議席を伸ばし、下院の多数党となった（上院では＋6で47議席、下院では＋63で242議席）。共和党が新たに獲得した下院の63議席のうち、44議席が、茶会運動から何らかの支援を得た候補

のものであったとされる[10] (Miller and Walling eds. [2012] p. 17)。この強硬保守派の新人議員たちは、当選後は、オバマ政権・議会民主党への徹底した非妥協姿勢を貫くことを宣言し、オバマ政権の政策形成にとって大きな障害になったのである。

2010年の連邦議会選挙では、すべての「茶会」候補のうち、最終的に当選した者は約3割程度であったとされる (ibid.)。これは強硬保守派である「茶会」候補は、共和党予備選挙・党員集会で勝利しえても、無党派層の獲得が焦点となる本選挙 (general election) では民主党候補に対して不利であったためと考えられる。しかしながら、茶会運動の影響力は、このような最終的な当選率からは十分測定しえない部分もある。なぜなら、再選を果たした共和党現職議員のなかには、茶会運動らによる落選運動を回避するために、事前に自らの立場を保守寄りに変更したケースがあるためである[11]。

このような党内外の保守派による落選運動の脅威は、「茶会」派の議員以外の共和党員にも幅広い影響を与えた。とくに、2010年の予備選挙で、上院議員を3期務めたロバート・ベネットやフロリダ州知事チャーリー・クリストなどの大物が、「RINO」の烙印を押されて、新人の「茶会」候補に敗北したことは、共和党内に大きな衝撃を与え、次回選挙で改選を迎える議員たちへの心理的「脅し」として作用したとされる (Farrell [2012])。このように非妥協的な保守路線に足並みをそろえるよう迫る、党内外の保守派からの「同調圧力」(ibid.) の強化は、共和党議員が、オバマ政権・議会民主党との交渉・妥協に応じることをいっそう困難にしたのである。

連邦議会における「行き詰まり(グリッドロック)」の発生

2010年中間選挙の結果、共和党が下院の多数党となったため、民主党のオバマ大統領との間で「分裂政府 (divided government)」が誕生した。この法案成立の鍵を握る下院のなかで、「茶会」系の新人議員を含む共和党保守派は、オバマ大統領に対して強硬な非妥協姿勢を貫くよう、ジョン・ベイナー下院議長ら党指導部を突き上げた。まず保守派議員らは、選挙で支援を受けた茶会運動・保守系団体に対する「公約」を果たすため、新議会が始まるとすぐ

に、医療保険改革、環境規制、金融市場の規制など、オバマ政権が導入してきたあらゆる諸政策を廃止するための諸法案を矢継ぎ早に提出した。これらは、大統領や民主党が多数を握る上院の反対によって、成立の可能性がないものではあったが、下院における共和党保守派の台頭を印象づけるものであった。そして、連邦政府の役割をめぐるオバマ大統領と下院共和党の対立は、本章冒頭で述べた「債務上限引き上げ交渉（2010 年末～11 年 8 月）」で頂点に達した。この交渉では、税の公平性を回復するために富裕層への課税を強化しようとしたオバマ大統領に対し、共和党保守派は「デフォルトの発生も辞さない」ことを公言して、断固たる反対姿勢を貫いたのである。彼らは、「富裕層を含むあらゆる層への増税の阻止」と「（福祉国家諸政策の予算を含む）厳格な歳出削減」をオバマ政権に対する協力の条件に掲げ、債務上限引き上げに必要な法案の成立を数カ月にわたって阻害した。この連邦議会での「行き詰まり（gridlock）」は、最終的にオバマ大統領側が、富裕層増税案の撤回と大幅な歳出削減を受け入れることによって、ようやく 2011 年 8 月 2 日（債務上限引き上げ期限当日）に収束したのである。

議員の「答責性」とアメリカ政治の分極化

　本章のタイトル「分かれたる家は、立つこと能わず」とは、1858 年にエイブラハム・リンカーンが、聖書を引用しつつ、奴隷制をめぐって分裂を深めるアメリカに対して国民統合の必要性を訴えた言葉である。今日のアメリカ社会では、拡大する経済格差を前に、あらためて「一つの国民」として、政府による富の再分配のあり方――税負担と給付のバランス――への合意形成が重要な課題となっている。

　本章では、近年の連邦議会における激しい政党間対立の背景として、共和党保守派と党外の諸団体・運動の間の相互作用による共和党の保守化のプロセスを検討してきた。各種の世論調査が示すように、政府の再分配政策に関するアメリカ国民の選好は、必ずしも非和解的に分裂しているわけではない。むしろ、税の累進性の回復などに関しては、幅広い支持も存在しているのである[12]。しかしながら、このような有権者レベルの選好分布は、政党間の対

立を拡大する諸力のために、連邦議会に表出することが困難になっている。

　先述のフリーダムワークスや「成長のためのクラブ」など、多くの保守系団体は、2010年中間選挙後も、選挙で支援した候補者たちの「答責性（accountability）」を確保するためとして、連邦議会議員への監視を強めてきた。これらの団体は、「均一税（flat tax：富裕層も貧困層も、所得税の税率を同じにする制度）」の導入など急進的な政策目標を掲げ、全議員の投票行動が、この目標にどの程度合致しているかを採点する「成績表（スコアカード）」をHP上で公開してきた。この採点結果は、次回以降の選挙で、各団体が議員に支持・献金を行う際の基準となるとともに、点数の低い議員は、各団体による落選運動の標的になることが予想された。同様に2010年以降は、茶会運動の一部からも、共和党の公式の綱領とは別に、独自の政策綱領『アメリカからの契約（Contract from America）』を策定し、連邦・州各レベルの選挙に出馬する候補者に対して同綱領への署名を要請する動きが活発化してきた。「オバマ政権の医療保険改革の廃止」や「個人所得税・キャピタルゲイン課税を含む、あらゆる税に関する恒久的な増税の禁止」などの内容を含む同綱領には、今回の2012年選挙で当選した約70人の共和党議員が署名したとされ、彼らには選挙での支援とひきかえに、当選後は、これらの諸法案を議会での採決に持ち込む「責任」が課せられることになるのである[13]。

　かつて、アメリカ政治学会の1950年の報告書『より責任ある二大政党の方へ』は、アメリカの政党の分権制を批判し、二大政党がそれぞれ党内を結束させて、有権者が選挙で選択した党綱領に責任を負うべきと主張した（APSA［1950］）。しかしながら、現代のアメリカ政治において、選挙での「答責性」は、このような「政党‐有権者」間のみならず、「個々の議員‐党外の支援団体・運動」の間でも問われるようになっている。とくに上記のような急進的な保守主義の諸目標の実現を迫る諸団体・運動からの圧力が、共和党議員を保守の極のほうへと牽引し、今日、富の再分配をめぐる超党派的な交渉・合意形成にとって大きな障害となっているのである。

　今回の2012年選挙は、再び民主党が大統領・上院を、共和党が下院を支配する「分裂政府」をもたらしたが、新議会は、選挙直後から（ブッシュ期に

第 8 章 「分かれたる家は、立つこと能わず」?

導入された減税の失効と、2011 年の債務上限引き上げ交渉で決定された大幅な歳出削減が重なる)いわゆる「財政の崖」に直面している。両党を架橋しうる共和党の穏健派が減少するなかで、この難問を克服するための政党間の合意を見出しうるか否かが、新議会・大統領の試金石となる。

【注】
（1）〈http://www.treasury.gov/initiatives/pages/debtlimit.aspx〉（2012 年 8 月 11 日アクセス）
（2）保守・リベラルの批判者は、ともにこの政府による企業への公的資金の投入を、「企業-福祉 corporate welfare」（O'Hara［2010］p. 47）と揶揄している。
（3）OWS 運動のアイディアに関しては、ゲルダーほか編［2012］所収の諸論考を参照。
（4）茶会運動に関しては、研究者や活動家らによる文献が数多く出版されている。研究者による文献としては、Skocpol and Williamson［2012］、久保・東京財団「現代アメリカ」プロジェクト編［2012］などを参照のこと。
（5）もう一つの両運動の差異は、茶会運動があくまでもアメリカ国内での運動にとどまったのに対し、OWS 運動のほうは、同じく経済格差の拡大に直面している世界各国の運動との、国際的な連帯を追求してきたということである。この両運動の展開の比較は重要なテーマであるが、本章ではこれ以上立ち入ることができない。アメリカの OWS 運動と各国の他組織の連携の試みについては、同運動の HP〈occupywallst.org/〉（2012 年 9 月 30 日アクセス）でも紹介されている。
（6）茶会運動が、議会への影響力を獲得する手段として、新しい第三党の結成ではなく、既成政党（共和党）内部での勢力拡大を追求した背景には、アメリカにおける①小選挙区制、②政党組織の分権制という二つの要因が関係していると考えられる。茶会運動の戦略選択に影響を与えたと考えられるフリーダムワークス会長、ディック・アーミーが、このようなアメリカの「政治的機会構造」をどのように認識していたかは、Armey and Kibbe［2010］にみることができる。
（7）〈http://www.opensecrets.org/bigpicture/incad.php?cycle=2010〉（2012 年 9 月 30 日アクセス）のデータを参照。
（8）政治活動委員会（PAC）とは、政治家・政党への献金の受け皿となる政治資金団体を指す。この PAC が 1 年間に個人・団体から受けられる献金の上限額は法律で規制されているが、2010 年に裁判所は、特定の候補・政党から形式的に「独立した」PAC であれば、そのような献金額の上限に関して規制を受けないという判断を下した。このような「独立」系の PAC がいわゆる「スーパー PAC」であり、2012 年選挙から本格的にその活動を開始している。
（9）ここで「党主流派」とは、全国共和党上院・下院委員会などの党中央組織、あるいは州知事など各選挙区の有力な共和党政治家らによる支援を受けた候補のことを指す。
（10）同様にアダム・ボニカの研究も、同選挙で当選した共和党の新人下院議員の約 8 割が、選挙以前の全共和党下院議員の選好の中央値よりも「右」側に位置する強硬な保守主義者であったと指摘している。Adam Bonica, "Introducing the 112th Congress,"

第Ⅱ部　国内社会における紛争と和解

　　　　Ideological Cartography, 2010/11/5, 〈http://ideological cartography.com/2010/11/05/ introducing-the-112th-congress/〉（2012 年 8 月 4 日アクセス）
(11)　このような例としては 2010 年選挙ではジョン・マケイン（アリゾナ州上院議員）、2012 年選挙ではオリン・ハッチ（ユタ州上院議員）が挙げられる。
(12)　たとえば、ワシントンポスト紙とカイザー財団の調査では、「ブッシュ Jr. 政権期に導入された減税を年収 25 万ドル以上の層には延長しない」案について、回答者全体の 65% が賛成と答えている。これは、オバマ大統領側が主張する案である。〈http://www.washingtonpost.com/page/2010-2019/washingtonpost/2012/08/18/〉（2012 年 9 月 30 日アクセス）
(13)　〈http://www.thecontract.org/the-contract-from-america/〉（2012 年 9 月 30 日アクセス）

【参考文献】

APSA（American Political Science Association）[1950] "Toward a More Responsible Two-party System: A Report of the Committee on Political Parties," *American Political Science Review*, Vol. 44, No. 3, Part 2, Supplement, pp. 15-36.

Armey, Dick and Matt Kibbe [2010] *Give Us Liberty: A Tea Party Manifesto*, Harper Collins Publishers.

CBO [2011] *Trends in the Distribution of Household Income Between 1979 and 2007*. 〈http://www.cbo.gov/publication/42729〉（2012 年 9 月 30 日アクセス）

Dahl, Robert A. [1956] *A Preface to Democratic Theory*, The University of Chicago Press.（内山秀夫訳『民主主義理論の基礎　第二版』、未來社、1978 年）

Hacker, Jacob S. and Paul Pierson [2006] *Off Center: The Republican Revolution and the Erosion of American Democracy*, Yale University Press.

Kabaservice, Geoffrey [2012] *Rule and Ruin, the Downfall of Moderation and the Destruction of the Republican Party, from Eisenhower to the Tea Party*, Oxford University Press.

Mann, Thomas E. and Norman J. Ornstein [2012] *It's Even Worse than It Looks: How the American Constitutional System Collided with the New Politics of Extremism*, Basic Books.

McCarty, Nolan, Keith Poole and Howard Rosenthal [2006] *Polarized America: The Dance of Ideology and Unequal Riches*, The MIT Press.

Miller, William J. and Jeremy D. Walling (eds.) [2012] *Tea Party Effects on 2010 U. S. Senate Elections, Stuck in the Middle to Lose*, Lexington Books.

OECD [2011] *Divided We Stand: Why Inequality Keeps Rising*, OECD Publishing. 〈http://dx.doi.org/10.1787/9789264119536-en〉（2012 年 9 月 30 日アクセス）

O'Hara, John M. [2010] *A New American Tea Party: The Counterrevolution Against Bailouts, Handouts, Reckless Spending, and More Taxes*, John Wiley and Sons, Inc.

Rohde, David W. [2010] "What a Difference Twenty-five Years Makes: Changing Perspective on Parties and Leaders in the U.S. House," in L. Sandy Maisel and Jeffrey M. Berry (eds.), *The Oxford Handbook of American Political Parties and Interest Groups*, Oxford University Press.

Skocpol, Theda and Vanessa Williamson [2012] *The Tea Party and the Remaking of Republican Conservatism*, Oxford University Press.

Stonecash, Jeffrey M., Mark D. Brewer and Mack D. Mariani [2002] *Diverging Parties: Social Change, Realignment, and Party Polarization*, Westview Press.
tment of Labor and U. S. Bureau of Labor Statistics [2009] *Labor Force Characteristics by Race and Ethnicity, 2008.* 〈http://www.bls.gov/cps/race_ethnicity_2008.htm〉（2012 年 9 月 30 日アクセス）
Walker, Jack L., Jr. [1991] *Mobilizing Interest Groups in America, Patrons, Professions, and Social Movements*, University of Michigan.

久保文明編［2011］『アメリカ政治を支えるもの――政治的インフラストラクチャーの研究』日本国際問題研究所。
久保文明・東京財団「現代アメリカ」プロジェクト編［2012］『ティーパーティ運動の研究』NTT 出版。
ゲルダー、サラ・ヴァン／『YES! Magazine』編集部編［2012］『99％の反乱――ウォール街占拠運動のとらえ方』山形浩生・守岡桜・森本正史訳、バジリコ株式会社。
坂井誠［2007］『現代アメリカの経済政策と格差』日本評論社。
佐々木毅［1993］『アメリカの保守とリベラル』〈講談社学術文庫〉講談社。
藤本一美・末次俊之［2011］『ティーパーティ運動――現代米国政治分析』東信堂。
渡辺将人［2012a］「ティーパーティと分裂要因」久保文明・東京財団「現代アメリカ」プロジェクト編『ティーパーティ運動の研究』NTT 出版、38-56 頁。
―――［2012b］『分裂するアメリカ』幻冬舎新書。

【新聞・雑誌記事】
Blackmon, Douglas A., "Tea Party Retools as Network of Field Operatives, Keeps Pushing GOP Rightward," *The Washington Post*, 2012.7.31.〈http://www.washingtonpost.com/politics/tea-party-retools-itself-pushing-republican-rightward/2012/7/30〉（2012 年 9 月 30 日アクセス）
Brownstein, Ronald, "Pulling Apart," *National Journal*, 2011.2.24.〈http://www.nationaljournal.com/magazine/congress-hits-new-peak-in-polarization-20110224.〉（2012 年 10 月 24 日アクセス）
Farrell, John Aloysius, "Divided We Stand," *National Journal*, 2012.2.23.〈http://www.nationaljournal.com/magazine/divided-we-stand-20120223.〉（2012 月 10 月 24 日アクセス）
Zernike, Kate, "Shaping Tea Party Passion into Campaign Force," *The New York Times*, 2012.8.25.〈http://www.nytimes.com/2010/08/26/us/politics/26freedom.html〉（2012 年 9 月 30 日アクセス）

第Ⅱ部　国内社会における紛争と和解

第9章
タクシンとタイ政治
平等化の政治プロセスとしての紛争と和解

髙橋正樹

　本章では、2001年のタクシン・チナワット首相登場から現在に至るタイの政治変動を「平等化の政治」のプロセスとして捉え、そのプロセスのダイナミックスを紛争と和解を手がかりに分析する。2010年3月から5月にかけ、いつもは世界中からの観光客でにぎわうバンコクの街に赤シャツを着た人びとが陣取って連日集会を開き、ついには中心街での軍による武力鎮圧となった。2012年9月17日、タイの和解のための真実究明独立委員会がこの事件の真相究明と和解に向けて、268頁の最終報告書を発表した[1]。しかし、その和解の実現は容易ではない。なぜなら、2001年のタクシン政権誕生以来、タイではエリート中心の政治が終わり、大衆が民主化と平等を求めて政治の舞台に上がってきたからである。

1．平等化の政治プロセスとしての紛争と和解

平等化の政治
　混迷の続く今日のタイの政治的変動をどう理解したらいいのか。本章では、宇野重規に依拠しながらアレクシス・ド・トクヴィルのいう「平等化の政治」論に従い、タイ政治の変動を分析したい。トクヴィルのこの議論は、エリート支配の段階を過ぎ大衆の政治参加が拡大しはじめる「中進国」の政治論として有効ではないかと思われる。そのトクヴィルの平等化の政治論の特

徴を本章の関心から四つにまとめると以下のようになる。第一に、トクヴィルはデモクラシーとは政治面のみならず経済社会面での諸条件の平等化のことであり、それは近代社会の事実としての根本的特質だと考えた。第二に、この平等化は、普遍的な平等の理念に燃えたというよりは、それぞれ自分の欲望を追求するなかで、意図せず結果として実現したと彼は考えた。第三に、ある程度社会の平等化が進んではじめて不平等に対して人びとは激しい不満をもち、それを当然と思わない意識と論理を獲得し政治的に覚醒すると彼は考えた。市民革命は西欧でも早くから農奴解放が進んだフランスで発生した点をトクヴィルは強調する。第四に、トクヴィルによれば、平等化の時代とは、人びとの平等が実現し安定した秩序が構築される時代ではなく、むしろ、政治的に覚醒した新しい勢力が政治の舞台に上がり、既存の秩序が動揺していく不安定な時代である（宇野［2007］54-72、167-178 頁；宇野［2009］）。

政治プロセスとしての紛争と和解

　次に、この平等化の政治の変動についての分析枠組みとして次の二つの点を加えたい。第一に、政治の変動を紛争と和解の不断のプロセスとして理解する。本書の共通の問題関心である「紛争と和解」という視点は、政治の本質が権力闘争（マキアヴェッリ）と社会的諸価値の権威的な配分（イーストン）である点を確認すればわかりやすい[2]。権力闘争は紛争を引き起こし、その一時的中断として和解（妥協）が成立すると諸価値の新たな権威的配分は制度化され安定するが、再び経済社会構造の変動を受け、諸価値の新たな権威的配分を求めて権力闘争が激化し紛争となる。このように、紛争と和解という概念によって、つねに変動する政治プロセスを把握することができる。

　第二に、平等化の政治分析における分析対象は、政治アクターとして国家、エリート、大衆のそれぞれに焦点を合わせる必要がある。トクヴィルは社会に関心を集中させたが、本章では国家とエリートの分析も重要だと考える。それゆえ、民主主義や権威主義など政治体制分析は、各政治アクターの政治体制をめぐる権力関係のなかで行う必要がある。民主化は、各政治アクターが自己の利益や権利の追求のために権力闘争をし、その結果として政治参加

の機会が拡大して実現すると考えられる。たとえば、ある国家において、新興エリートの要求が、議会制などを通じて政治参加の拡大という譲歩（和解）を既存エリートから引き出すことができる。すなわち、民主化への力は市民社会からではなく、エリート内部から生まれるともいえる（Jayasuriya [1995] p.108）。1980年代に議会制が曲がりなりにも機能し、東南アジアの民主化の優等生といわれたタイとフィリピンは、この状態にあったといえる。

しかし、大衆が政治に参加して政治体制や経済社会の紛争構造の変革を求める場合、エリート間政治は大衆政治に拘束されエリート間の和解は容易ではなくなる。たとえば1990年代以降、タイでは議会制民主主義を否定する軍部や王党派による権威主義的傾向が顕著になっているだけではなく、バンコクの中間層が市民社会論やグッドガバナンス論によって議会制民主主義を相対化し、さらにクーデタを支持し、国王の政治関与を求めるといったように、支配エリートと政治的に同調する現象が現れた。このようなタイの政治変動の背景と方向性を分析するためには、コナーズがいうように、政治分析を市民社会論や民主化移行論から救い出し、政治体制をめぐるエリートと大衆の関係性を分析する必要がある（Connors [2009] p.356）。

2．伝統的支配体制

植民地支配を受けていないタイは、華人系色の強いバンコクの王族や貴族といった旧支配層が維持されたまま、新たに軍部や国家官僚、さらに華人系の資本家層といった新興勢力が加わることで強力な支配体制を構築してきた。

伝統的支配体制の構築

バンコク王朝の5世王は1892年から英仏の植民地化の圧力のもと、王族を権力の中心におき国家行政組織の近代化を進めた。しかし、近代化の結果として平民出身の文武国家官僚が増えると、彼らは王族が政治を独占していることに反発し、「人民党」を結成し、1932年にクーデタによって王権に挑戦した（パースック／ベーカー [2006] 350-354頁）。しかし、その後も王族と

第9章　タクシンとタイ政治

貴族は勢力を温存させ、戦後の軍は王族・貴族系の官僚と同盟を形成しその中心に国王を据えた。

　その国王を中心にした支配体制の再構築を後押ししたのが冷戦であった。その動きが本格化するのは、サリット・タナラット陸軍司令官がクーデタで権力を握る1958年以降である。サリットは、自らに不足する政治的な正当性を王権によって補おうとし、プーミポンアドゥンラヤデート国王（ラーマ9世、1927年生まれ、在位1946年～）と王室を政治の世界に引っ張り出した。サリットは、国王誕生日を国民の休日とし、数々の王室行事をいっそう盛大かつ荘厳にして復活させ、国王と王妃の国家行事への出席を通じて、国民的シンボルとしての国王神話を創造していった。さらに、国王は、地方にも積極的に行き、農村開発や人工雨プロジェクトなどの王室プロジェクトによって、農民の敬愛を受けるようになった。他方で、国立大学の卒業生への国王や王族による直接の卒業証書授与によって若きエリートを引き込み、あるいは国王臨席の祭典、行事、謁見を通じて、王室は台頭する華人系経済勢力、専門家集団、軍部との儀礼的関係を構築していった。また、王室は新興経済界有力者ファミリー間の婚姻を仲介することも始めた。これら新興勢力は、王室の信任を受けることでタイ社会での地位を確実にしていった。さらに、王族自身にかなり強い華人系の血が流れているという事実が、バンコクや地方都市の主要な住人である華人系タイ人のアイデンティティとも一致していた（同、391-399頁；タック［1989］355-373頁）。

　1973年10月には、学生らの軍事政権への反発、軍部内の分裂、国王の政治介入などの要因によって軍事政権が崩壊した。しかし、76年には左傾化に体制的危機感を強めた軍と王党派が、クーデタにより伝統的支配体制を復活させた。80年代には、議会の再開でバンコクの資本家層や地方の経済勢力が国会議員や閣僚として支配エリートの一角を形成する一方で、王族の信任の厚いプレーム・ティンスーラーノン元陸軍司令官が首相に就任し、王族、軍、資本家層のエリート間同盟体制が形成されて政治は比較的安定していた[3]。

第Ⅱ部　国内社会における紛争と和解

エリート間同盟の不安定化

　1980年末になるとそれまでのエリート間同盟が崩れはじめる。それは、地方新興勢力が議会制度を基盤にして国家レベルの政治権力を握る一方で、バンコクの中間層が政治に参加しはじめたからである。その結果、議会制度にもとづく勢力と議会外に基盤をおく勢力が一致せず、中間層を巻き込みながら、エリート間の権力関係が不安定化するのが90年代のタイ政治の特徴である。

　プレームにかわって、1988年7月の総選挙で勝利したタイ国民党の党首であるチャートチャーイ・チュンハワンが首相になることにより、閣僚は議員であるが首相は国王に近い元軍人が就任するという80年代の体制は崩れた。チャートチャーイ政権では、地方選出議員が主要閣僚ポストを独占し軍人や官僚から権益を奪うことで、軍と官僚とバンコクの資本家による支配エリートの同盟関係を動揺させた。政党政治家に権益を侵された軍部が、91年に金権政治を理由に、チャートチャーイ政権に対しクーデタを起こした。しかし、軍がそのまま権力の座に居座ると中間層が反発し、92年5月、デモ隊に軍が発砲するという「五月残虐事件」が発生した。

　1992年9月に、五月残虐事件後の総選挙で政党政治が復活すると、再び政党政治家への批判が高まっていった。なぜなら、民政移管後、軍は政治の舞台から後退したが、地方選出議員が再び閣僚になり、バンコク資本と官僚は権力から遠ざけられたからである。これに対し、バンコクの財界と官僚は不満を高め、地方選出政治家、さらには議会制民主主義制度そのものへの不信感を強めた。政治参加を望むバンコク中間層がこれに加わり、さらに人権派のNGOグループも参加して、政治改革のための新憲法制定運動が大きな政治運動になっていった。他方、バンコクの有識者は、市民社会論やグッドガバナンス論を使って、地方選出の政党政治家や農民よりはバンコクの中間層や官僚のほうがグローバリゼーションにふさわしいと主張した[4]。

　その結果、97年10月には新憲法が公布執行された。そこでは下院議会の権限を制限するため、裁判所や選挙委員会などの権限の強化がうたわれ、比例代表制によりバンコク出身の政治家を増やし、被選挙権を大卒者に限定す

ることで国民の9割以上から政治家への道を奪った。ここで重要なことは、議会制度を通じて地方の政治家と民衆が国政に参加するようになると、既存の支配層とバンコク中間層が議会制民主主義を軽視する主張が、90年代にすでに始まっていたということである（パースック／ベーカー［2006］563-569頁；玉田［2003］185頁）。

3．タクシンの登場

　議会制への不信感を高めるバンコクのエリートや中間層に対抗するかのように、新興エリートであるタクシンが議会制を権力基盤にして登場してきた。そのマニフェスト選挙と福祉国家政策を通じて地方農民や都市低所得者層が政治的に覚醒する一方で、タクシンの政策に反発する形で労働者やバンコクの中間層や既存のエリートもいっそう、政治的に覚醒していった。

マニフェスト選挙と福祉国家政策
　タクシンはタイ北部のチェンマイの華人系名家出身であり警察官僚になるが、のちに通信情報会社のビジネスに成功し、その潤沢な政治資金を背景に1990年代後半に政治の世界に入った。タクシンの政治には以下のような特徴があった。第一に、公約を選挙運動で前面に打ち出すマニフェスト選挙に成功した。第二に、福祉国家的政策を実施し広い支持を獲得しつつ、第三に、経済政策はネオリベラリズム政策を推進した。そして、第四に、その政治姿勢は権威主義的であった。ここにタクシンが選挙で勝利し高い支持率を維持したにもかかわらず、激しい反対運動の末にクーデタに倒れ、バンコク市民がそのクーデタを支持した理由が隠されている。
　まず、タクシンのマニフェスト選挙と福祉国家政策をみていく。タクシンのタイ愛国党は2001年1月の下院議員選挙で248議席獲得し、選挙後に小党を吸収して500議席中タイ政治史上はじめて単独過半数を達成した。タクシンはそのマニフェストとして、政府系銀行への農民の債務返済猶予やすべての村への100万バーツの開発基金の提供や30バーツの診察料による医療

政策を掲げた。2005年2月のタクシンにとって2回目となる総選挙では、500議席中377議席をタイ愛国党が占めるという大勝利を収めた。圧倒的勝利を収めた大きな理由の一つは、2001年選挙でのマニフェストを実行した点が選挙民に評価されたからである。2000年の国勢調査では、タイの総人口の69％は郡部に住んでおり、総人口の51％は農民である。タイの有権者の大半は農村にいた（Pasuk and Baker［2009］pp. 80, 93-94, 237；McCargo and Ukrist［2005］pp. 89-93）。

このように、これまでバンコク政府に無視されつづけてきた民衆の側は、タクシンのマニフェスト選挙と福祉国家政策にもとづいて投票することで、選挙の本来の意味を知り政治的主体として覚醒していった。

ネオリベラリズム政策への反発

バンコクの有識者やメディアはタクシンの政策を否定的な意味でポピュリズムといって批判したが、タクシンはベネズエラのチャベス大統領とは違い、低所得者対策だけではなくネオリベラリズム政策を同時に推進していた。この点からパイとシャファーは、タクシンの政策をポピュリズムではなくポスト・ネオリベラリズムと呼ぶ（Pye and Schaffar［2008］pp. 44, 47）。換言すれば、タクシンの福祉国家政策は、タイ経済の国際競争力を高め構造改革を成功させるための国内の社会的安定化の手段であった。しかし、この二つの政策には大きな矛盾があり、福祉国家的な政策で広く民衆の支持を獲得する一方で、ネオリベラリズム政策は草の根グループから批判された。

たとえば、村への100万バーツ基金と債務返済猶予対策は、巨大アグリビジネスであるCPとの協力のもとに、タイ農業を輸出志向型と資本集約型に変えることを目的としていた。CPの創立者の娘婿が商務大臣として入閣したことは、タクシン政権へのCPの影響の大きさを物語る。農民への融資は農民を独立した小規模農民からCPなどが推進していた資本集約的な契約農家に変えていった。また、輸出志向農業とモノカルチャー穀物栽培は肥料やハイブリッド種などの購入のためにコスト高になり、アグリビジネスの利潤を拡大させる一方で農民の負債を拡大させることになった。さらに、オース

トラリアとタイのFTA（自由貿易協定）、およびASEAN（東南アジア諸国連合）と中国の地域FTAの締結は、小規模農家に打撃を与えた。このような理由から、地方のさまざまな抗議団体のネットワークである貧民フォーラム傘下の農民団体はただちにタクシンに反対するようになった。

　他方、タクシン政権は2004年2月、タイ発電公社の民営化政策を発表した。これに対し、タイ発電公社の労働者はストライキや道路封鎖などの抗議行動を激化させた。この抗議運動は他の国営企業の労働者の支持を獲得し、結局、政府は計画を撤回せざるをえなくなったが、2005年2月の総選挙でタイ愛国党が勝利すると再び民営化を宣言した（*ibid*., pp. 47-54.）。

権威主義的政策への反発

　タクシンは政治的には権威主義的傾向を強め、自己を批判するメディアへの弾圧を繰り返した。たとえば、記者を解雇するなど報道への介入を続けたり、2002年には、英字紙『ネーション』の編集局長らに対し、マネーロンダリングの嫌疑で調査することで、報道に対する圧力を加えた。このような事態に対し、タイジャーナリスト協会は声明を出して抗議した。

　また、貧民フォーラムなどの農民団体に対して、選挙前は同情的な姿勢をみせたタクシンであったが、権力を握ると徐々にその姿勢を変化させていった。そして、農民運動に対する暴力的な弾圧が頻発するようになった。また、麻薬撲滅の政策では、麻薬密売組織を壊滅させるために、強攻策に出て2274人の死者を出した。警察は密告を恐れた密売人同士の殺し合いと発表したが、警察による密売人の射殺が疑われた。結局、密売の大物はほとんど捕まっておらず、国連やNGOから人権無視の批判を受けることになった（Pasuk and Baker［2009］pp. 149-155；McCargo and Ukrist［2005］pp. 188-199；Mutebi［2004］pp. 80-81）。

　さらに、南部のイスラム教徒への強硬な対応も批判された。タイの南部3県にはマレー系イスラム教徒が多くいる。分離独立派による武装闘争はあったが、近年まで、タイ政府のこれらイスラム教徒に対する対応は比較的融和的であった。しかし、2004年1月に武器強奪事件が発生してから、南部の治

安は急速に悪化していった（Pasuk and Baker［2009］pp. 241-243）。

軍部と国王の反発

　タクシンは、1992年以降は政治の舞台から後退していた軍部を、軍内部にタクシン派を形成することで再び政治に世界に引っ張り出した。1992年以降、軍は軍の影の実力者であるプレーム枢密院議長によって政治力を維持してきた。プレームは陸軍司令官経験者で軍部と王室とのネットワークを背景に、1980年から1988年まで首相を務めた人物である。退任後は枢密院議長に就任し、その王室との近さを背景に軍部や官界のみならず経済界や政界にも多大な影響力をもってきた。首相に就任すると、タクシンはプレームの政治的ネットワークのかわりに、自分を中心とする新たなネットワークに置き換えはじめた。タクシンと軍幼年学校の同期生（10期生）や従兄弟を中心とした派閥を軍内部に形成しようとしたが、これが軍内部の反タクシン派の反発を強めた（*ibid.*, pp. 176-184；McCargo and Ukrist［2005］pp. 127-157）。

　他方、タクシンは国王と同じことをして、それに取って代わろうとしているとの批判が起こった。タクシンの政治姿勢はタクシン自身の主観的な意図とは別に、構造的には王権およびそれによって構成されてきた権力集団と対立関係にあった。タクシン政権はそれまで歴代権力者からは放置されていた農民や都市下層民支援政策を実施し、それが広い支持の基盤となったのである。実際、農民は王室プロジェクトよりもタクシンの政策のほうがより実質的な救済策をとってくれたことを実感している。そのため、タクシンと国王は支持層が同じ農民や下層民であり、ふたりは一つの選挙区で争っているという指摘もされた（Murphy［2006］pp. 24-25）。

4．反タクシン運動

　反タクシン運動はPAD（民主主義のための民衆同盟）による大衆政治として始まるが、支配エリートはできるだけ、その影響を受けず独自の方法でタクシンを排除しようとしていた。ただ、両方に共通することは、タクシン

個人を排除することで問題は解決されると考え、その背後にいる大衆の動きを軽視していた点である。

2006年9月19日のクーデタ

　2006年の反タクシン運動は、最初、PADによる街頭政治が中心であったが、4月以降は支配エリートが主導し、国王の介入、裁判所の判決、軍のクーデタという手段でタクシンを排除した。2005年9月から、ソンティ・リムトンクンによるタクシン首相退陣要求運動は始まっていた。ソンティはタクシンのかつての盟友であったがビジネス問題で仲違いしたメディア企業グループのオーナーである。反タクシンの世論に一気に火がついたのは、2006年1月末に、タクシン首相が情報通信会社を傘下におく自らのシン・コーポレーションをシンガポールの投資会社に売却し、さらにタックスヘイブン（租税回避地。マネーロンダリングの温床ともされる）を利用しタイ政府への納税を免れたことが明らかになってからのことである。これにより、タクシンは売国奴首相として批判を浴びることになった。2月4日に反タクシン勢力が集会を開き、そこでタクシン首相を辞任させることを目的としたPADの結成が宣言された。彼らは国王の生まれた月曜日の誕生色である黄色のシャツを着たことから黄色シャツ派とも呼ばれる。2月、3月のPAD集会には学生、教員、国営企業労組、農民、漁民など広範な集団が参加した[5]。PADがソンティ色を強め、タクシン政権打倒のために憲法7条にもとづく国王の政治介入を訴えると、PADから離反する団体も現れたが、他方でバンコクの中間層を中心により広範な支持を獲得するようになった。このPADの動きに対し、タクシンは下院を解散し、4月2日に総選挙することに決定した。野党がボイコットしたまま総選挙は実施され、タイ愛国党が500議席中過半数を獲得したが、40選挙区で得票数が法定数に達した候補者がなく当選者が決まらなかった。

　他方、4月の選挙を境に反タクシン運動の中心は、PADから、国王、プレーム、軍、裁判所などの王党派エリートに移っていった。国王はPADの国王の政治介入請願に対し、国王の政治介入は非民主的であるからという理由

で拒否する一方で、4月25日、今回の選挙は民主的ではないと発言し、裁判所に暗に選挙無効判決を指示した。これを受け、後日、裁判所は選挙のやり直しを決定した。すなわち、国王はPADによる大衆政治を拒否する一方で、反タクシンの姿勢を裁判所に示したのである（Pye and Schaffar [2008] pp. 55-56）。他方、6月中旬、プレーム枢密院議長は軍士官学校で、軍は政府のものではなく国民と国王のものだと演説した。これに対し、タクシンはカリスマ的な憲法外の人物が民主主義に介入しているとし、プレームを批判した。そして、PADが抗議行動の再開を計画していた前日の9月19日、軍はクーデタという手段で国連総会に出席中のタクシンを追放した。これに対し、PADをはじめ有識者も含めバンコク市民は、民主主義を守るためにはほかに手段はなかったとしてクーデタを支持する者も多かった（Nelson [2006] pp. 29-30；Ukrist [2008] pp. 125-126, 128-131）。

　クーデタ後、ソンティ陸軍司令官を首班とする軍事政権が樹立された。彼らは、そのクーデタの正当化として「国王を元首とする民主主義」を守るためと宣言した。さらに、2007年5月、軍事政権下の憲法審判委員会は、タクシンのタイ愛国党の解散と党幹部の111人の5年間の被選挙権を停止する判決を下した。また、軍事政権はただちに新憲法の制定の準備をし、2007年8月の国民投票を経て施行された。

2008年の隠れたクーデタ
PADの反タクシン運動

　2008年は攻守が入れ替わり、タクシン派が選挙で再び政権をとり、これを反タクシン派が打倒するという時期であった[6]。

　タクシン派勢力は、2007年6月に反独裁民主統一戦線（UDD）を結成した。さらに、7月には旧タイ愛国党の政治家が弱小政党であった民衆の力党に移籍し、タクシン派政党を再建していった（Pasuk and Baker [2009] pp. 292-293）。2007年12月23日にクーデタ後はじめて実施された総選挙で、タクシン派の民衆の力党は233票をとって第一党となり連立政権を樹立した。サマック首相のもとにタクシン派政権が発足すると、2008年2月、タクシンは

2006年9月のクーデタ以来、はじめて帰国した。さらに、民衆の力党は議会制を制限している2007年憲法の改正を緊急の政治目標とした（*Matichon Sutsapada*, 2008.5.2-8, p. 11）。

　これに対し、PADの作戦は、タクシン派政権を打倒するために王制護持とナショナリズムを訴え広く国民の支持を獲得するとともに、過激な行動に出て軍の介入を誘おうとするものであった。まず、PADは2月のタクシンの帰国前後から反タクシンの抗議行動を再開した。また民衆の力党の憲法改正の動きに反対し、5月、PADは首相府周辺での座り込み抗議集会を開始し、この集会は12月にタクシン派政権を退陣に追い込むまで続けられた。7月には、カンボジアとの国境沿いにあるプレアビヒア（プラウィハーン）寺院周辺の領有問題でナショナリズムをあおることで支持を獲得しようとした。さらに、8月26日に、首相府庁舎を占拠しそこで抗議集会を継続した。10月7日には、PADは違憲判決で辞任を余儀なくされたサマック首相の後任のソムチャーイ首相の所信表明演説を阻止するために、国会周辺を封鎖し警察と衝突し、2名が死亡し多数の負傷者を出した。このとき、PADをはじめ各方面からクーデタを期待する声が聞かれたが、軍は動かなかった（*ibid.*, 2008.10.17-23, p. 12）。さらに、11月に入りPADはその勢いに陰りが出はじめると、25日、二つの国際空港を占拠し使用不能にした。

エリートの反タクシン運動

　他方、軍は2008年を通じて、タクシン派政権打倒の立場を同じくするPADの動きとは一線を画し、そのクーデタの要求にも応じなかった。その理由は、軍は2006年9月のクーデタとその後の軍事政権への国内外からの批判が多かった経験から、クーデタに対し慎重になっていたからである。その一方で、タクシン派首相が首相府庁舎や空港を占拠するPADを排除しようとしたが、軍はそれにしたがわず、タクシン派首相の退陣を公然と要求していた。他方で、10月7日の衝突事件に際して王妃がPADに同情する行動をとり、王室の反タクシン運動支持の明確な意思が示されたとの判断が流れた（*Bangkok Post*, 2008.10.14）。

第Ⅱ部　国内社会における紛争と和解

　しかし、2008年の反タクシン運動でエリートが積極的に利用したのは裁判所であった。7月8日、ヨンユット民衆の力党副代表に対し、最高裁判所は2007年12月の総選挙での選挙違反を理由に、5年間の被選挙権を停止する決定を下した。他方、タクシン本人に対する司法攻撃も本格化していった。タクシン夫妻の土地取得問題は最高裁判所で係争中であったし、タクシンに対しては、宝くじ問題やビルマ（ミャンマー）融資問題などが最高裁判所で係争中であった。このように司法による攻撃が本格化するなか、8月10日、タクシン夫妻は最高裁の有罪判決を恐れて国外に逃れた。そして、10月21日に最高裁判所は土地取得事件でタクシンに懲役2年の有罪判決を下した。また、9月9日、憲法裁判所はサマック首相がテレビの料理番組に出演して謝礼を受け取ったことが憲法267条に違反するとして、首相の資格を剥奪する判決を下した。これは憲法裁判所自身が認める条文の拡大解釈であった（*Bangkok Post*, 2008.7.11, 2008.8.12, 2008.9.10, 2008.10.22）。

　PADの国際空港占拠に対し、ソムチャーイ首相は非常事態宣言を出し、空港からのPAD排除を警察と軍に求めたがどちらもこれに応ぜず、膠着状態が続いた。これを一気に変えたのは裁判所であった。12月2日、憲法裁判所は、憲法68条と237条により、先の最高裁判所によるヨンユット副代表の選挙違反判決を受け、これを憲法違反とみなし、民衆の力党を解散させ党幹部の5年間の被選挙権（議員資格）を剥奪したのである（*ibid.*, 2008.12.3）。これにより、首相は首相資格を失った。これに満足したPADは3日に空港から撤退することに合意し、抗議運動の終了宣言を出した。その後、軍の強力な後押しのもと、民衆の力党のネーウィン派が離党しその他の少数政党とともに反タクシン派の民主党と連立し、12月15日に民主党党首のアピシット・ウェーチャーチワ政権が樹立された。ここに1年にわたるPAD、裁判所、王室、軍、民主党によるタクシン派に対する「隠されたクーデタ」は成功したといえる（*ibid.*, 2008.12.16）。

　このように、2008年の政治状況をみると、軍がクーデタに慎重になったため、伝統的支配エリートは司法を権力闘争の手段として利用したと理解できる（Dressel［2010］p.674）。

第 9 章　タクシンとタイ政治

不敬罪
　その裁判所の政治化が王権と結びついたのが不敬罪である。タイの刑法では、不敬罪は 3 年以上 15 年以下の懲役に処せられる。一方、タクシン派と反タクシン派の闘争のなかで、国王の権威に公然と挑戦するような雰囲気が出てきたのも事実である。そして、それに危機感を抱く保守派は、2008 年以降とくに不敬罪で牽制する動きを強めた。
　そのため、民主党連立政権は 2009 年 1 月、2000 以上のウェブサイトを不敬罪容疑で閉鎖したと発表した。また、大学教員がその著書を理由に不敬罪で逮捕状を出されたり、外国人作家が逮捕されたり、ウェブサイト運営者が逮捕されたりした。これに対し国内外で批判が高まるなか、3 月、アピシット首相は、タイの王制の威信を守るために不敬罪は必要であると語った（*Bangkok Post*, 2009.1.7 ; *Prachatai*, 2009.3.10）。しかし、不敬罪によって政敵を攻撃するという方法は、司法の政治化と同時に王室の政治化をともなう危険をはらんでいた。

5．支配エリートの権威主義化と赤シャツ派の抵抗

　2009 年と 2010 年に再び攻守の立場が変わり、反タクシン派は民主党政権と司法、軍などエリートが中心となってタクシン派を弾圧し、その権威主義化が顕著になった。それに反発する形で、タクシン派は UDD による街頭運動を活発化し、タクシンはこれに引っ張られていった。

ソンクラーン事件
　2008 年の反タクシン派の PAD や司法や軍の攻撃に対し、タクシン派は巻き返しをはかるために UDD を中心に組織化を進めていた。まず、2008 年 10 月、PAD への対抗のためにバンコク近郊で赤シャツを着た約 1 万人を集めて集会を開いた。これ以後、UDD は「赤シャツ派」と呼ばれるようになる。
　2008 年 12 月に民主党政権が軍の後押しで樹立され、不敬罪などで反対派を厳しく取り締まるようになると、赤シャツ派の支持層はタクシン個人を支

持しないが民主主義を求めるバンコク中間層にも拡大していった。2009年3月26日、赤シャツ派はアピシット首相の退陣とPADの違法行為に対する法的処置を求めて、大規模な座り込み抗議集会を開始した。4月3日、タクシンは、赤シャツ派の集会への国外からのメッセージで、この運動は自分の個人的な運動ではないから、政府との個別の交渉には応じないことを表明した。さらに、8日にはタクシンは、アマート（特権階層）が支配する「アマータヤーティパタイ（特権階層支配体制）」を批判し、民衆による民主主義が必要であると訴えた（*Bangkok Post*, 2009.4.4；*Matichon Online*, 2009.4.9）。10日、一部の赤シャツ派は国際社会に訴えるためにASEAN関連会議が開かれるパタヤに移動を開始し、11日、タイ政府はASEAN関連サミット延期を決定し、各国首脳はヘリコプターで会場を脱出した。12日の赤シャツ派の集会での国外からの演説でタクシンは、「いまこそ、民衆は革命に立ち上がるときだ」と訴えた（*BBC NEWS*, 2009.4.13）。14日、軍との武力衝突が危惧されるなか、赤シャツ派の指導部は抗議行動の中止を決定した（*Bangkok Post*, 2009.4.15）。この事件を、ソンクラーン（タイ正月）の時期と重なったため、ソンクラーン事件と呼ぶ。

ここで注目すべきことは、2008年はじめ以降のPAD、軍、裁判所、王室、民主党によるタクシン派攻撃に対し、民主主義が阻害され自らが公平に扱われていないと感じる人びとが赤シャツ派のもとに結集し、弾圧する支配層とそれに抵抗する民衆という対立関係になったこと、さらに、タクシン自身、その支持を得るために自ら大衆運動の指導者としてふるまうようになったことである。

2010年の出来事

ソンクラーン事件後、赤シャツ派はしばらく大規模な抗議行動を控えていたが、2010年3月13日、地方から約10万人の赤シャツ派支持者がバンコクの旧市街地ラーチャダムヌーン通りに集まり、アピシット首相に対し、総選挙の即時実施を要求する抗議行動を開始した。この時期、運動の拡大を受け、赤シャツ派のもとには退役軍人や元タイ共産党系の団体からバンコクの民主

化運動団体まで幅広い参加者があった。この抗議集会と並行して和解に向けて、3月末、アピシット首相と赤シャツ派の指導者が最初の交渉を開始した。しかし、交渉はうまくいかず、次第に赤シャツ派の穏健派は後退し、急進派が運動の主導権を握るようになった（*Bangkok Post*, 2010.3.30）。

4月3日、赤シャツ派は日本の伊勢丹デパートなどもあるバンコク随一の繁華街であるラーチャプラソン交差点付近に移動し、その周辺の道路を占拠した。7日、アピシット首相はバンコクなどに非常事態宣言を発令し、これを受けて、10日、旧市街地で軍が赤シャツ派の武力排除に乗り出し、25人が死亡し800人以上負傷した。このとき、日本人カメラマン村本博之氏が何者かの銃弾を受け死亡した。事態の深刻さを受け、赤シャツ派とアピシット政権側は交渉を続けるが、議会の解散と総選挙の時期をめぐって双方は歩み寄ることがなかった。13日、アピシット首相は、交渉による事態の収束をあきらめ赤シャツ派をテロリストと呼び、その武力排除作戦を開始した。バンコク中心部での激しい衝突の結果、19日、赤シャツ派指導者は投降し、赤シャツ派の抗議行動は中止された。4月10日から5月19日までに、85人が死亡し、1402人が負傷するという、タイの歴史上最悪の事態となった（*ibid.*, 2010.4.8, 2010.4.11, 2010.5.20, 2010.5.24）。

6．タイ社会の分断、平等化の政治

2006年から2010年までのタイ政治は、そのアクターにしたがって分けると二つの側面がある。第一は、タクシンと伝統的支配層とのエリート間紛争という見方である。これはタイの歴史においては、1932年以来何度も繰り広げられてきた紛争であり、クーデタで決着をつけるというパターンである。タクシンをめぐる一連の政治もこのパターンの繰り返しだと考える解釈は、タクシン派議員に投票する農民は買収されているのであり、赤シャツ派運動に来る人びとは金で動員された無学な農民だという主張につながる。だから、反タクシン派にとってのこの紛争の解決は、タクシンとの和解かクーデタや司法によるタクシンの排除という結論になる。これは伝統的支配エリートや

バンコクの中間層に多い見方である。第二は、赤シャツ派の運動は民衆の異議申し立てだという見方である。それは地域的、階層的に深刻な社会的分裂が構造的原因となり、民衆がアクターとして政治の舞台に出てきて、政治的権利や経済社会的な平等を求めて支配体制に対抗しているのだという解釈である。この場合、エリート間の和解かエリートの一方の排除では紛争は収まらないことになる。

では現実はどうかというと、最近のタイ政治は、タクシンという類まれな政治家によって、エリート間の紛争と民衆の平等化の政治が結びつけられたものだといえる（Glassman [2011] p. 29；Pasuk and Baker [2012] pp. 214-215）。この過程で、地方の民衆も政治的に目覚め、都市中間層も政治的に目覚め、支配エリートである軍も王室も過度に政治化していったのである。

2006年9月のクーデタや2008年以降2010年に至る反タクシン派の非民主的な行動は、タクシン支持者ではないが公正や民主主義が侵害されていると感じる都市中間層をも赤シャツ派の運動に押しやった。

その結果、赤シャツ派の運動は単なるタクシン支持運動から、より普遍的な要求を掲げるようになった。彼らは自らをプライ（平民）と呼び民主主義と公正と平等の実現を主張し、それを邪魔するアマート（特権官僚層）を打倒せよと支配体制の変革を訴えた。この運動は、タイ社会を長年にわたって支配してきた不平等な社会秩序や価値観への批判にもつながっていった。タクシンは基本的にはネオリベラリズム実業家であり、かつ利己的で腐敗した政治家であるが、赤シャツ派の運動が次第に大衆運動化すると社会の公正を要求する代弁者を装うようになった。これは政治の流れが彼にそれを求めたといえる。

他方で、伝統的な支配体制は簡単に壊れそうになく、平等化の政治に抗するように権威主義的傾向を顕在化させてきた。だが、アスキューがいうように、伝統的支配層の過剰反応は、それほど赤シャツ派の運動に体制的危機感をもっているということでもあろう（Askew [2012] p. 73）。しかし、それはタクシン派を抑え込むという意味では成功していない。むしろ、支配エリートが過剰に反応すればするほど、社会の分裂は可視化され、敵と味方の区別

がはっきりした。この場合、エリート間の個別的な和解は困難になり、政治はより根源的な平等化をめぐって長期的に不安定化することが懸念される。

2011年7月の選挙でタクシン派（インラック首相、タクシンの妹）が500議席中265議席を獲得したが、反タクシン派の勢力は依然として強い。その強靭さの理由の一つは、タイの支配体制が現国王を中核にした政治的、社会的、思想的な体制によって構成されていることが挙げられる。今後のタイ政治は、現国王のあとの支配体制がどのように変容するかが重要な焦点となるが、他方、民衆の平等化の政治という動きがそれとどのように連動するかが注目される。

＊本章は、科研基盤研究（C）（課題番号22530169・研究代表者：髙橋正樹）に基づく研究成果の一部である。

【注】
（1） 和解のための真実究明独立委員会『最終報告書』2012年9月（タイ語）。
（2） この点に関し、さしあたり高畠［1983］59-69頁を参照されたい。なお、本章では公共性や共同性の実在を想定することから政治は始まるとするアイデアリズム的政治概念にもとづく紛争と和解についての規範や理念の議論は行わない。
（3） アネークはこの時期の政治同盟関係をリベラル・コーポラティズムで説明している（Anek［1992］）。
（4） この点については髙橋［2005］を参照されたい。
（5） 2006年3月19日から21日までのこの集会の筆者自身の観察では、その演説内容には、反FTA、反iTV、反汚職、救国、反民営化、反グローバリゼーション、反ムスリム弾圧などがあった。
（6） 詳細は髙橋［2010］も参照されたい。

【参考文献】
Anek Laothamatas [1992] *Business Associations and the New Political Economy of Thailand: From Bureaucratic Polity to Liberal Corporatism*, Westview Press.
Askew, Mark [2012] "The Ineffable Rightness of Conspiracy: Thailand's Democrat-ministered State and the Negation of Red Shirt Politics," in Michael Montesano, Pavin Chachavalpongpun and Aekapol Chongvilaivan (eds.), *Bangkok May 2010: Perspectives on a Divided Thailand*, Silkworm, pp. 72-86.
Connors, Michael [2009] "Liberalism, Authoritarianism and the Politics of Decisionism in Thailand," *The Pacific Review*, Vol. 22, No. 3, pp. 355-373.
Dressel, Björn [2010] "Judicialization of Politics or Politicization of the Judiciary? Considerations from Recent Events in Thailnd," *The Pacific Review*, Vol. 23, No. 5,

pp. 671-691.
Glassman, Jim [2011] "Cracking Hegemony: Gramsci, Bourdieu and the Dialectics of Rebellion," *Journal of Contemporary Asia*, Vol. 41, No. 1, pp. 25-46.
Jayasuriya, Kanishka [1995] "The Political Economy of Democratization," in Daniel Bell, David Brown, Kanishka Jayasuriya and David Martin Jones (eds.), *Towards Illiberal Democracy in Pacific Asia*, Palgrave, pp. 107-133.
McCargo, Duncan and Ukrist Pathmanand [2005] *The Thaksinization of Thailand*, Nias Press.
Murphy, Colum [2006] "A Tug of War for Thailand's Soul," *Far Eastern Economic Review*, Vol. 169, No. 7, pp. 23-28.
Mutebi, Alex M. [2004] "Thailand in 2003," *Asian Survey*, Vol. XLIV, No. 1, pp. 78-86.
Nelson, Michael H. [2006] "Bangkok's Elitist Coup," *Far Eastern Economic Review*, Vol. 169, No. 8, pp. 27-30.
Pasuk Phongpaichit, and Chris Baker [2009] *Thaksin*, 2nd ed., Silkworm.
―――― [2012] "Thailand in Trouble: Revolt of the Downtrodden or Conflict among Elites?" in Michael Montesano, Pavin Chachavalpongpun and Aekapol Chongvilaivan (eds.), *Bangkok May 2010: Perspectives on a Divided Thailand*, Silkworm, pp. 214-229.
Pye, Oliber and Wolfram Schaffar [2008] "The 2006 Anti-Thaksin Movement in Thailand: An Analysis," *Journal of Contemporary Asia*, Vol. 38, No. 1, pp. 38-61.
Ukrist Pathmanad [2008] "A Different Coup d'État?" *Journal of Contemporary Asia*, Vol. 38, No. 1, pp. 124-142.

宇野重規［2007］『トクヴィル――平等と不平等の理論家』講談社。
―――― ［2009］「政治の時代における政治の貧困」『世界』3月号、178-186頁。
髙橋正樹［2005］「グローバリゼーションとタイ国家論――分裂する社会、対立する言説」滝田賢治編『グローバル化とアジアの現実』中央大学出版部、157-185頁。
―――― ［2010］「一時的に後退するタイの民主主義――2008年12月の「隠されたクーデタ」」東洋大学アジア地域研究センター編『アジア社会の発展と文化変容』東南アジア文化研究所・アジア地域研究センター、153-181頁。
高畠通敏［1983］『政治の発見――市民の政治理論序説』三一書房。
タック・チャルームティアロン［1989］『タイ――独裁的温情主義の政治』玉田芳史訳、勁草書房。
パースク・ポンパイチット／クリス・ベーカー［2006］『タイ国――近現代の経済と政治』北原淳・野崎明監訳、刀水書房。
玉田芳史［2003］『民主化の虚像と実像――タイ現代政治変動のメカニズム』京都大学学術出版会。

〈新聞・週刊誌・ウェブサイト〉
Bangkok Post Smart Edition 〈http://bangkokpost.newspaperdirect.com〉
BBC NEWS 〈http://bbc.co.uk/2/hi/asia-pacific〉
Matichon Online（タイ語のオンラインニュースサイト）〈http://www.matichon.co.th〉
Matichon Sutsapada（『週刊マティチョン』タイ語政治週刊誌）
Prachatai（タイ語のオンラインニュースサイト）〈http://www.prachatai.com〉

第10章
南北コリアの政治的統合を超えて
統一と共存の狭間で

金　敬黙

　本章の目的は、南北コリア（朝鮮半島）の紛争と和解を例に取り上げつつ、国家（政府）セクターが取り組む紛争解決と和解の限界を補おうとする非国家セクターの試みを模索することである。国家（政府）セクターが主導する政治的な試みだけでは十分解決できない状況には、どのようなものがあるのだろうか。そして、非国家セクターの試みる和解は、国家（政府）のそれとどのような違いがあるのだろうか。近隣諸国である南北コリアの紛争と和解は、日本の読者にどのような意味合いをもたらすのだろうか。これらについて議論するための素材を提供することが主たるねらいである。

1．政治（学）は紛争解決と和解に貢献しうるのか

　政治学または国際政治学にもとづきながら紛争と和解を学ぶ際、その当事者は主に国家または政府である。政治学の授業では、国家は、①主権（sovereignty）、②領域（territory）、そして③人びと（people）という三つの要素によって構成されていると学ぶであろう。しかし、政治学をはじめとする社会科学全般は、主権を行使する主体としての③人びと（people）について実際にはそれほど関心を払ってこなかったのではないか、と私は疑っている。
　（国際）政治学において紛争解決や和解を論じる際、停戦協定や和平合意などがもっとも重要な関心または対象であることに異論はなかろう。けれど

も、私がいままで学んできた朝鮮戦争、ベトナム戦争、旧ユーゴスラヴィアの民族紛争、カンボジア紛争、グアテマラの内戦などの、いくつかの紛争（内戦）では、いずれも停戦協定や和平合意がそのまま人びととの和解や平和につながることはなかった。むしろ、和平合意などによって失われてしまう真相解明や正義の問題もある。さらに、内戦などの傷は、地域社会やコミュニティはもちろん、家族間のあつれきや解体なども生み出し、人びとが失った日常の安定と平和の回復は、政治学で想像できるいかなる理想や方法を導入しても不可能に近い。国家を中心とする学問は、この点を見落としがちである。

私たち人間はつねに争いながら暮らしている。兄弟や親子、夫婦などの家族をはじめ、友人や親せき、そして職場の上司や同僚など、一定の関係性をもつ人びとと潜在的な緊張関係や利害関係をもちながら暮らす（生活の術として大学で「平和論」を教えている私自身はしばしばこの矛盾によって葛藤している。「よくもあなたに平和学なんかが教えられるね」といわれんばかりに……）。

関係が近ければ近いほど緊張や利害が複雑に絡む。そのため緊張感や利害関係がない場合はむしろ例外であり、私たちは日常生活において、その緊張や利害を調整（control）しつつ絶妙な調和（balance）をとっているにすぎない。

日常生活（社会や草の根レベル）の争いを解決できずにして、国家レベルの紛争を解決し、和解を試みることなどできるはずがない。

私の問題意識はここから始まる。別に日常生活レベルの和解が達成されないと国家レベルの和解（主に和平合意など）が成り立たないと主張しているのではない。そうではなく、政治学の紛争と和解を考える際においても、私たちの日常生活で繰り返される紛争と和解を視野に入れつつ、そのためにできることも考慮すべきであるということである。一言でいえば、国家や政府レベルの和解だけにこだわらず、よりミクロな視点から、さらに人びとの「心」の和解について関心を払うべきである、ということである。そのために、社会学、人類学、心理学など、さまざまな学問や関連分野の実践が融合してはじめて紛争解決と和解の条件がそろうことになろう。

第10章　南北コリアの政治的統合を超えて

　では、そのために必要なものは何か。それを学ぶために本章では、南北コリアの紛争と和解を事例にしつつ、NGOや市民運動などの市民社会セクター、そして企業などの市場セクターなどが取り組む和解の努力を考察する。要するに、国家レベルの分析ではなく、非政府（民間）セクターの視点から紛争と和解を模索する。

　また、さらに重要な視点が求められる。それは、日本社会の構成員（日本の大学生または日本人）としての「立ち位置」や関係性についての自覚である。要するに、本章では、南北コリアの紛争と和解のために私（たち）にできることは何だろうか、私たちはどういう立場におかれているのだろうか、という問いを非政府（民間）セクターの視点から考察することである。

2．南北コリア（朝鮮半島）における紛争と和解

南北コリア

　最初に南北コリア（朝鮮半島）の文脈にもとづきながら概念的な整理を行ってみよう。本章では、朝鮮半島に現存する二つの政治体制を南北コリアと称することにしたい。南側の大韓民国（韓国、Republic of Korea）と北側の朝鮮民主主義人民共和国（北朝鮮、Democratic people's Republic of Korea）は、日本の植民地統治からの解放直後、冷戦構造によって南北に分断された。北緯38度線がその境界線であったが、3年間に及ぶ朝鮮戦争（1950年6月25日〜53年7月27日）以降、「休戦ライン（軍事境界線）」が事実上の国境と化している。「休戦ライン」という言葉でわかるとおり、南北コリアの内戦はいまだ終息しておらず、休戦協定のまま今日に至っている。

紛争としての「直接的暴力」「構造的暴力」

　南北コリアは、それぞれの誕生の段階から紛争の要素を多分にはらんできた。政治学において、紛争は、武力衝突などをともなう「直接的暴力」を指すことが多い。しかし、紛争状態は必ずしも武力衝突だけにかぎられたものではない。

第Ⅱ部　国内社会における紛争と和解

　平和という概念をめぐる議論を「構造的暴力」の概念に依拠しつつ補足したい。長年の間、「平和」という概念は「戦争（紛争や内戦など）の不在」状態を指すものとして通用してきた。しかし、「戦争の不在」状態であっても、人びとの日常が必ずしも平和的であるとはかぎらない。すなわち、暴力状態が顕在化する「直接的暴力」に加え、貧困、飢餓、抑圧や差別などを含む「構造的暴力（structural violence）」という概念にも着目する必要がある。

　この概念を提示したヨハン・ガルトゥングは「戦争の不在」を「消極的な平和」と位置づける半面、「構造的暴力の不在」としての「積極的な平和」の大切さを強調した。「積極的な平和」の実現のためには、「直接的暴力」（または「物理的暴力」）にかぎらず、「構造的暴力」（または「間接的暴力」）問題への対処が必要とされる。この視点は、今日の平和研究分野における基本枠組みの一つになっている（ガルトゥング［1991］）。

　「直接的暴力」と「構造的暴力」の視点にもとづき、南北コリアの紛争を捉えてみよう。

　すでに述べたとおり、南北コリアは3年間に及ぶ「朝鮮戦争」を経験し、いまだ戦争が終息しないまま休戦協定にもとづき緊張関係が続いている。分断から70年近く、そして休戦から60年以上という歳月がたつ間、南北コリアは局地的、かつ散発的な戦闘やテロなどの暴力状態を経験してきた。最近の例を挙げるだけでも南北の緊張関係はあらわになる。たとえば、2010年3月26日、朝鮮半島の西側の黄海上で韓国の哨戒艦「天安（チョナン）」が沈没し、乗組員46人が全員死亡する事件があった。当初は「事故」とみられたが、北朝鮮による攻撃の疑いが強まり、国内外の専門家が参加する民軍合同調査の結果、北朝鮮の潜水艇による魚雷攻撃であると断定された。他方、中国、そしてロシアは北朝鮮による犯行であると断定せずに尊重論を展開している（木宮［2012］148頁）。また、同年11月23日には韓国の延坪島（ヨンピョンド）の軍事施設に向けて北朝鮮軍が砲撃し、韓国軍との砲撃戦が起きた。この事件で韓国軍2人と韓国の民間人2人が死亡した（同、148-149頁）。

　この種の「直接的暴力」が発生する背後には次のような「構造的暴力」が常態化しているからであろう。すなわち、そもそも論であるが、朝鮮半島が

第二次世界大戦後に二つの分断国家になったことが南北コリアの「構造的暴力」の出発点である。分断は、韓国側にとっては1980年代まで開発独裁（軍事政権・権威主義）体制をもたらした。この間、韓国社会は北朝鮮との対立に加え、国家権力側からの不当な人権侵害や弾圧を経験してきたし、分断国家という理由で、暴力的な文化が当たり前のように社会のいたるところにはびこっていた。2年間以上の徴兵制度も「構造的暴力」の結果であり、上意下達の軍生活のなかで頻発する暴力をはじめ、軍隊内の事件や事故（疑問死、事故死なども当然発生する）や民間人に対しての性暴力をはじめとする事件・事故は、軍隊の最高機関としての国家権力の責任を超えて、その背景にある南北コリアの分断を抜きには語れない。敵からわが身を守るための軍隊（韓国軍や駐韓米軍）がわが身を害すという矛盾が多発しているのである。国家の安全保障からみると、これはやむをえない副作用であるが、人間の安全保障からみるとこれは大きな矛盾であることに異論はない。

　貧しかった朝鮮半島の南北コリアにとっては経済成長が重要な課題であった。にもかかわらず、多くの予算が国家の安全保障に費やされる環境におかれていた。これは、韓国側にかぎられることではなく、北朝鮮もほぼ同じ状況であった。冷戦構造下、南北コリアは東西冷戦のフロントラインであったのである。

和解の方法としての統一（政治的統合）と共存（相互尊重）

　南側の韓国は、1980年代末に民主化を達成し、経済的にも大きく成長した。他方、北朝鮮は、冷戦構造の終焉以降、経済的に逼迫した状況が続くにもかかわらず軍事力を背景にした「先軍政治」を掲げている。食料不足による飢餓や栄養不足が慢性的であるにもかかわらず、ミサイルや核開発を続けているという状況である。

　南北コリアのこのような力（パワー）の不均衡（アンバランス）状態は、朝鮮半島の和解を考える際に、どのような選択肢をもたらすのだろうか。いくつか現実的な方向性を導くとしたら以下のとおりであろう。

　一つには、南北コリアの人びとが掲げてきた、狭い意味での「統一」であ

る。南側も北側も二つのコリアが一つになる政治的統合（統一）に努めてきた。朝鮮戦争がそうであったように、統一のためには、武力行使も辞さないといわんばかりであった。要するに双方が、それぞれの体制（資本主義または共産主義）の維持に固執してきた。

　しかし、最近になって、急激な政治的統合を目的とする統一論に対して慎重な動きが南北コリアの双方でみえてきている。韓国側は、北朝鮮の崩壊に備えて、吸収統一を視野に入れた準備を着々と進めている。しかし、東西ドイツの経験が物語るように、たとえ同じ「民族」であるとしても70年近く分断してきた二つの国家、まして経済や政治体制が著しく異なる南北コリアが急激に統一することはリスクをともなう。そのため、世論調査などの分析をみるかぎり、韓国の若い世代には、統一よりも現状維持を好む人びとが増えてきたという変化が現れている（木宮［2012］150-151頁）。

　北朝鮮側もかつては吸収統一をうたってきた。南側を「アメリカ帝国主義」の傀儡政権と捉え、帝国主義からの解放を長年目指してきた。しかし、ポスト冷戦の時代、北朝鮮の経済事情などからして、自ら南を吸収する形で統一できる状況ではない。軍事力の増強を軸とした「先軍政治」も、北朝鮮の体制維持がねらいであるという分析がより説得力をもつ。要するに、いまの北朝鮮は、金日成、金正日、金正恩へと続く現在の独裁体制を維持することにより具体的なねらいを定めている。そのためには、軍事力を優先した「先軍政治」を維持しつつ、アメリカなどと交渉を続けることが必要となる。ミサイルや核開発は主にアメリカとの交渉を意識したものであり、アメリカに北朝鮮の現体制を事実上容認させることがねらいであるという見方である。

　このように、南北コリアの和解の具体的な方法には、南北コリア双方の合意にもとづく政治的な「統一」と、勢力均衡や相互尊重を軸にした「共存」（二つのコリアの持続状態）という二つのパターンが考えられる。

　前者については、北朝鮮の政治体制が崩壊したり、急激な変化が訪れたりしたら話は別であるが、現段階で南北の統一（政治統合）が突発的に実現される可能性はそれほど高くない。かりに、南側による吸収統一がなされた場合、経済的、政治的、そして社会・文化的な衝撃は朝鮮半島のみならず、東

アジアや世界各地に波及することになる。

　だからといって、後者のように南北の共存がいまのまま続けばよいというわけにもいかない。そもそも北朝鮮の現体制が続くことは、その地に暮らす2200万人以上の住民たちの人権や人道問題に深刻な打撃を与えつづけることになる。国家の利害のために北朝鮮の人びとを見捨てることができるのだろうかという道義的なジレンマが生じる。

　和解の一方法として、南北が相互に国家として認めあい（事実上、国連には南北コリアが同時加盟している）、南北コリアの平和的な共存を模索するためには、休戦協定を和平合意（終戦協定）へと発展させる手続きが政治レベルで急がれる。しかし、現状としては、南北に存在するどちらの政治体（polity）の憲法も、他方の存在を認めずに、自らを朝鮮半島における唯一の合法政府である、という立場を貫いている。また、相互依存関係を深めるためにも経済交流、社会・文化交流を活性化させる必要もあろう。

　しかし、現状としての南北関係、そして北朝鮮をとりまく国際情勢はとても厳しい。「国際社会」をはじめ韓国社会は北朝鮮に対する対応をめぐり、大きく二つに割れている。一つは、安全保障の脅威となる核開発やミサイル開発などに対して毅然とした態度で挑む「圧力と制裁」を求める強行路線であり、もう一つは、北朝鮮の急激な崩壊や暴挙を予防するためにも、「対話と支援」を重視する宥和路線である。この宥和路線を韓国では「太陽政策」と呼ぶこともある。しかし各国そして韓国の政権ごとに、さらに北朝鮮が外交手段として好む「瀬戸際政策[(1)]（brinkmanship）」によって、北朝鮮に対する対応や政策は一貫性を保つことが困難であり、ブレが生じやすい。

　また、北朝鮮との関係を南北コリアの当事者間で解決すべき内政問題として捉えるべきなのか、それとも、国際政治の問題として扱うべきなのかをめぐっても議論は複雑な様相を呈している。

南北コリアをとりまく国内外の構造

　南北コリアの統一（政治的統合）と共存（相互依存）をめぐる視点が変容している背景には、国内外をとりまく構造的な要因が挙げられる。

一つは冷戦構造の終焉である。冷戦の終焉は、社会主義体制の崩壊を導き、旧ソ連や東欧社会との経済関係に依存していた北朝鮮に多大なる衝撃を与えた。1990年代半ばの食料不足問題とそれにともなう栄養不足は、飢餓による死者を生むなど、北朝鮮の人びとの暮らしをそれまで以上に逼迫させた。

冷戦構造の解体という国際要因は、韓国と北朝鮮の国内政治にも大きな影響を与えた。冷戦構造の解体とアジア諸国の民主化の関係性は一概に語れないが、冷戦構造の解体と前後して、アジア、東欧諸国では民主化の波が押し寄せた。韓国も1987年の民主化闘争の勝利によって、1990年代のはじめには選挙による民主的な政権が成立した。その後、保守と進歩（革新）勢力が政権を交互にとりあっているが、その過程で武力衝突や大きな混乱は発生せずに民主主義が着々と進展しているとみられている。

その一方で、北朝鮮側は「金王朝の独裁支配体制」が確固たるものとなった。北朝鮮による独自の社会主義といわれる「チュチェ（主体）思想」は金日成から始まり、孫にあたる金正恩体制までに至るが、実態としては「金王朝」の独裁・世襲を支える口実や方便にすぎない。ポスト冷戦以降、北朝鮮は開放路線を選ばずに独裁・世襲を維持するために国際社会からの孤立を自ら招いてしまった。

3．国家の努力と限界

北朝鮮政策をめぐる路線対立

21世紀を生きる日本の大学生にとって北朝鮮はどのようなイメージとして映るのだろうか。核開発、ミサイル、拉致、飢餓、貧困、独裁政権、マスゲームなど北朝鮮をめぐるイメージは決して肯定的なものではなく、むしろ否定的なものである。このような印象（像）は韓国社会でもそれほど変わらない。

けれども、紛争関係におかれている相手側との和解を模索するためには、このようなイメージの払拭または関係性の打開が必要とされる。そうでないかぎり、敵対関係は改善されることなく、たとえそれが統一であろうが共存

第10章　南北コリアの政治的統合を超えて

であろうが、平和的な方法にもとづいて実現されることは不可能に近いからだ。

　では、韓国政府は、いままで南北コリアの関係をどのように捉えてきたのだろうか。そして、韓国政府の和解の努力は、民主化を迎えた1990年に、どのように変容してきたのだろうか。

　1987年の民主化運動の勝利は、1992年、総選挙にもとづく民主的な政権の樹立をもたらした。この民主主義の勝利は、韓国社会で繰り広げられていた学生運動、労働運動、そして市民運動などが土台となったものであり、したがって、韓国の民主主義はピープル・パワー（people power）によって成し遂げられたものであった。

　1992年に樹立した金泳三(キムヨンサム)政権は、たしかに韓国における民主化時代の到来を象徴するものであった。民主化運動にかかわってきた金泳三が大統領に選ばれたという点は、歴史的にも高く評価されるであろう。しかし、金泳三政権は基本的には反共主義や親米路線を軸にした保守主義に立脚した政権であった。そのために北朝鮮との関係、言い換えれば南北の和解をめぐっては、権威主義政権と比べてもそれほど大きな変化をもたらすことがなかった。

　他方、1996年に大統領に就任した金大中(キムデジュン)は、2000年6月15日に北朝鮮を電撃訪問し、南北首脳会談を実現させるなど、対北朝鮮政策においてそれまでの政権と比べ、大きな路線変更をもたらした。「太陽政策」が始まったのである。北朝鮮に対する人道支援や経済協力も積極的に進めてきた。対話と支援を軸とする進歩（革新）陣営の政策をとった金大中政権であったが、反共主義や親米路線を強調する保守陣営からは失策であるとして強い反発を招いた。

　2002年からの盧武鉉(ノムヒョン)政権は金大中政権の路線を引き継ぐ政策をとったため、南北コリアの関係において、さまざまな人的、物的な交流が活発に行われた。しかし、北朝鮮の政治体制が変わらず、北朝鮮の住民側の生活がそれほど改善されなかったために、北朝鮮の政権を延命させているにすぎないという保守勢力からの反発を招くことになった。

　2007年から政権をとった李明博(イミョンバク)大統領は過去10年間の進歩（革新）陣営

の政策を見直し、保守勢力の立場を代弁する政策に転換した。南北コリアの関係は再び硬直し、上述したとおり、哨戒艦「天安(チョナン)」の沈没事件や延坪島(ヨンピョンド)の砲撃事件など、「直接的暴力」が顕在化している。

統一の根拠としての民族主義(ナショナリズム)

このように保守陣営と進歩(革新)陣営が尖鋭に対立構図を堅持する韓国の政治事情であるが、これらの路線対立を超えて横断する一つの価値・規範がある。それは韓国で民族主義と呼ばれるナショナリズムである。言い換えるならば、韓国の政治、そして多くの韓国人にとって、民族と国家は切っても切れない関係である。教科書的な意味で、国民国家(nation-state)の概念がもっともあてはまる例の一つでもあろう。つまり、朝鮮民族は先祖代々、朝鮮半島で「単一民族」を形成してきた人びとであり、朝鮮半島はしたがって分断を乗り越えて一つの国民国家として統一されるべきであるという立場である。

民主化以降の特徴的な変化

韓国は民主化以降、4人(金泳三、金大中、盧武鉉、李明博)の大統領による政権を経験した。そして2012年12月、第18代大統領選挙が実施され、朴槿恵(パククネ)が大統領に選ばれた。権威主義体制(軍事政権)時代の独裁者である朴正熙(パクチョンヒ)元大統領の長女でありながら、同時に韓国初の女性大統領という画期的な側面をもつ人物である。保守陣営の立場を堅持するため緊張関係は続くとみられ、南北関係の好転はあまり期待できない。

そのうえで、保守・進歩(革新)路線を超えて、民主化以降の韓国でみられる南北コリアの関係には、1980年代までの権威主義体制では考えられなかった、いくつか注目に値する変化がある。

実質的な吸収統一への備え

権威主義体制の時代と比べ、民主化以降の韓国でみられる大きな変化は、韓国の経済力、そして国際的なプレゼンスの向上にともない、「国力」(これ

を測る客観的な手法が存在せず、いくつかの異なる指標などを活用するしかない）の観点からして、もしも南北コリアが統一を実現するのであれば、それは南側（韓国）が主導する吸収統一になるだろうという認識である。

そのような変化は、たとえば学校教育のカリキュラムなどに現れる。権威主義体制下で行われた南北コリアの分断をめぐる教育は、主に反共産主義を軸とした教育であった。冷戦構造のもとで、当時韓国の政権は、軍事政権または権威主義体制を前提にした開発独裁を行ってきた。それをイデオロギー対立という理由でアメリカをはじめとする西側諸国は容認してきたのである。私自身も1980年代に小中高校の学校教育を韓国で受けた反共教育世代である。北朝鮮が韓国の政権をアメリカ帝国主義の傀儡政権であると教えるのと同様に、韓国の学校で教える北朝鮮のイメージは、貧困、飢餓、独裁、暴力が蔓延する社会であり、共産主義者は人格さえももっていない、一刻も早く打破すべき存在であった。要するに北朝鮮に対して敵対意識を高揚させる教育が1980年代までは行われていたのである。

しかし、1990年代に入ると、具体的にいえば、第六次教育課程（1991～97年）以降になると「倫理」や「共通社会」「社会文化」などの教科目において南北の統一問題に関する言及が増えるようになる。それは1997年以降の第七次教育課程においても同様のことがいえる（チョ［2011］32頁）。

過去の清算――「真実和解委員会」の意義と課題

もう一つの特徴は、韓国政府が「真実和解委員会」などを設置し、歴史をめぐる真相解明に取り組みはじめたことである。その正式名称は「真実・和解のための過去史整理委員会」である。韓国の「真実和解委員会」は盧武鉉政権期である2005年12月1日に発足し、李明博政権期の2010年6月30日に解散するまで、1万1175件の案件を扱い、8450件に対する真相を解明した[2]。

一般的に「真実和解委員会」といわれる取り組みは、南アフリカの人種隔離政策である「アパルトヘイト（apartheid）」問題への対応をはじめ、世界の数カ国で導入されている。和解のためには真相解明がまず必要であるという

視点に立脚している重要な試みである。

　ここでは紙幅の制約上、韓国の歴史に対する「真実和解委員会」の詳細を述べることはできないため、本章と関連して、委員会が解明してきた二つの特徴的な成果を指摘することにとどめたい。

　一つは、3年間の内戦であった朝鮮戦争をはじめ、その前後における民間人の虐殺が時と場合によっては敵軍ではなく韓国政府（軍や警察）、そして米軍などによってなされていたという不幸な真実が解明された点である。南北が分断され、朝鮮戦争が勃発する前後には、朝鮮半島全域でイデオロギー的な対立が生じていた。いわゆる共産主義者に対する「魔女狩り」を行うような「レッド・パージ」である。その過程で、罪のない民間人が数多く犠牲になったが、その真相は権威主義体制時代には明らかにされずに隠ぺいされていたのである。

　もう一つは、権威主義体制下で、公安当局などによるでっちあげが数多く発生し、民間人の名誉と権利が著しく侵害されていたが、その一部の真相が委員会の設置によって解明され、被害者の名誉が回復されると同時に、韓国政府がその責任を認めたという点である。軍部を中心とした権威主義体制は、反政府勢力または民主化を求める運動を根本的に封鎖しようとしていた。その際、もっとも都合のよい方法が、反対勢力を「共産主義者」にでっちあげたり、情報をねつ造したりして規制・弾圧を加えることであった。内戦を経験した韓国社会にとって、共産主義に対抗することは、自らの安全保障を確保する重要な事案であったため、民主主義や人権よりも上位の規範として位置づけられていたのである。

　この「真実和解委員会」のアプローチが導入されたことは高く評価される点であるが、完璧たるものではなかった。中立的な立場を保つべき「真実和解委員会」において、盧武鉉政権から李明博政権へと交代するなかで、政治的な見解を異にする委員への交替が行われたことなどから、委員会の中立性や正当性そのものを疑問視する声もあった。

　以上、概観したように、国家（政府）が中心となる紛争の解決と和解にはさまざまな制約がともなう。一つには、南北コリアの双方が、それぞれの主

権を、相手側に一部たりとも譲渡したがらないことがある。この拮抗関係のままでは、パワー・バランスが経済力、軍事力などによって崩れるまで現状は変わらない。まして、パワー・バランスを維持するために用いられる軍事的な競争は、和解のアプローチにつながるどころか、逆行するものである。

　要するに、紛争の当事者である国家（政府）間の政治的な和解を当事者だけで解決することは決して容易ではない。しかし、南北コリアの和解を調停できる中立的かつ公正なアクターはいまのところ見当たらない。アメリカも中国（義勇軍として北朝鮮側に参戦）も朝鮮戦争の南北の「血盟」として戦った当事者であり、旧ソ連を引き継ぐロシアも中立的な立場ではない。いまの日本にそのような意志と能力は残念ながら見当たらない。

　このように政治的統合を目指す統一にしても勢力均衡を軸にする共存にしても、紛争の当事者である国家（政府）による実践はとても難しい。したがって、この限界を補い、また代案を模索する試みとして、非国家アクターの試みも考慮すべきである。非国家アクターの取り組みは、政治的な側面だけにとどまるのではなく、社会的、文化的な側面により着目している点が興味深い。

4．社会的統合の必要性

　私は、国家（政府）による和解が不可能であるとか非国家アクターのみが真の和解の主役であると主張したいのではない。繰り返しになるが、政治（学）的な紛争解決や和解のみでは、紛争の当事者である人びとの和解にたどり着くことができないために、政治的な和解の側面以外にも経済的、社会的、文化的な和解のアプローチが必要であり、そのためには国家（政府）以外のアクターの取り組みも包括的に眺める視座が必要であると主張しているのである。経済的な意味での和解（相互依存）は、双方が経済的な利害に立脚すれば比較的容易に実現できる。しかし、歴史認識を含む社会的かつ文化的な側面においては、当事者間のプライド（威信または自尊心）などがともなうために、社会を構成する諸アクターの心理的な側面が重視されることに

第Ⅱ部　国内社会における紛争と和解

なる。

　ここでは、韓国の非国家アクター（個人、地域コミュニティ、NGO、市民運動、企業など）が取り組む、南北コリアの社会的な統合の努力の事例をいくつか紹介したい。

「ウリ（私たち）」という概念を見直す

　朝鮮半島は歴史的に大国や列強の狭間で、外敵に侵略を受けながらも独自の言語や歴史、文化などの固有性を保ってきたという経緯がある。そのために、南北コリアの人びとは、文化的な側面において同質性が高く、同じ民族、すなわち朝鮮民族は「単一民族」であるという前提によって成り立ってきた。朝鮮半島に存在してきたさまざまな王朝には異なる建国神話があるが、朝鮮半島北部に起源をおく「古朝鮮」の建国神話である壇君（ダングン）神話が朝鮮民族誕生の神話として知られている。日本に建国神話があるのと同じパターンである。学校教育でも壇君神話を学び、唯一神の信仰をもつキリスト教徒にまで、この神話は民族誕生の物語として広く受け入れられている。そのために、私たち（we）という意味合いをもつ「ウリ（우리）」概念が南北コリアには強く根づいている。

　その一方で、今日の社会はグローバル化の時代である。韓国の法務部が公表した「2011年度出入国・外国人政策分野統計[3]」にもとづくと、韓国内に滞在する外国人の数は140万人を超え、うち、長期滞在者は110万人を超えており、これは人口構成比の2.2％に当たる。日本の外国人人口比とほぼ同じである。

　このように社会の構成員が多様化し、また異なる文化的な背景をもつ人びとによって社会が構成される多文化社会が到来することによって、「単一民族」という神話的な前提で教育や政策がなされることには大きな問題がともなうことになる。まして、2012年現在、北朝鮮を逃れ韓国に入国した「脱北者」は2万4000人以上になった。

　このような多文化共生への取り組みは、政府の政策や教育政策だけで解決できる問題ではなく、地域社会、コミュニティレベルにおける努力が必要と

なり、学校、教会、寺院、NGO、市民運動など市民社会セクターによるさまざまな取り組みと努力があってこそ改善される環境が整うのである。

とくに今日「脱北者」は、韓国社会での社会的適応において大きな試練を経験している。韓国に入国した2万4000人の「脱北者」の半数近くが生活保護の対象となったりもしている。もしも、南北コリアが政治的統合である統一を実現させ、あるいは共存を模索する形で南北コリアの人的交流や自由な往来が活性化される時代が訪れるとしたら、より深刻な社会問題が発生する可能性も排除できない。その視点にもとづく社会的な統合の必要性が急がれる（金［2012］30-44頁）。

文化的統合の必要性

韓国社会にはその間、韓国に入国した「脱北者」たちから学んだ点がある。それは文化的な同質性がきわめて高いと信じていた南北コリアの人びとの文化的な異質性であった。内戦を経験し、そして70年もの間、敵対する関係として対峙してきた南北コリアには多くの文化的な違いが現れたのである。

その大きな背景には競争原理にもとづく韓国側の資本主義システムと北朝鮮側の社会主義システムとの間を隔てる壁があった。このままでは、北朝鮮出身者が韓国社会の競争原理に適応することは、とても難しい。そしてそのような文化的な違いを、韓国社会の人びとも十分理解できていない。北朝鮮の人は悪人であり、北朝鮮の政府は悪党であるという視点が根底にある。皮肉ではあるが、長年の間の「反共教育」の見事な成果でもある。

「北朝鮮政府は問題があるが、そこに暮らす人びとには罪がない」という認識が欠如している。なぜ「アラブの春」のように北朝鮮の人びとは民主化を叫ばないのか、なぜ、街に出てこないのか、と思う読者もいるであろう。しかし、北朝鮮にかぎらず、権威主義や独裁システムの国や地域で、命がけで民主主義を叫ぶことは容易ではないことを私たちは忘れてはいけない。

その点、人びとが享受する文化は大きな力をもっている。金大中政権と盧武鉉政権の10年間、韓国で「太陽政策」が積極的に推進されたことはすでに述べた。そして、この時期に「韓流」という現象が韓国の国境を越えて世

界に広がった。この時期に制作された映画には南北の和解と交流を描くものも目立つ。過去の戦争映画が敵を勇敢に撃退するハリウッド流のヒーロー物語であったとしたら、1999年の韓国映画『シュリ』（カン・ジェギュ監督）は敵対する陣営でのヒューマン・ストーリーが描かれるという衝撃的なものであった。韓国内での観客動員数は621万人以上に及んだという。

2000年に公開された『JSA』（パク・チャヌク監督）も南北の兵士の間での友情と人間愛を描いているヒューマン・ドラマである。南北首脳会談が開かれたこの時期、韓国内では、北朝鮮に対する多角的な理解を試みるアプローチが積極的に取り組まれ、『シュリ』も『JSA』もその役割を見事に果たした。

2004年に公開された『ブラザーフッド』（カン・ジェギュ監督）も同じ文脈で語ることができよう。もちろん、この映画は、リアルすぎるほどの戦闘シーン、そして、戦争に翻弄される家族を描くことによって、不幸な歴史に対する再考を観客に促すインパクトをもたらした。

「脱北者」をとりまく映画も複数あるが、日本でも公開された『クロッシング』（キム・テギュン監督、2008年）は、命がけで北朝鮮を離脱する「脱北者」の様子を実話にもとづいて描いた作品でもある。

どの映画をとっても、これらの文化コンテンツが南北コリアの分断状況に関する韓国内そして世界の人びとの関心を高めたことはまぎれもない事実である。国家の外交努力や国内政策で実現できなかったことが民間の文化産業の力によって成し遂げられたのである。

さらに、韓国のテレビ番組や映画が、中朝国境を越えて北朝鮮の人びとにも広がっている。国際社会から孤立している北朝鮮の人びとにとって、「韓流」現象は外部社会、とくに南側の状況を知る具体的な情報と化している。和解のために必要な、双方を理解する具体的なツールとして機能しているのである。

5．周辺諸国は南北の和解を望まない？

　南北コリアの統一がいつなされるのか、それとも南北コリアが互いの尊厳

第10章　南北コリアの政治的統合を超えて

（主権）を認めあいつつ、和解のための交流と協力に真剣に取り組みだすかはいまだわからない。残念ながら、南北コリアの関係は一進一退を半世紀以上も繰り返してきた。

　南北の政治的な統合（統一）の根拠が、かりに中国や日本などの周辺諸国に対抗するための排他的な民族主義（ナショナリズム）にもとづくものであれば、それには賛成できない。だからといって、兄弟や親子などの身内が自由に連絡をとりあうこともできない「離散家族」の状態を放置するわけにもいかない。北朝鮮の人びとには救いの手を差し伸べたいが、経済協力が北朝鮮の独裁政権の延命になっても困る。このように複雑な状況が南北コリアの関係改善を妨げてきた。どんな理由であれ、どんな形態であれ、南北コリアが和解の方向に進むことは必要であると思われる。

　その一方で、日本や中国などの周辺諸国が南北コリアの和解を本音としては望んでいないという視点もある。南北コリアの和解、とくに統一は国益の観点からして日本や中国の脅威になりうるというロジックがそれである。すなわち、核を保有する朝鮮半島の統一国家が現れることを懸念する視点である。他方、韓国内にも経済的な負担から統一に反対する人びとがいる。統一ドイツの経験は、旧西ドイツ側の人びとに相当の経済的負担を与えたことから、韓国の経済的な負担を懸念する人びとがいる。

　要するに、南北コリアの和解で得られるものと失うものを天秤にかけている状況である。国益を第一に捉える国家中心主義や経済的な利潤を重視する合理性にもとづくのであれば、統一に反対する主張に対する説明は、それに賛同するかはさておき、理解はできる。

　しかし、反対以前に、問うべき点が私たちにはある。私たちはなぜ、政治学を学んでいるのだろうか。政治学ではなぜ、紛争解決と和解のアプローチを重視するのだろうか。そして、日本に暮らすあなたは、南北コリアの和解をどのように受け入れようとしているのだろうか。

第Ⅱ部　国内社会における紛争と和解

【注】
（1）　緊張感を高めることによって交渉相手に譲歩を求める外交手段。
（2）　真実・和解のための過去史整理委員会「真実和解委員会　総合報告書」2010年。
（3）　韓国法務部「2011年度出入国・外国人政策分野　統計月報」2012年2月。

【参考文献】
ガルトゥング、ヨハン［1991］『構造的暴力と平和』中央大学出版部。
木宮正史［2012］『国際政治のなかの韓国現代史』山川出版。
金敬黙［2012］「北朝鮮問題における市民社会の役割と課題——脱北者問題への多角的な取り組みを事例に」『国際政治』169号、30-44頁。
チョ、フィジェ［2011］『統一教育理論と実際の方法論』ソニ。

第Ⅲ部　国際社会における紛争と和解

第11章
日本の戦後和解と経済協力

林　明仁

　他人に何らかの形で損害を与えた場合、金銭などによって損害の補償を行うことを賠償という。このような賠償は、日々の生活のいたるところで発生している。近年では、福島での原子力発電所の事故の賠償金問題が社会的に注目されたことは記憶に新しい。問題は、このような賠償がはたして加害者と被害者の間の和解につながるのかということである。

　この構造は、戦争後の賠償の問題でも変わらない。第二次世界大戦で日本は敗戦国となりアジア諸国に対して賠償の責任を負うこととなった。サンフランシスコ平和条約（日本と連合国の講和条約）あるいはその後の二国間の協定によって、日本はこれらの諸国に賠償を実施するか、もしくはこれらの国が賠償請求権を放棄するかわりに無償資金協力などの形で経済協力[1]を行うことで賠償に準ずる行為を行ってきた。では、この賠償を含む経済協力は戦後の和解のプロセスのなかでどのような役割を果たしたのだろうか。たとえば、2005年に起こった中国での大規模な反日デモや2011年に大きな問題となった韓国における「慰安婦」の問題をみると日本と中国や韓国との戦後和解のプロセスは未完であるようにみえる。そうであるならば経済協力を通した賠償などの行為は和解のプロセスにおいて不必要な取り組みだったのだろうか。

　本章では、戦後賠償の概念や戦後和解のプロセスとの関係をふまえつつ、和解を目指してアジアの国々に対して日本が行った賠償を含む経済協力の背

景や目的、その役割について考えることとする。

1. 戦後和解プロセスにおける戦後賠償

賠償の形態と課題
賠償の形態

　賠償といったときに一般的に想定されるのは金銭の授受である。しかし、実際にはそれ以外の方法がとられることも多い。とくに日本の戦後賠償では、直接的な金銭の支払いではなく、人を派遣する役務の提供や生産物を提供する形がとられた。これは、巨額の金銭的な支払いを行うことが実体経済を混乱させるという第一次世界大戦のドイツの例から経験的に導かれた結果である。

　日本の場合、第二次世界大戦後に狭義の意味で賠償を行った国は少なく、その数は４カ国のみである。他方で、日本は賠償請求を放棄した他のアジア諸国に対しても賠償のかわりとして同様に役務や生産物の提供を行っている。これらは準賠償と呼ばれ、広義の賠償に位置づけられる。なお、賠償、準賠償などの取り組みを日本政府は、八つの形態に分類している。それらは、①賠償、②中間賠償[2]、③在外財産の放棄[3]、④戦後処理の一環として締結された経済技術協力協定等に基づく経済協力など、⑤捕虜に対する償い、⑥私的請求権問題等の解決のための支払い、⑦戦前債務の支払い、⑧戦後処理の一環として締結された経済開発借款取極等にもとづく借款、となっている。本章ではとくに①の賠償と④の経済協力、すなわち準賠償を取り上げていく。

　また、国家以外の民間のアクターによる補償の取り組みも戦後和解のプロセスにおいては重要である。たとえば、戦時中に何らかの違法行為に加担した企業が、その被害者に対して補償を行うケースが考えられる。また、民間の基金を設立し、基金の運営によって戦争被害者に補償を行っていくこともありうる。日本の戦後和解のプロセスでは、どちらの取り組みも実施された。戦後の和解に至るプロセスのなかで国家はアクターの一つであり、民間が果たす役割も大きい。

未確立な戦後賠償概念

　多くの戦争では終戦後賠償の問題が持ち上がるが、戦後賠償に対する考え方は歴史のなかで変遷を重ねてきており、必ずしも国際法の概念として明示的に確立されているわけではない。たとえば、賠償は、古くは戦勝国が敗戦国から軍費を回収するという考え方にもとづいて行われていた。しかし、第一次世界大戦以降は、敗戦国の武力攻撃により戦勝国とその国民が被った損害に対して補償をするための支払いと理解されるようになっている。

　また、賠償と違法性の関係にも曖昧さが残る。日本の民法の場合、違法行為によって生じた損害の補塡を賠償と呼び、適法な行為によって受ける損害の補塡は補償と呼ばれ区別されてきた。このような考え方から、戦後賠償も違法行為によって生じた損害の補塡と考えられることが多い。しかし、賠償は敗戦国が戦勝国に対して単に損害を補塡するものであり、そこに違法行為があったか否かという点は問われないという考え方もあり、民法と対応しているわけではない。

　このように賠償の概念は必ずしも確立されているわけではなく、そこには曖昧さが残っている。この曖昧さが日本の戦後の賠償に対する日本社会のスタンスを二分してきた。それは、一方では戦争という手段を通じた権力争いに負けた日本は、戦勝国に賠償を行わなければならないとするある種の現実主義にもとづいた考え方であり、もう一方では日本は戦争を起こし罪のない人びとを困難に陥れたことから、これらの人びとに対して謝罪と償いをしなければならないとする道義的な理由にもとづいた考え方である。このような二つの考え方の違いが、アジアの国々に対して日本がどこまで謝罪し賠償するべきかという議論を行う際に判断の違いを生み出していると考えることもできる。

第Ⅲ部　国際社会における紛争と和解

2．日本の戦後処理政策における経済協力

賠償・準賠償の開始と展開
アプローチの多様性

　日本は、第二次世界大戦に関係する賠償の問題をサンフランシスコ平和条約や個別の二国間の取り決めなどによって解決してきた。戦後処理プロセスのなかで日本の賠償の対象となった国・地域は10以上に上る。しかし、戦争終了直後は独立を達成していないなどさまざまな状況の国が存在した。そのため、それぞれの国・地域の状況にあわせて多様なアプローチがとられたことが日本の戦後賠償の特徴である。

　日本の戦後処理の大枠はサンフランシスコ平和条約[4]によって決められた。その第14条で「日本、ならびに日本軍によって占領され、損害を与えられた国に対し、その賠償は日本によって支払われる」と規定され、日本は損害を与えた国に対して賠償を支払うことが明示されている。しかし、このサンフランシスコ平和条約を根拠に賠償が実施されたのはフィリピンとベトナムのみである。他方で、ラオス、カンボジアは会議に参加し条約を批准したが請求権を放棄したため、日本は個別に協定を結び準賠償を実施した。また、インドネシアとビルマは、条約を批准しなかった、あるいは会議に参加しなかったが、個別の賠償協定により賠償が実施された。さらに、シンガポール、マレーシアは当時独立しておらず宗主国のイギリスが請求を行わなかったため、賠償は実施されなかったが、その後の協定により準賠償が実施された。このように、サンフランシスコ平和条約を根拠に賠償を実施した国、個別の協定により賠償を実施した国、請求権を放棄したことから準賠償を実施した国などいくつかのパターンがあることがわかる。

　このようななかで韓国、北朝鮮、台湾については、若干異なった形で賠償の議論が進んだ。韓国、北朝鮮、台湾は戦後、日本より分離した地域とみなされたため、日本との間で戦争を行っておらず賠償問題は発生しないとされたことから、サンフランシスコ平和条約とは別に個別の取り決めにより請求

権の問題が解決されることとなった。結果として韓国とは1965年の日韓請求権・経済協力協定により請求権の問題は解決されたことが確認され、準賠償として5億ドルの経済協力を実施することに合意した[5]。また、北朝鮮については、国交正常化交渉のなかで議論されるべき問題とされたが、現在までのところ具体的な話は進んでいない。さらに、台湾は日華平和条約において同問題を解決することが確認されたが、その後日中国交が回復したため日華平和条約は効力を失うこととなった。

さらに特殊な形をとった国が中国である。日本は、国民党政府の台湾を中国を代表する政府とみなしていたため、現在の中国とは戦後しばらく賠償交渉が行われなかった。しかし、アメリカと中国の関係改善を経て日本も国交正常化に動くなかで賠償問題も扱われ、1972年に出された日中共同声明において中国は賠償放棄の宣言に至った[6]。その後、1979年に日本は約500億円の港湾、鉄道、水力発電などを整備する円借款プロジェクトに合意しODA（政府開発援助）を開始する[7]。この賠償放棄とODAの関係については必ずしも明らかではないものの、当時の関係者はこれらを結びつけて考えていたとされている。

難航した賠償交渉

日本が損害を与えた国に対しては、一部の国を除き最終的に賠償あるいは準賠償を行うことが協定などによって合意されたが、賠償の方法や賠償額に関する交渉は難航した。各国が求める賠償額と日本が提示する賠償額に大きな隔たりがあったからである。たとえば、フィリピンは日本からの巨額の賠償額を主張し、当初は80億ドルの賠償を請求していた。これに対して、日本は支払い能力の限界から極力低い額での交渉妥結を目指しており、金額に隔たりがあった。最終的には、総額5億5000万ドルの賠償を行うことで合意した[8]ものの、交渉の妥結までには6年の時間を要した。このような状況は他の国でも同様であり、請求する国はできるかぎり多額の金額を請求し、日本は可能なかぎり低い金額で合意することを目指していた。

特殊なプロセスを歩んだ例として、シンガポールがある。シンガポールは、

サンフランシスコ平和条約が結ばれた際イギリスの植民地であり、イギリスが賠償請求を行わなかったことからシンガポールの対日賠償請求権は法的に存在しないと理解されてきた。しかし、1962年に日本軍により殺害されたとみられる華僑の遺骨が大量に見つかったことから、虐殺に対する補償を求める血債問題と呼ばれる対日賠償請求の問題が発生した。日本は、これに対してイギリスがすでに賠償請求を放棄していたことから賠償には応じない姿勢を示したが、シンガポールは法的ではなく道義的に考えるべきであると主張し、両者は対立した。その後も、賠償金のかわりに慰謝料を払うという日本の提案をシンガポールが拒否するなど交渉は難航した。最終的に血債問題が浮上した5年後の1967年に日本はシンガポールと協定を結び、準賠償として無償・有償からなる2500万シンガポールドル（約29億円）を供与することで決着をみることとなった[9]。

　戦争終了直後はアジア諸国において反日感情が根強く残っており、フィリピンやシンガポールにかぎらず多くの国でできるだけ多額の賠償金を日本に請求するということがみられた。しかし、最終的に合意された内容をみると賠償金額は抑えられ日本に負担が少ない形で合意形成がなされている。これには大きく分けて二つ背景がある。一つは冷戦構造の深化を背景として、アメリカがアジアにおいて反共産主義の体制を早期に築こうとしたことである。アメリカは反共の主要な国となるべき日本が賠償により経済が困難に陥ることを恐れ、連合国側に対して対日賠償を通して過度な負担を日本に強いないように求めた。もう一つは、アジア諸国の国内的な事情によるものである。戦争終了後、多くのアジアの国々は国内的に不安的な要素を抱えており、経済的な開発を軸にした社会の安定が喫緊の課題となっていた。日本から供与される賠償・準賠償は経済的な開発を進めるうえで貴重な資源であり、交渉を過度に長引かせるよりもある程度のところで妥協することでこれらの資源を早く獲得したいという思惑も働いた。このような背景もあり、賠償の認識をめぐって大きな隔たりがあった日本とアジア諸国の間で賠償内容の合意に至ったのである。

第 11 章　日本の戦後和解と経済協力

アプローチの共通項

　賠償のアプローチは多様であったが、その内容には共通性がみられる。賠償が実施されたフィリピンの例をみると、日本はフィリピンと協定を結んだ 1956 年から 10 年以内に 1980 億円に等しい価値の日本人の役務および日本の生産物をフィリピンに供与することになっている。この役務および生産物はフィリピン政府が要請し、両国が合意するものと記されており、すでに協定の議定書のなかで対象となる農業水産関係の向上や発電所建設などの計画が明記されている。また、準賠償が実施されたラオスの例をみると、1958 年に結ばれた協定では、前文において「ラオスが日本国に対するすべての賠償請求権を放棄した事実を考慮し」と書かれており、ラオスが請求権を放棄したことに対する経済協力であることが明示されている[10]。さらに経済協力の目的として「ラオスの経済開発を援助する」と書かれており、「日本国の生産物並びに日本国の国民及び法人の役務の供与からなる十億円の援助」を無償で 2 年の間に供与することが合意されている。

　これらの賠償、準賠償のアプローチに共通している点は、まず協定を通して供与される役務や生産物によって相手国の被害者に対して直接賠償するものではなく、相手国の開発を通してその国の人びとに裨益するようなアプローチがとられたことである。また、供与される生産物や役務の調達元を日本に限定していることも特徴的である。調達元を日本に限定した結果、賠償・準賠償の枠のなかで日本の製品が輸出され、アジア諸国に広く出回ることになり、輸出が増大した。日本の経済協力は、戦後の賠償という側面をもちつつ、輸出振興を通して貿易赤字に対応し、日本経済の回復をはかるという側面があり、相手国の要求と日本の経済状況の改善を同時にはかる手段であった。

賠償から ODA を通した経済協力へ

　賠償や準賠償が本格化するにしたがい、1950 年代から経済協力の実施体制が徐々に構築されていった。まず、1954 年には専門家などを派遣する技術協力の実施機関として社団法人アジア協会が設立され、翌年には外務省のア

ジア局内に賠償部とアジア経済協力室が設置された。さらに、1961年には円借款の実施機関として海外経済協力基金が発足すると、翌年には外務省に経済協力局が設置され、同年、現在のJICA（国際協力機構）の前身にあたる海外技術協力事業団が創設された。このように経済協力の国内実施体制を強化するなかで、アジア太平洋の開発を担うコロンボプランやOECD（経済協力開発機構）の開発援助委員会への加盟など、開発援助に関する国際社会への参加も進めていった。

　経済協力の実施体制が構築されるにしたがい、アジア地域へのODAも本格化した。多くの賠償あるいは準賠償対象国では、賠償・準賠償の実施中にその形態と内容を受け継ぐ形でODAが並行して開始され拡大されていった。たとえば、インドネシアでは、1958年から12年にわたって合計2億2308万ドル相当の生産物と役務の提供が賠償として供与されることとなっていた[11]。そのようななか、1970年の賠償終了前から本格的にODAが開始されると、1970年には賠償に含まれない有償資金協力だけで単年1億ドル以上の資金が供与される規模となり、その額はじつに賠償の半分に迫るものであった[12]。また、賠償・準賠償の多くがインフラ整備にかかわる案件という傾向は、資金の性格が賠償からODAに変わったあとも引き継がれ、日本のODAはインフラ重視といわれる時代が長く続いた。さらに、賠償、準賠償が実施された国は主にアジア地域が中心だったため、ODAもその流れを引き継いでアジア地域で拡大していった。現在ではイラク戦争やアフリカ重視の流れもあり状況は変わりつつあるが、依然として日本のODAはアジア地域を中心に展開されている。

　このようにみると日本の場合、賠償・準賠償とODAの線引きは曖昧であったといえる。通常、賠償・準賠償とODAは性格が異なるものである。賠償・準賠償は戦勝国と敗戦国との関係性が反映された経済協力の方法である。他方でODAは一義的には途上国の開発に資するための経済協力であり、そこには戦争をめぐる戦勝国と敗戦国の関係性は存在しない。本来であれば賠償や準賠償とODAは異なる理念のもとに実施される経済協力の形であるが、日本の場合ODAは賠償の延長線上に展開されており、特殊な形をとったと

いえる。

3．「未完」の和解プロセス

東南アジアにおける対日感情と経済協力

　日本は、賠償・準賠償を含む経済協力を東南アジア地域で実施したが、戦後しばらくはこの地域においても根強い反日感情が存在した。とくにフィリピンでは、戦時中の日本の行為に対する反発が激しく、反日感情は根深いものがあった。また、親日的な側面があるといわれるインドネシアにおいても、1973年の田中角栄首相のインドネシア訪問時には大規模な反日デモが発生した。このデモについては、複雑な要因により拡大したことが指摘されているが、一つの要因として日本の経済協力により日本製品が大量にインドネシアに流入し対日赤字を増大させたことが挙げられる。これは、経済協力が負の影響を両国間に与えた一つの事例といえよう。しかしながら、近年の東南アジアにおける対日感情は基本的に好意的な方向に推移していると考えられる。たとえば、読売新聞が2006年に実施した調査では、インドネシアやタイ、マレーシアなどの東南アジアの国で「日本との関係が良い」と答えた人が9割を超えた（『読売新聞』2006年9月4日付）。BBCが2012年に実施した調査でも、インドネシアでは約8割の人が日本は世界によい影響を与えていると回答している[13]。

　このような対日感情の変化の要因を日本の経済協力のみから説明することは難しい。しかしながら、賠償、準賠償とそこから発展的に拡大したODAなどの経済協力が、環境問題などへの負の影響を与えつつもインフラなどの経済発展の基盤を整備し、アジア諸国の経済発展を促した一つの要因であることは間違いないであろう。東南アジアの国々では、戦後しばらくは国内の社会経済的な安定が最優先課題であり、そのために日本からの経済協力が活用されたと考えられる。他方で、戦争の記憶の整理は後回しにされ、中国、韓国のように国民の間で戦争の記憶が制度化され内面化されることはまれであった。その結果、反日感情が持続することなく、社会経済状況が安定する

にしたがいむしろより日本の経済的な側面に人びとの関心が集まり、その過程で東南アジアの人びとの日本に対する否定的な感情の大部分が忘却されたと考えることができる。

中国、韓国の反日感情の高まり

　1970年代、80年代を通して日本と韓国、中国は比較的安定した政治的関係を築いてきた。1980年代には教科書問題が発生し、歴史認識をめぐる問題が顕在化したが、各国とも比較的冷静な対応をとり、長期にわたり国家間関係に影響を与えるということはなかった。また、1989年に天安門事件が発生した際に西側諸国が厳しい対応をするなか、日本はいち早くODAの再開に動き対中関係の改善を模索するということがあった。この日本の対応が示すように、経済協力を外交の一つのカードとして国家間関係を安定させるために活用したことは間違いないといえる。ただ、そのことは必ずしも両国内の人びとの対日感情を和らげることを意味してはいなかった。むしろ、国家間の安定を導くことで各国国内に存在する国民の感情を抑えていたともいえる。

　それが、1980年代後半から1990年代に入ると日本と韓国、中国の間で歴史をめぐるさまざまな問題が顕在化しはじめた。「慰安婦」問題、教科書問題、靖国参拝問題、強制連行・労働問題などである。この背景には、日本の政治家による中国、韓国を刺激する言動や新たな歴史教科書を作る運動など日本側からの動きもあった。しかし、構造的には、冷戦が終了することにより、とくに中国においては市民による多様な活動が許容されるようになったという社会の変容と、経済関係の変化がもたらす過去への感情の変化が、反日感情の発露を容易にする要因として指摘されている。とくに後者についていえば、ODAを通した援助－被援助関係から経済関係が相互に依存する形となり、国家間の関係に対する認識が競争的なものに変化したと考えられている。この意味で、経済協力はさまざまな歴史に関する諸問題の顕在化を未然に防ぐ役割があったと考えられる反面、逆に捉えると経済協力は必ずしも過去の問題を解決することはできず、問題を先延ばしにする装置だったともいえる。

　また、韓国、中国では、東南アジア諸国と異なり、教育の過程で日本に対

する記憶の制度化が進められていたことも反日感情の持続に影響を与えていると考えられる。2000年代に入ると大規模な反日デモも起こるようになり、その動きはさらに可視化されてきた。先に挙げたBBCの調査でも日本がよい影響を与えていると答えた人の割合は、韓国で38％、中国で18％にとどまっており、他の東南アジア諸国との違いが浮き彫りになっている[14]。

4．異なる道の模索

「慰安婦」問題、強制労働訴訟問題の浮上

　日本の戦後賠償では国家によるもののほかに民間による補償も実施された。その代表例は、「慰安婦」や強制連行・労働の問題に対する対応である。「慰安婦」の問題は、1980年代から徐々に証言が出はじめ、1991年に韓国において実際に「慰安婦」として拉致されたと主張する人物が名乗り出たことから、メディアなどが取り上げ社会的な問題として注目を集めるようになった。その後、韓国側からはこの問題は日韓請求権・経済協力協定で扱われていないとして、日本に対しこの問題に対する法的責任を認め補償を行うことが繰り返し要求されるようになった。

　また同時期に、強制連行・労働により個人が受けた損失の補償を日本企業に求め、訴訟を起こす動きも中国各地で起こりはじめた。強制連行・労働に関連して最初に起こされた訴訟は、花岡事件（後述）に関するものである。花岡事件の原告側は、当初強制労働を行わせた企業と直接交渉していたが、満足な回答が得られないとして1995年に東京地裁において提訴を行った。その後も、731部隊や遺棄毒ガスに関連する訴訟が相次いで起こされており、その数は60以上に上るといわれている。

民間による賠償問題解決の試み

女性のためのアジア平和国民基金（アジア女性基金）の取り組み

　日本政府として、「慰安婦」問題に対する政策的転換となった出来事は、1993年の河野洋平官房長官談話である。この談話のなかで河野官房長官は、

「慰安婦」問題に対する謝罪を行ったうえで、何らかの対応を行うことを約束した。しかしながら、日本政府は、賠償問題は日韓請求権・経済協力協定のなかで解決済みであり、政府による「慰安婦」に対する直接の補償は行わないという見解を示していた。そこで模索されたのが民間の財団による補償の実施である。民間の財団であれば条約や政府の法的な立場に影響されずに補償を実施できるとの考えから、村山政権下の1995年8月に財団法人「女性のためのアジア平和国民基金（アジア女性基金）」が設立された。アジア女性基金は、事務局運営費を政府が出資金で負担し、補償にあたる「償い金」は国内外からの募金によって負担するという試みだった。アジア女性基金の主な事業は、大きく二つに分けられる。一つは、償い事業として元「慰安婦」に対して1人200万円の償い金を渡し、「道義的責任を痛感」するという内容の内閣総理大臣のお詫びの手紙を渡すこと。二つ目は、ドメスティックバイオレンスの防止など女性の名誉や尊厳を守るための事業であった。また、歴史の教訓とするため歴史的な資料を整える事業も含まれていた。基金は、最終的に集まった7億円の募金と政府の拠出金をもとにフィリピン、韓国、台湾、オランダ、インドネシアなどで事業を行い、285名の元「慰安婦」に対して償い金を支給する償い事業を行うとともに医療・福祉支援事業を行った。しかし、韓国では日本政府としての補償ではないとのことから、ほとんどの元「慰安婦」の人びとは償い金の受け取りを拒否したとみられている。基金は、2007年3月にすべての事業を終えたとして解散した。

花岡事件と裁判を通した和解

　花岡事件は、1945年、当時の秋田県花岡町において鹿島組が中国から強制連行し労働させていた中国人労働者が過酷な労働に耐えかねて起こした暴動に対し、憲兵や警察、市民が弾圧を加え、100人以上が殺害された事件である。この事件を含め、1944年から45年にかけて現場で労働した労働者986名のうち、暴力による虐待や栄養失調で418名が死亡したとされている。

　花岡事件の生存者は1989年に鹿島側と和解のために直接交渉することを要求し、鹿島側もこれに応じて話し合いが始まった。生存者側の要求は、鹿

島側からの謝罪、記念館の設立、被害者への補償の3点であった。この結果、1990年には双方の合意事項を反映した共同発表が行われた。このなかで、鹿島側は、強制連行や強制労働の事実関係を認め、法的な責任はないが企業として道義的な責任があることを明らかにし、謝罪の意を表明したうえで、引き続き話し合いにより問題の解決の道を探るとした。しかし、その後の鹿島側の対応に被害者側が不満をもったことから、被害者側は1995年に日本での裁判に踏み切った。この訴訟に対して、東京地方裁判所は、除斥期間を理由に請求を却下したが、これを不服とした原告側が東京高等裁判所に控訴したところ、裁判所より和解の勧告が出され、両者は和解の道を探ることとなった。この結果、2000年に両者の和解が成立した。そのなかで、両者は1990年の共同発表を再確認するとともに、鹿島側が拠出する5億円の信託金を「花岡平和友好基金」として管理し、被害者の慰霊や遺族の自立などに使うことで合意した。また、この和解では、花岡事件に関するすべての懸案事項が解決されたことも確認された。

この加害者側による謝罪と慰霊碑の建設、および補償金などの支払いなどを中立的な機関に信託したうえで事業を実施するということをセットで行う和解の方式は、戦後の補償を実施していくうえで一つのモデルケースとして理解されている。

民間による補償の限界

他方で、これらの取り組みは民間による補償の限界も明らかにした。たとえば、アジア女性基金の事業に対しては、補償の正統性の問題が提起されてきた。一部の元「慰安婦」らは日本政府が法的な責任を認め日本政府が補償することを求めているが、日本政府は、個人への補償を含め賠償問題はすでに解決済みとの立場をとっている。アジア女性基金は政府が主導して設立されたものではあるが、あくまで民間の財団として運営などを行ってきており、政府が法的責任を認めた結果として事業を行ったわけではない。このため一部の元「慰安婦」にとってその補償は受け入れられないことになる。

また、花岡事件は、民間企業が被害者に対する補償を行う一つのモデルケ

ースとして扱われたこともあり、同様の取り組みによる和解の模索も提案されてきた。しかし、強制連行・労働の問題はその背景を考えると、企業だけが責任を負うべきものではないという問題も提起されてきた。さらに、潜在的な被害者も多いと考えられることから、一企業が経済的に対応できない場合も想定される。そうすると、強制連行・労働の全体的な解決をはかるためには、企業のみではなく政府による何らかの関与も必要になると考えられる。

5．和解における賠償

和解の一手段としての国家間の賠償

　被害者に対する賠償金の支払いあるいはそれに準ずる経済的価値の移転は、あくまで和解を導く一つの手段にすぎない。しかし、多くの場合、和解においてそのような賠償は中心的な要素をなす。とくに日本においては、近隣諸国との和解のプロセスの多くは、国と国との賠償に関連するものであった。そして、その取り組みは日本の国内事情と受取国の国内事情、さらには国際情勢を反映した形で進められ、状況に大きな変更がないかぎりこの方式が効果的に機能してきた。しかし、とくに中国と韓国との関係についていえば、冷戦の終了と相対的な経済的バランスの変化、あるいは「慰安婦」問題の発生など、時代状況の変化とともに国家間の経済的な協力だけではない対応のあり方が求められるようになっていることは明らかである。現在提起されている「慰安婦」問題などの背景には、戦後経済協力の背後に隠れて十分に議論がされてこなかった歴史認識の問題があり、また国家間の問題解決に焦点が当てられたことからその存在が後回しにされた個人への補償問題がある。

賠償請求への対応

　日本政府は、「慰安婦」問題や強制労働問題に関する賠償請求に対し、一貫して賠償問題は個人補償を含めて法的にはすでに解決済みという立場をとっている。一方で、これらの賠償請求では日本が謝罪を行うとともに法的責任を認め、補償を実施することが求められており、両者の主張は平行線をた

どっている。これまで、韓国、中国の被害者は、日本の司法にこの問題を訴え、国の責任を追及してきた。しかし、2007年4月、日本の最高裁判所は、日中共同声明において個人から国に対する賠償請求権はすべて放棄されたという判断を行った。また、韓国の被害者が起こした訴訟においても、たとえば「慰安婦」問題で日本に対して謝罪と賠償を求めた訴訟では、裁判所はその事実認定を行いながら、請求権は消滅したとして最高裁において上告が棄却されている。これらの問題をめぐって個人が国に対して求める補償が司法を通して実現する余地は縮小しているのが現状である。

　実際には、司法の場のみで賠償問題が議論されているわけではなく、立法措置によって解決しようという動きも一部ではみられる。参議院では「慰安婦」問題の解決を目指した議員立法が2000年頃から10度以上提出されており、そのなかでは元「慰安婦」への補償や謝罪といった項目も含まれている。しかし、ほとんどの法案は審議されずに廃案となっており、国会のなかでこの問題の解決に向けた機運は高くない。

　「慰安婦」や強制労働の賠償訴訟問題について、日中共同声明や日韓請求権・経済協力協定などの文言を根拠に法的な視点に立って、これらの問題を解決済みと結論づけることは難しくない。しかし、それによって日本が戦後処理と呼ぶプロセスのなかで十分に取り組んでこなかった歴史認識の問題を解決することはできず、同様の問題が今後も提起されつづける可能性は高い。それが結局のところ、国家間の関係を損ねることは明らかである。また、冷戦終了以後、人権やジェンダーといった問題が国際社会のなかで注目され、その流れのなかで日本政府による「慰安婦」個人への賠償責任の存在を指摘する報告書が国連人権委員会で採択されたり、アメリカ、オランダ、EUなどの議会において日本の対応を批判する決議が採択されていることをふまえれば、日本として「賠償問題は解決済み」との発言を繰り返すこと以上の行動が求められているといえよう。

【注】
（1） 本章では「経済協力」とは賠償、準賠償、技術協力や無償・有償資金協力を通したODA（政府開発援助）を指す。
（2） 日本国内の工場設備などを被賠償国に譲渡するもの。戦後すぐにとられた賠償の形であり、最終的な賠償の確定に至る過渡期の賠償という意味で中間賠償と呼ばれた。この中間賠償により中国などに4万台以上の工場機材が譲渡されている。
（3） 日本政府や企業が日本国外にもっていた財産を当該国に譲渡する形で行われた賠償。たとえば、日本が財産を放棄した結果、中国は日本が有していた鉱業権や鉄道権益を保有することとなった。
（4） 日本に関係する戦後の主要な国際政治の文書については、鹿島平和研究所編『日本外交主要文書・年表』にまとめられている。なお、東京大学東洋文化研究所田中明彦研究室・松田康博研究室が提供するデータベース「世界と日本」にこれらの文書が掲載されている。サンフランシスコ平和条約については、以下を参照のこと。〈http://www.ioc.u-tokyo.ac.jp/~worldjpn/documents/texts/docs/19510908.T1J.html〉（2012年9月30日アクセス）
（5） 韓国との協定については以下のURLを参照のこと。〈http://www.ioc.u-tokyo.ac.jp/~worldjpn/documents/texts/JPKR/19650622.T9J.html〉（2012年9月30日アクセス）
（6） 日中共同声明については以下のURLを参照のこと。〈http://www.ioc.u-tokyo.ac.jp/~worldjpn/documents/texts/docs/19720929.D1J.html〉（2012年9月30日アクセス）
（7） 中国へのODAは、その後も増えつづけ、1980年から2000年までの間に中国の5カ年計画にあわせて四次に渡る円借款を実施し、これまで総額約3兆4000億円のODAを供与している。中国へのODAについては、外務省の国別データブックを参照。〈http://www.mofa.go.jp/mofaj/gaiko/oda/shiryo/kuni/11_databook/pdfs/01-04.pdf〉（2012年9月30日アクセス）
（8） フィリピンとの協定については以下のURLを参照のこと。〈http://www.ioc.u-tokyo.ac.jp/~worldjpn/documents/texts/JPSEA/19560509.T1J.html〉（2012年9月30日アクセス）
（9） シンガポールとの協定については以下のURLを参照のこと。〈http://www.ioc.u-tokyo.ac.jp/~worldjpn/documents/texts/JPSEA/19670921.T3J.html〉（2012年9月30日アクセス）
（10） ラオスとの協定については以下のURLを参照のこと。〈http://www.ioc.u-tokyo.ac.jp/~worldjpn/documents/texts/JPSEA/19581015.T1J.html〉（2012年9月30日アクセス）
（11） インドネシアとの協定については以下のURLを参照のこと。〈http://www.ioc.u-tokyo.ac.jp/~worldjpn/documents/texts/JPSEA/19580120.T2J.html〉（2012年9月30日アクセス）
（12） インドネシアへの援助額の推移については在インドネシア日本大使館のホームページを参照のこと。〈http://www.id.emb-japan.go.jp/oda/jp/index.htm〉（2012年9月30日アクセス）
（13） GlobeScan, "Views of Europe Slide Sharply in Global Poll, While Views of China Improve," 10 May 2012, pp. 10-11. 報告書については以下のURLを参照のこと。〈http://www.globescan.com/images/images/pressreleases/bbc2012_country_ratings/2012_bbc_country%20rating%20final%20080512.pdf〉（2012年9月30日アクセス）
（14） *ibid.*, pp. 10-11.

第 11 章　日本の戦後和解と経済協力

【参考文献】
大沼保昭［2007］『「慰安婦」問題とは何だったのか――メディア・NGO・政府の功罪』〈中公新書〉中央公論新社。
岡田実［2008］『日中関係と ODA――対中 ODA をめぐる政治外交史入門』日本僑報社。
小菅信子［2005］『戦後和解――日本は〈過去〉から解き放たれるのか』〈中公新書〉中央公論新社。
永野慎一郎・近藤正臣編［1999］『日本の戦後賠償――アジア経済協力の出発』勁草書房。
松井謙［1983］『経済協力――問われる日本の経済外交』〈有斐閣選書〉有斐閣。
毛里和子［2006］『日中関係――戦後から新時代へ』〈岩波新書〉岩波書店。
和田春樹・後藤乾一・木畑洋一・山室信一・趙景達・中野聡・川島真［2011］『岩波講座 東アジア近現代通史　第 10 巻　和解と協力の未来へ　1990 年代以降』岩波書店。

第Ⅲ部　国際社会における紛争と和解

第12章
ドイツとイスラエルの「接近と和解」
ルクセンブルク補償協定への道、1949-1953

板橋拓己

　1952年9月、ドイツ連邦共和国（西ドイツ）とイスラエルおよびユダヤ人団体との間で「ルクセンブルク協定」が締結された。これは、ナチスによってユダヤ人に加えられた不法に対する「補償[1]（Wiedergutmachung）」を取り決めたものであり、国際社会への復帰をはかる西ドイツと、建国後の財政的窮乏に悩む「ユダヤ人国家」イスラエルとの間の「和解」の試みであった。この補償協定は、ユダヤ人の体系的殺戮によって失われたドイツの国際的信用を回復するための第一歩を画すと同時に、新生イスラエル国家の基盤確立にも貢献した。本章では、ルクセンブルク補償協定の成立過程を西ドイツ政府側の視点からたどり、いかにしてイスラエルとの「接近と和解」が試みられたかを検討しよう[2]。

1．接　　触

ユダヤ人の補償請求と二つの建国

　ドイツに対するユダヤ人の補償請求は、イスラエル建国以前から存在した。のちに重要となるのは、1945年9月20日にユダヤ機関（Jewish Agency）が（戦勝側の）連合国に提示した覚書である。これは、ドイツは集団としてのユダヤ人に対して殲滅戦争を遂行したのであり、ユダヤ人生存者への補償は当然であると主張するものだった。このとき連合国側は、補償請求権は交戦

国にしかないとしてユダヤ機関の請求を退けている。しかしこの覚書は、ドイツによるユダヤ人迫害とユダヤ国家建設の連関を主張したという点で、のちの西ドイツとイスラエル間の交渉に影響を与えることとなる（Jena［1986］pp. 458-459）。

　イスラエルが独立を宣言したのは 1948 年 5 月だが、51 年末までに約 54 万人のユダヤ人迫害犠牲者がイスラエルに移住した（そのうち 34 万人が建国後の移住者）。彼らの大部分は、当時のドイツ諸州が定めていた「返還法[(3)]」による補償の対象外であり、何らかの補償措置が求められていた。他方、49 年にドイツ連邦共和国が建国された時点では、西ドイツとイスラエルおよびユダヤ人との間に公式な関係を築くことなど考えられなかった。イスラエルにとってドイツは「殺人者の国」であり、反ドイツは国是でもあった（武井［2012］306 頁）。

「接近と和解」への第一歩

　「和解」へ踏み出す契機を作ったのは、西ドイツの指導者たちだった。初代首相コンラート・アデナウアー（キリスト教民主同盟（CDU））は、首相就任後すぐにイスラエルへの接近を試みた。1949 年 11 月 11 日に『在独ユダヤ人一般週刊新聞』の編集長カール・マルクスとのインタビューで、「ドイツ民族」は「犯罪的な体制により自分たちの名においてユダヤ人に加えられた不法（Unrecht）を補償する用意がある」と述べ、「イスラエル国家建設のために 1000 万マルク分の物品を供与する」ことを提案したのである[(4)]。

　また、同 12 月 7 日には大統領テオドール・ホイスが、ヴィースバーデンの「キリスト教＝ユダヤ教協働協会」の集会で、ドイツ人の「集団的恥辱（Kollektivscham）」について演説した。つまり、ドイツ人は「ヒトラーやその一味とともにドイツ人という名前を背負わざるをえないという恥辱」を担わねばならないというのである。これは、ドイツ人の「集団的罪責（Kollektivschuld）」という考えを退けつつも、ユダヤ人に対するナチ体制の犯罪と、それに関するドイツ人の責任を認めたものであった（Heuss［1984］pp. 382-383）。

これらふたりの指導者は、ドイツ人の「集団的罪責」を否定し、むしろドイツ人をナチ体制の被害者と位置づけたとして、後世に批判されがちである。しかし、この時点でドイツ人の責任を認め、ユダヤ人への補償に踏み出そうとした点は評価されてもよい（田村［2011］10-14 頁）。とはいえ、かかるアデナウアーらの動きは、アメリカの高等弁務官マックロイによって促されたものでもあった[5]（Jelinek［2004］pp. 44-46）。

　アデナウアーの申し出に対して、イスラエル政府は直接回答しなかった。一方、世界ユダヤ人会議の欧州局長バロウは、ロンドンのドイツ系ユダヤ人実業家レヴィに、西ドイツ政府との接触を依頼した。1950 年 3 月末、レヴィはアデナウアーの外交顧問ブランケンホルンにバロウの意向を文書で伝えた。それは、アデナウアーやホイスの言動を高く評価しつつも、ユダヤ人とドイツ人の「接近と和解（Annäherung und Aussöhnung）」のためには、さらに二つの条件があるとするものだった。第一の条件は、西ドイツ政府が議会で「ナチ体制下でユダヤ人に加えられた犯罪」を認め、補償を約束する声明を出すこと、そしてその声明が野党も含む圧倒的多数で承認されることであり、第二の条件は、宗教的・人種的な差別を禁じ、厳しく処罰する法律を公布することであった[6]。

アデナウアーの「歴史的演説」

　このレヴィが挙げた条件を、アデナウアーは受諾した。また、1951 年 4 月にはパリでアデナウアーとイスラエル財務相ホロヴィッツの極秘会談が行われた。この会談は、ユダヤ人でドイツ社会民主党（SPD）所属の連邦議会議員アルトマイアーの仲介によって実現したものである[7]。そこでアデナウアーは、あらためてナチ体制下の不法の責任を引き受ける声明の公表を約束した。

　声明文の作成に関しては、ブランケンホルンとバロウの数カ月にわたる奮闘があった（Ramscheid［2006］p. 191）。問題となったのは、「集団的罪責」というテーゼの扱いと、補償上限の有無およびその根拠であった。ブランケンホルンは、イスラエルやユダヤ人との和解が西ドイツの国際社会への復帰に

第12章　ドイツとイスラエルの「接近と和解」

とって不可欠であると考える一方、声明が与野党の政治家や一般のドイツ人にも受け入れられる必要があることも認識していた。

　1951年7月13日、声明の第一草稿が完成した。これは、ドイツ人の「集団的罪責」を否定し、一般のドイツ人とナチ体制を区別するものとなった。また、西ドイツの財政や、ドイツ人の戦争犠牲者・難民・被追放者への補償義務、さらには将来の防衛費との兼ね合いを理由に、補償義務に制限も設けられた。この草稿をめぐって、さらに2カ月以上交渉が行われた。この間ドイツ側は、何とかユダヤ人側にドイツ人の「集団的罪責」という考えを放棄させようとした。また、高等弁務官府もテキストの改訂に関与した[8]。こうして練り上げた声明の文言が、9月26日の閣議で承認された[9]。

　1951年9月27日、アデナウアーは連邦議会で、のちに「歴史的」と形容される演説を行った[10]。西ドイツ首相が、「ドイツ民族の名において」犯された「言語を絶する犯罪」を認め、反ユダヤ主義的扇動に対しては刑事訴追で厳しく闘うという保証と、ユダヤ人に対する「道徳的・物質的な補償」を約束したのである。そして「連邦政府は、ユダヤ人と、故郷を喪失したきわめて多くのユダヤ人難民を受け入れたイスラエル国家の代表とともに、物質的な補償問題を解決に導く用意がある」ことを表明した。争点となった「集団的罪責」については（その語を出さずに）否定されている。また支払い限度の根拠として、将来の防衛費を挙げることは回避された。共産党と極右を除くすべての党派が、この声明を承認した。

　この演説は国際社会からおおむね肯定的な反応を得た。このときアデナウアーが気にかけていたのは西側諸国、とりわけアメリカの世論だったが、『ワシントン・ポスト』は「最良の出来事」と評価し、『ニューヨーク・タイムズ』はドイツの「道徳的な再生の画期」と言祝いだ（Schwartz [1991] p.179）。アデナウアー演説は、ドイツの国際的な信用回復への重要な一歩となった。

イスラエルの覚書と「ユダヤ人対独物的請求会議」の設立

　一方、その半年前の1951年3月12日、財政的に困窮状態にあったイスラエル政府は、米英仏ソの戦勝4カ国に対して、東西両ドイツによる計15億

ドルの補償(西ドイツ10億ドル、東ドイツ5億ドル)を請求する覚書を提示していた。額の算出根拠は、イスラエルに統合した移民が50万人で、移住者1人につき3000ドルの補償が要るというものだった。

ソ連は何も回答しなかった。アメリカは1951年7月に「遺憾ながら、ドイツ連邦共和国政府に対してイスラエルへの賠償支払い義務を課すことはできない[11]」と回答し、西ドイツ政府と直接交渉するようイスラエルに要請した。このとき西側諸国は、イスラエルよりも西ドイツ(の経済再建や再軍備)を優先していたのである(ヴォルフゾーン[1995]43-44頁)。イスラエルは、やむなく「殺人者の国」との直接交渉に踏み出さざるをえなくなった[12]。

イスラエル政府と西ドイツ政府の仲介役となったのは、世界ユダヤ人会議の議長ゴルトマン(ゴールドマン)だった。西ドイツとの交渉を促すゴルトマンに対し、イスラエル首相ベン・グリオンは、1951年3月の覚書を出発点にするという条件で交渉に応じることとした。

さらにゴルトマンは、イスラエル国外のユダヤ人も、相続人を失ったユダヤ人財産への請求権や、移住費用に対する補償請求権をもつと主張した。こうして1951年10月26日、ニューヨークで世界ユダヤ人会議をはじめ計22のユダヤ組織をもとに「ユダヤ人対独物的請求会議(Conference on Jewish Material Claims against Germany)」という上部組織(以下「請求会議」)が設立された。議長にはゴルトマンが選出された。そして請求会議は、イスラエルの覚書を支持するとともに、それとは別に5億ドルを西ドイツに請求した。

「世界史の羽ばたき」

交渉の開始を決定したのは、1951年12月6日にロンドンのクラリッジ・ホテルで行われたアデナウアーとゴルトマンの会談であった。この会談は極秘で行われ(アデナウアーは閣議にも諮らなかった)、ゴルトマンはホテルの裏階段からアデナウアーの部屋を訪ねた。ベン・グリオンはゴルトマンに、前述の10億ドル(約42億マルク)という額を交渉の出発点としてアデナウアーに合意させるよう依頼していた。ゴルトマンはこの会談を「私が経験してきた重要な会談のなかでも、感情的にもっとも厄介で、おそらく政治的にも

第12章　ドイツとイスラエルの「接近と和解」

っとも重要なものだった」とのちに回顧している (Goldmann [1980] p. 382)。

会談でゴルトマンは、ユダヤ人側の要求をひととおり述べたあと、来る西ドイツ＝イスラエル間の交渉には法的な根拠がない（ナチスの犯罪が生じた時点ではイスラエル国家は存在しないから）ゆえに、ユダヤ人側の請求内容と西ドイツの交渉受諾を書面で保証するよう依頼した[13]。この異例の要求に対し、同席していたブランケンホルンは狼狽した。しかし、アデナウアーはこう応じたという。「ゴルトマンさん、私を知っている者は、私が言葉に乏しい男であり、また大袈裟なフレーズを嫌うことを知っています。それゆえ、あなたが話しておられるあいだ、私はこの部屋で世界史の羽ばたきを感じていたとあなたに申し上げても、それは大袈裟に受け取られないでしょう。補償への私の意志は心からのものです。私はそれを巨大な道徳的問題であり、新しいドイツの名誉ある責任であると考えております。……私は、あなたが望む声明の責任を引き受ける用意があります。あなたは、いますぐ隣の部屋で私の秘書にそうした書簡の草稿を書かせ、今日のうちに私から書簡を受け取ることができるでしょう」(Goldmann [1980] pp. 385-386.)。

こうしてゴルトマンは、西ドイツ政府がイスラエルとユダヤ人の代表との補償交渉を受諾するとともに、1951年3月の覚書で提示された10億ドルという請求を交渉の出発点とするという、望みどおりの文書を受け取ることができた（文面は Adenauer [1987] p. 150)。

1952年1月7日、ベン・グリオンはイスラエル議会で、西ドイツ政府が交渉を受諾したことを発表し、交渉開始に賛同するよう請うた。これに対し議事堂前では、ドイツから「Blutgeld（直訳すると「血のカネ」。「近親を殺された代償のカネ」という意)」を受け取ることを断固拒否する右派を中心に1万人以上の激しいデモが組織され、数百人が負傷する事態となった。ベン・グリオンの動議は1月9日に61対50で承認された (Jena [1986] p. 466)。

第Ⅲ部　国際社会における紛争と和解

2．交　渉

交渉準備

　1952年2月、イスラエルとの交渉に入るにあたってアデナウアーは、外務次官ハルシュタインと協議のうえ、フランクフルト大学で民事法を講じていたベーム教授を代表団長に抜擢した[14]。ベームはナチスのユダヤ人政策を批判したため教職を解かれた経験があり、その点で「白」だった（Böhm [1976] pp. 448-449）。また副団長には、バーデン=ヴュルテンベルクの司法省で補償問題に従事していた弁護士のキュスターが任命された。

　交渉準備のための省庁間会議も2月に数回行われた。これには首相府、外務省、財務省、司法省、経済省、ドイツ諸州銀行（ドイツ連邦銀行の前身）の代表が参加した。これらの協議では、何よりも10億ドルという請求額の高さが問題とされた。この点でもっとも強く反対したのが財務省だった。また、対外債務との関係も問題となった。戦前からのドイツの対外債務は160億マルクと見込まれており、その清算については1952年2月28日に始まるロンドン債務会議で、銀行家アプス率いるドイツ代表と関係諸国との間で交渉が行われる予定であった。つまり、ロンドン債務会議と対イスラエル交渉は並行して行われるのであり、ユダヤ人への補償額は、ロンドン債務会議の結果に左右されると考えられた。

　2月26日の閣議でアデナウアーは、3月半ばからブリュッセルでイスラエルとの「きわめて困難かつデリケートな交渉」を開始すること、そしてアメリカもそれを促していることを告げた。その翌日、財務相シェファー（キリスト教社会同盟（CSU））は次官ハルトマンにこう告げている。「私は閣議で交渉自体を断固として拒否した。世界ユダヤ人の途方もなく高い期待を満たすことは不可能だからだ[15]」。交渉にはこぎつけたものの、前途は多難であった。

第12章　ドイツとイスラエルの「接近と和解」

交渉開始

　1952年3月21日にオランダのワセナールで、西ドイツ、イスラエル、請求会議の三者間交渉が始まった。テロを懸念したイスラエル側の要望で、開催地はブリュッセルから変更された。事実、「あるユダヤ人パルチザン組織」が3月27日にアデナウアー暗殺を、31日にドイツ代表団に対する爆弾テロを企てていた（Sietz [2003]）。はじめから予定が狂ったこの交渉は、結局「少なからぬ危機の連続」（Blankenhorn [1980] p.139）となった。

　ユダヤ人側の開会声明で会議は始まった。それは、大戦中のヨーロッパ・ユダヤ人の運命を詳細に述べ、彼らに対する集団的な補償を求めるものだった。また、この補償は決して大量虐殺の償いと混同されてはならない点も強調された。これに対しベームは、アデナウアーの声明にもとづき、ドイツの補償義務を認めた。そして、本交渉とロンドン債務会議との調整の必要を述べ、支払い能力の限度への言及が、決して補償の意志の欠如ではなく、西ドイツ一国ではどうにもならない事情によるものであることに理解を求めた。

　このドイツ側の説明に対し、イスラエル代表は深い失望を表明した。ユダヤ人に対する補償は他のいかなる義務にも優先するのであり、アデナウアーもそれを認めたのではなかったかと。ドイツ代表団は、問題はドイツの支払い能力であり、それはロンドン債務会議の経過に影響を受けざるをえないという立場を繰り返した。

　この最初の重苦しい雰囲気は、イスラエルの交渉団長シナールとキュスターがシュトゥットガルトの同じギムナジウムに通っていたことがわかり、いくぶん緩んだ。他のユダヤ人代表もドイツ出身であった。当初はかたくなにドイツ語で喋ることを拒否していたユダヤ人側の代表も、次第にドイツ語を用いるようになる。

　交渉の中心はイスラエルの請求だった（請求会議は自分たちの要求をひとまず棚上げした）。財政的に窮乏するイスラエルは、できるだけ高額の支払いをできるだけ短期間に受け取ることを目指し、10億ドル（42億マルク）を5年から7年以内に支払うことを要求した。これに対しドイツ代表団は、50万人の移民・難民の総編入コストを45億マルクと算出し、その3分の2、つま

り30億マルクを西ドイツが支払うと主張した。

ベームとキュスターは、この額の承認を本国政府に求めた[16]。これを受け、1952年4月5日にボンで協議が開かれた[17]。参加者はアデナウアー、副首相ブリュヒャー、経済相エアハルト、外務次官ハルシュタインと財務次官ハルトマン、そしてブランケンホルン、アプス、ベーム、キュスターだった。ここでロンドン債務会議の代表団長アプスが、ロンドンの結果を待たずに額を確定することに反対したが、アデナウアーはベームとキュスターの側についた。

こうしてベームらは4月7日にワセナールで、連邦政府が30億マルクを承認したことを報告した。しかし、イスラエル側の反応は「冷淡」だった（Böhm [1976] p.454）。結局、交渉は「ドイツ政府から満足のいく提案」が提示されるまで「中断」することとなった。

紛糾

交渉中断の間、西ドイツ政府内は紛糾した。財務相シェファーは、あくまで対外債務支払と再軍備の優先を主張した。また、自由民主党（FDP）所属の司法相デーラーは、ユダヤ人を優先する補償のやり方に反対した（ヴォルフゾーン［1995］46-47頁）。かかる閣内の反応は、当時の西ドイツ国民の意識を反映したものでもあった。当時の世論調査によると、「ドイツ・ユダヤ人生存者に対する補償」を支持する国民は5割以上いたものの、「30億マルク分の物資という形でのイスラエルへの補償は必要だと思うか」という問いに対しては、支持は11％にすぎず、じつに44％の国民が「不要」と答え、24％が「支持はするが高額すぎる」と答えていた。

ベームとキュスターは、補償への道義的関心を喚起するため、新聞やラジオで積極的に補償問題について発言し、イスラエルの請求に対する共感を公にした。これに怒った財務相は、52年5月7日に2人を激しく叱責した[18]。これによりキュスターは代表団を辞することを決めた。また5月16日の閣議で、ベームは道義的にも政治的にも最低30億マルクは必要だと主張したが、やはりシェファーの強い抵抗にあった。一方アプスが、総額を決めずに暫定

第12章　ドイツとイスラエルの「接近と和解」

措置としてイスラエルにさしあたり毎年1億から1億5000万マルクを提供するという案を提示したが、ベームはイスラエルの財政窮迫に付け込むやり方を断固として拒否し、やはり辞任を告げた[19]。なおアプスの提案は、論外としてイスラエル側にすぐに退けられた（Shinnar [1967] pp. 40-41）。

　1952年5月20日にドイツ代表団の正・副団長の辞任が公になったとき、連邦政府に対する激しい批判が国内外から浴びせられた。このころアデナウアーは、ドイツ条約（西ドイツが主権を回復するための条約）と欧州防衛共同体（EDC）交渉に「時間を奪われていた」ため、対イスラエル交渉はおろそかになっていた[20]。しかし、国際世論と野党の圧力から、アデナウアーも積極的に動かざるをえなくなる。まず外国紙が、連邦政府の補償政策を厳しく非難していた。あるオランダの新聞は、ベームの辞任について「ドイツの恥」という見出しで報じた[21]。また、SPDのカルロ・シュミットを委員長とする連邦議会の外務委員会が、イスラエルとユダヤ人の補償請求は道義的な理由から対外債務に優先するという決議を5月10日に採択した（Schmid [2008] pp. 510-513）。その同日にSPD党首シューマッハーが、ロンドンとワセナールの交渉を切り離すべきであるとアデナウアーに書簡を送っていた[22]。さらに5月19日には、前述のアプス提案に怒ったゴルトマンから、交渉の道義的意義を強調され、速やかな交渉再開を求められた[23]（警告のためゴルトマンは書簡の写しをマックロイにも送付した）。アデナウアーは、「世界から連邦共和国が反ユダヤ主義的であるという評判を立てられる危険は近い[24]」と認識し、以後対イスラエル交渉を先導するようになる。

アデナウアーのイニシアティブと交渉再開

　まずアデナウアーは、ベームを呼び、辞任を撤回して、解決案を提示するよう促した。ベームはこれに応じ、30億マルクの物資を8年から12年年賦で支払うことを提案した。アデナウアーはこれに同意し、ベームにすぐパリへ行き、そこでゴルトマンと相談するよう手配した。ゴルトマンはこの案に同意するとともに、請求会議への補償額を5億マルクに減額（当初の請求の4分の1以下）し、さらにイスラエルと請求会議の請求を共同で扱うよう提

案した（Adenauer［1966］pp. 147-151；Böhm［1976］pp. 460-461）。

　こうして合意への道が開けてきた。1952年6月10日にボンで、アデナウアー、ベーム、ハルシュタイン、ゴルトマン、シナールらの間で協議が行われ、ベームとゴルトマンによって練られたドイツ側提案（14年以内に34～35億マルクを支払う）がおおむね合意された。さらにこの合意内容は、ロンドン債務会議の経緯に左右されないとされた[25]。

　6月17日の閣議でアデナウアーがこの案を議決しようとしたとき、やはりシェファーの抵抗にあった。しかし、アデナウアーの決意は固かった。このままでは西ドイツが「西側世界全体」から政治的・道義的に孤立してしまう。それゆえ、「イスラエルと合意に達するためには、かなりの財政的犠牲も甘受せねばならない」と力説した。閣議は本提案を多数決で承認した[26]。

　こうして1952年6月24日、ワセナール交渉が再開した。締結すべき補償協定の草案は、上述のドイツ側提案を土台に審議された。そして補償限度などをめぐって、さらに2カ月交渉が続けられた。この間、ドイツ財務省は抵抗を続けた。また副首相ブリュヒャーのように、アラブ諸国との関係悪化への懸念から、補償に反対する閣僚もいた（Lenz［1989］p. 420）。そのつどアデナウアーは、補償の政治的・道義的意義を強調せねばならなかった[27]。他方、アメリカも交渉妥結を促した。高等弁務官マックロイは、交渉が挫折した場合、「ドイツの将来と国際的立場」が危うくなるとアデナウアーに述べている（Schwartz［1991］p. 183）。

　協定草案は1952年8月末に仕上げられ、9月8日に閣議で承認された[28]。最後まで反対を貫いたのは、シェファーと労相のシュトルヒだった。

3．調印・批准・履行

　1952年9月10日、ルクセンブルクの市庁舎で、西ドイツ＝イスラエル間の補償協定と、西ドイツ＝ユダヤ人対独請求会議間の「議定書」が調印された。これらがまとめて「ルクセンブルク補償協定」と呼ばれることになる。西ドイツの代表はアデナウアー、イスラエルの代表は外相シャレット、請求

第 12 章　ドイツとイスラエルの「接近と和解」

会議の代表はゴルトマンだった。西ドイツのイスラエルへの補償額は全体で30億マルク、12～14年間にわたって、毎年最低2億5000万マルクを物資で支払うことが合意された[29]（結局66年3月まで滞りなく履行された）。また議定書は、西ドイツが連邦レベルでナチス迫害犠牲者への補償法を制定することを求めるとともに[30]、請求会議への4億5000万マルクの支払いを定めていた。

　協定をめぐる争いはこれで終わらなかった。ルクセンブルク協定によって中東の経済的・軍事的均衡が崩れると考えたアラブ諸国の介入が激化したからである。1952年11月12日にアラブ連盟は、もし西ドイツが協定を批准すれば、経済的ボイコットに踏み切ると脅迫した[31]（Lenz [1989] pp. 466-467）。西ドイツは、一時的にアラブ諸国との関係悪化を甘受せねばならなかったのである。

　また、補償協定の連邦議会での批准（1953年3月18日）も難しかった。シェファーやCSU党首のシュトラウスらが反対に回り、与党から多数の欠席者・反対者を出した。しかし、野党SPDの全員が賛成に回り、批准に成功した。賛成238票のうち125がSPD票であり、連立与党側の票は106にすぎなかった。反対34票のうちの15票、そして保留86票のうち68票が与党の票だった（連邦参議院での批准は3月20日）。

　こうして交渉開始からちょうど1年後の1953年3月21日に、補償協定が公布された[32]。イスラエル政府は53年3月22日に批准した。

　補償協定にもとづき、イスラエルはドイツから原料、鉄鋼、機械、船舶などを年間2億5000万から3億マルク分買いつけた。これは当時のイスラエルの総輸入の2割から3割に相当する。こうした物資によって、イスラエル国内の道路・鉄道網、電気・通信網、灌漑設備などのインフラが整備された。協定では軍需品の購入は禁止されたが、輸入した鉄鋼や機械を加工して軍事目的に利用することは可能だった。さらにイスラエルは、補償金の約3割を軍事にも不可欠な石油の輸入に充てた。ルクセンブルク協定による補償物資は、軍事も含むイスラエルの国家基盤の確立に大きく貢献したのである（武井 [2005] 115-116頁；武井 [2012] 307頁）。

4．協定成立の要因

　西ドイツの指導者たちは、イスラエルとの補償交渉に「新生ドイツ国家が世界において信用と名声と信頼を取り戻すことができるか」（Blankenhorn [1980] p. 138）がかかっていると理解していた。とりわけ、協定成立にあたって首相アデナウアーが果たした役割は比類ないものだった。ドイツを国際社会に復帰させ、「西側世界」に結びつけるという彼の外交政策の大原則の延長線上に、対イスラエル政策も位置していたといえる。

　とはいえ、国際政治的な配慮のみがアデナウアーを動かしたわけではない。やはり、彼なりのユダヤ人への共感と贖罪意識も働いていたことを見逃すべきではないだろう。アデナウアーは、ケルン市長時代（1917～33年）から「ユダヤ人びいき」として知られ、ナチスの反ユダヤ主義を無教養で野蛮なものとして毛嫌いしていた（Schwarz [1986] p. 897）。また、1933年にナチスによって市長職を追われ、住居と銀行口座が差し押さえられたとき、窮地を救ったのはベルギーの工業家でユダヤ人のハイネマンであり、アデナウアーはこの恩を生涯忘れなかった。終戦後に再びケルン市長となったアデナウアーは、強制収容所の生存者を帰還させるため、市のバスをブーヘンヴァルト、ダッハウ、テレージエンシュタットに派遣したが（Adenauer [1965] p. 25）、これはあまり類例のない英断であった。かかる人物が西ドイツの指導者だったことは、補償協定の成立に重要であった。

　加えて本章では、国内外の「圧力」が西ドイツ政府を補償へ促したことを指摘した。第一に重要なのが、国際社会、とりわけアメリカの存在である。要所でのマックロイの動きをみると、「補償はアメリカの圧力なしで行われた」（ヴォルフゾーン [1995] 42頁）とまで言い切るのはためらわれる。またアデナウアーたちは、「アメリカの意向」や「アメリカの世論」というカードを、補償反対派を黙らせる手段として用いることができたのである（Schwartz [1991] p. 178）。第二に、ユダヤ人の補償に関しては野党SPDの尽力がきわめて重要であった（石田 [2002] 126-130頁も参照）。結局ルクセンブ

第 12 章　ドイツとイスラエルの「接近と和解」

ルク協定に関しては、批准までのすべての段階で、SPD は天敵であるアデナウアーを支えつづけたのである。

　1953 年 2 月にロンドン債務協定の調印も済ませた西ドイツは、第三帝国の継承者として、その後「過去の克服」に取り組んでいくことになる。これまでアデナウアー時代については、「過去の克服」の不十分さばかりが指摘されがちであった（またそれは十分理由のあることである）。しかし、イスラエルとの「和解」に着手し、ナチス迫害犠牲者に対するその後の補償への道を拓いたのもこの時代であったことは、あらためて見直されてもよいだろう。

　ところで、前述のように軍事も含むイスラエルの国家基盤は西ドイツの補償によって整えられたのだが、さらにアデナウアー政権は、1957 年から国交不在の状態で（というよりその埋め合わせとして）イスラエルへの軍事支援を極秘で進めた（アデナウアー退任後の 64 年に暴露される）。西ドイツとの「接近と和解」によって、イスラエルは中東紛争を生き延びることができたともいえるのである。ここに国際関係における「和解」と「紛争」の連鎖を見て取るのは容易だが、それについて論じることは本章の射程を大きく超えよう。

【注】
（1）　本章は、本書第 11 章の林論文と同様に、第二次世界大戦の敗戦国の戦後補償を対象としたものである。しかし、ここで注意したいのは、戦後（西）ドイツのイスラエルおよびユダヤ人に対する補償は、戦争の被害に対する「賠償（Reparation）」ではなく、「ナチスの不法に対する補償」という戦後ドイツ固有の「補償（Wiedergutmachung）」概念にもとづいて行われたということである（「補償」を意味するドイツ語としては Wiedergutmachung のほかに Entschädigung があるが、後者が損害や損失の補償・補塡をもっぱら意味するのに対し、前者はそれに加えて不正や罪の償いという意味も含んでいる）。紙幅の都合上詳しくは立ち入れないが、旧敵国との平和条約を締結していない分断国家西ドイツの戦後補償は、占領を終結するために 1952 年に英米仏と結んだ「戦争および占領から発生する問題の解決に関する条約」（通称「移行条約」）および 1953 年の「ロンドン債務協定」（後述）により、戦争に対する「賠償」問題を将来の平和条約締結まで棚上げにしたまま、「ナチスの不法」に対する「補償」を義務づけられるという枠組みに定まっていく。この点でドイツの事例は、サンフランシスコ平和条約で「賠償」義務を承認した日本の事例とは出発点を異にするのである。ともあれ、本章が対象とする 1949 年から 53 年にかけての西ドイツとイスラエルおよびユダヤ人団体との「和解」のプロセスは、かかる戦後ドイツの「補償」枠組みの形成と並行して進められたものであったことに留意されたい。ドイツの「補償」（および「賠償」）概念の整理とし

第Ⅲ部　国際社会における紛争と和解

ては、山田［1996］8-14 頁；矢野［2006］；ゴシュラー［2011］を参照。
（ 2 ）　ドイツ連邦共和国の対イスラエル・中東政策に関する現時点での最良の通史は Weingardt［2002］だろう。アデナウアー時代のドイツ＝イスラエル関係については Jelinek［2004］と Hansen［2004］の二つの浩瀚な研究がある。本章が扱うルクセンブルク協定の成立過程に関する標準的文献としては、Jena［1986］と Krekel［1996］が挙げられる。本章で資料として重点的に使用したのは、ドイツ連邦政府閣議議事録（*Kabinettsprotokolle der Bundesregierung*）、ドイツ外交文書史料集（*AAPD*）、アデナウアーの回顧録・談話・書簡（Adenauer［1966］；Adenauer［1984］；Adenauer［1987］）、補償交渉時の外務省政治局長ブランケンホルンや首相府次官レンツの日記（Blankenhorn［1980］；Lenz［1989］）、交渉当事者たちの回顧（Böhm［1976］；Goldmann［1980］；Shinnar［1967］）、そして Jelinek が編纂したドイツ＝イスラエル関係史料集 *Zwischen Moral und Realpolitik*（以下 *ZMuR* と略）などである。他の資料については文献表を参照されたい。

　　なお本章の目的は、ルクセンブルク協定に至る政治過程を西ドイツ側の視点から明らかにするというきわめて限定的なものであり、補償自体に対する（法的、経済的、道徳的）評価にまでは踏み込まない。ドイツの戦後補償や「過去の克服」に関しては、日本との比較という動機もあり、邦語でも多くの優れた成果を読むことができるので、そちらを参照されたい。さしあたり「過去の克服」全般については石田［2002］、日独比較については粟屋ほか［1994］や佐藤／フライ編［2011］が出発点として信頼できる文献である。
（ 3 ）　1953 年 9 月に「ナチス迫害犠牲者の補償のための連邦補充法」が成立するまでは、占領期に公布された個別の返還法にもとづき、個々の州が補償に対応していたが、手段も補償請求権の範囲も不十分なものにとどまっていた。詳細は山田［1996］14-16 頁。
（ 4 ）　*Allgemeine Wochenzeitung der Juden in Deutschland*, 4. Jg., Nr. 33 vom 25. November 1949, in: *Dokumente zur Deutschlandpolitik* II/2（1949）, Nr. 96, S. 293-296.
（ 5 ）　アデナウアー内閣が成立した翌日の 1949 年 9 月 21 日に占領規約が発効し、高等弁務官府が発足した。西ドイツはいまだ主権国家ではなく、軍事的・外交的権限、そして最終的な警察権はこの高等弁務官に留保されていた。さらに高等弁務官府は、議会が制定した法律や基本法改正に対する拒否権発動も可能であった。
（ 6 ）　Aufzeichnung des Gesandtschaftsrats II. Klasse a. D. von Marchtaler, 31. 3. 1950, in: *AAPD* 1949/50, Dok. 47, S. 120-122.
（ 7 ）　Vgl. *ZMuR*, Nr. 13 und 14, S. 152-156.
（ 8 ）　Erklärung der Bundesregierung（Entwurf）, 25. 8. 1951, in: *AAPD* 1951, Dok. 145, S. 469-472.
（ 9 ）　175. Kabinettssitzung am 26. Sept. 1951 TOP A, in: *Kabinettsprotokolle der Bundesregierung*, Bd. 4, S. 662.
（10）　*Verhandlungen des Deutschen Bundestages, 1. Wahlperiode, Stenographische Berichte*, 165. Sitzung, Bd. 9, Bonn, 1951, S. 6697-6698.
（11）　The Secretary of State to the Ambassador of Israel（Eban）[5. 7. 1951], in: *FRUS 1951. Vol. V*, p. 750.
（12）　Cf. Memorandum of Conversation, 30. 11. 1951, in: *FRUS 1951. Vol. V*, pp. 948-950.
（13）　Aufzeichnung zu einer Besprechung zwischen Bundeskanzler Konrad Adenauer und Dr. Nahum Goldmann, 6. 12. 1951, in: *ZMuR*, Nr. 24, S. 177.
（14）　Vgl. 204. Kabinettssitzung am 26. Febr. 1952 TOP B, in: *Kabinettsprotokolle der*

Bundesregierung, Bd. 5, S. 132-133.
（15） Ebd., S. 133, Anm. 45. Vgl. An den Bundesminister der Finanzen, Bonn, 29. Februar 1952, in: Adenauer [1987], pp. 184-185.
（16） Aufzeichnung des Delegationsleiters Böhm und des Stellvertretenden Delegationsleiters Küster, 1. 4. 1952, in: *AAPD* 1952, Dok. 92, S. 247-253.
（17） Besprechung unter Vorsitz des Bundeskanzlers Adenauer, 5. 4. 1952, in: *AAPD* 1952, Dok. 95, S. 261-267.
（18） Vgl. Delegationsleiter Böhm, z. Z. Frankfurt/Main, an Ministerialdirektor Blankenhorn, 8. 5. 1952, in: *AAPD* 1952, Dok. 127, S. 352-357.
（19） 220. Kabinettssitzung am 16. Mai 1952 TOP 1 u. 2, in: *Kabinettsprotokolle der Bundesregierung*, Bd. 5, S. 327-330.
（20） An Dr. Nahum Goldmann, New York, 3. Mai 1952, in: Adenauer [1987] p. 211.
（21） Sondersitzung am 20. Mai 1952 TOP 2, in: *Kabinettsprotokolle der Bundesregierung*, Bd. 5, S. 348, Anm. 13.
（22） SPD-Vorsitzender Schumacher an Bundeskanzler Adenauer, 10. 5. 1952, in: *AAPD* 1952, Dok. 131, S. 363-364.
（23） なお、アデナウアーは回顧録で「アプスの提案には関知していなかった」と述べているが（Adenauer [1966] p. 147)、前掲の5月16日の閣議議事録でも確認できるように、これは虚偽である。この点は多くの研究が指摘している（e. g. Hansen [2004] p. 217)。
（24） Sondersitzung am 20. Mai 1952 TOP 2, in: *Kabinettsprotokolle der Bundesregierung*, Bd. 5, S. 348.
（25） Niederschrift einer Besprechung zwischen Goldmann, Shinnar, Hallstein, Böhm, Frowein und Abs, 10. 6. 1952, in: *ZMuR*, Nr. 37, S. 200-201.
（26） 228. Kabinettssitzung am 17. Juni 1952 TOP C, in: *Kabinettsprotokolle der Bundesregierung*, Bd. 5, S. 394-398. Vgl. auch: Aufzeichnung einer Aussprache von Bundesfinanzminister Fritz Schäffer mit Staatssekretär Walter Hallstein, 16. 6. 1952, in: *ZMuR*, Nr. 38, S. 202.
（27） E. g. 235. Kabinettssitzung am 15. Juli 1952 TOP 3, in: *Kabinettsprotokolle der Bundesregierung*, Bd. 5, S. 456-458.
（28） 245. Kabinettssitzung am 8. September 1952 TOP 1 u. 2, in: *Kabinettsprotokolle der Bundesregierung*, Bd. 5, S. 549-558.
（29） なお、前述のようにイスラエルは東ドイツに対して5億ドルを請求していたが、東ドイツは、第三帝国の継承国は西ドイツであるとして補償を拒否した。その後の展開については、石田 [2002] 255-257、261-262頁を参照。
（30） この「第一議定書」にもとづき1953年に「連邦補充法」が公布され、さらに56年には「ナチス迫害犠牲者に対する連邦補償法」が成立した。連邦補償法の意義については、石田 [2002] 130-134頁；武井 [2005] 118-120頁を参照。
（31） Vgl. auch: 258. Kabinettssitzung am 14. November 1952 TOP A, in: *Kabinettsprotokolle der Bundesregierung*, Bd. 5, S. 689.
（32） Bundesgesetzblatt Teil II, Nr. 5 vom 21. 3. 1953, S. 35-97.

【参照文献】
〈政府関係資料・一般資料集〉
Akten zur Auswärtigen Politik der Bundesrepublik Deutschland, hg. im Auftrag des

Auswärtigen Amts vom Institut für Zeitgeschichte, 1949/50; 1951; 1952; 1953（2 Bde.）, R. Oldenbourg, 1997-2001.［*AAPD* と略］

Dokumente zur Deutschlandpolitik, hg. vom Bundesministerium des Innern unter Mitwirkung des Bundesarchivs, II. Reihe/Bd. 2 （1949）, bearb. von Hanns Jürgen Küsters, R. Oldenbourg, 1996.

Foreign Relations of the United States ［*FRUS*］, *1951．Volume V: The Near East and Africa*, U. S. Government Printing Office, 1982.

Die Kabinettsprotokolle der Bundesregierung, hg. für das Bundesarchiv von Hans Booms, Bd. 2. 1950; Bd. 4. 1951; Bd. 5. 1952, Harald Boldt, 1984-1989.

Verhandlungen des Deutschen Bundestages, 1. Wahlperiode, Stenographische Berichte, Bd. 9, Bonn, 1951.

Zwischen Moral und Realpolitik．Deutsch-israelische Beziehungen 1945-1965．Eine Dokumentensammlung, hg. von Yeshayahu A. Jelinek, Bleicher Verlag, 1997.［*ZMuR* と略］

〈日記・回顧録・演説集など〉

Adenauer, Konrad［1965］*Erinnerungen 1945-1953*, Deutsche Verlags-Anstalt.（佐瀬昌盛訳『アデナウアー回顧録』Ⅰ・Ⅱ、河出書房、1968 年）

――――［1966］*Erinnerungen 1953-1955*, Deutsche Verlags-Anstalt, bes. S. 132-162.

――――［1984］*Teegespräche 1950-1954*, bearb. von Hanns Jürgen Küsters, Siedler.

――――［1987］*Briefe 1951-1953*, bearb. von Hans Peter Mensing, Siedler.

Blankenhorn, Herbert［1980］*Verständnis und Verständigung．Blätter eines politischen Tagebuchs 1949 bis 1979*, Propyläen, bes. S. 138-142.

Böhm, Franz［1976］"Das deutsch-israelische Abkommen 1952," in: Dieter Blumenwitz et al. （Hg.）, *Konrad Adenauer und seine Zeit. Politik und Persönlichkeit des ersten Bundeskanzlers*, Bd. 1: Beiträge von Weg- und Zeitgenossen, Deutsche Verlags-Anstalt, S. 437-465.

Goldmann, Nahum［1980］*Mein Leben als deutscher Jude*, Langen Müller.

Heuss, Theodor［1984］*Politiker und Publizist．Aufsätze und Reden*, ausgewählt und kommentiert von Martin Vogt, Wunderlich.

Lenz, Otto［1989］*Im Zentrum der Macht．Das Tagebuch von Staatssekretär Lenz 1951-1953*, bearb. von Klaus Gotto, Hans-Otto Kleinmann und Reinhard Schreiner, Droste.

Schmid, Carlo［2008］*Erinnerungen*, 2. Aufl., S. Hirzel（zuerst 1979）.

Shinnar, Felix E.［1967］*Bericht eines Beauftragten．Die deutsch-israelischen Beziehungen 1951-1966*, mit einem Vorwort von David Ben Gurion und Konrad Adenauer, Wunderlich.

〈研究文献〉

Feldman, Lily Gardner［2012］*Germany's Foreign Policy of Reconciliation: From Enmity to Amity*, Rowman & Littlefield, esp. Ch. 4.

Hansen, Niels［2004］*Aus dem Schatten der Katastrophe．Die deutsch-israelischen Beziehungen in der Ära Konrad Adenauer und David Ben Gurion*, 2. Aufl., Droste（zuerst 2002）.

Jelinek, Yeshayahu A.［2004］*Deutschland und Israel 1945-1965．Ein neurotisches*

  Verhältnis, R. Oldenbourg.
Jena, Kai von [1986] "Versöhnung mit Israel? Die deutsch-israelischen Verhandlungen bis zum Wiedergutmachungsabkommen von 1952," *Vierteljahrshefte für Zeitgeschichte*, 34. Jg., Heft 4, S. 457-480.
Köhler, Henning [1994] *Adenauer. Eine politische Biographie*, Propyläen, bes. S. 698-722.
Krekel, Michael W. [1996] *Wiedergutmachung. Das Luxemburger Abkommen vom 10. September 1952*, Stiftung Bundeskanzler-Adenauer-Haus（Rhöndorfer Hefte: Bd. 1）.
Küsters, Hanns Jürgen (Hg.) [2004] *Adenauer, Israel und das Judentum*, Bouvier (Rhöndorfer Gespräche: Bd. 20).
Raider, Mark A. (ed.) [2009] *Nahum Goldmann: Statesman without a State*, State University of New York Press.
Ramscheid, Birgit [2006] *Herbert Blankenhorn（1904-1991）. Adenauers außenpolitischer Berater*, Droste, bes. S. 189-204.
Schwartz, Thomas A. [1991] *America's Germany: John J. McCloy and the Federal Republic of Germany*, Harvard University Press, esp. pp. 175-184.
Schwarz, Hans-Peter [1986] *Adenauer. Der Aufstieg: 1876-1952*, Deutsche Verlags-Anstalt.
Sietz, Henning [2003] *Attentat auf Adenauer. Die geheime Geschichte eines politischen Anschlags*, Siedler.
Weingardt, Markus A. [2002] *Deutsche Israel- und Nahostpolitik. Die Geschichte einer Gratwanderung seit 1949*, Campus Verlag, bes. S. 61-179.

粟屋憲太郎・田中宏・三島憲一・広渡清吾・望田幸男・山口定［1994］『戦争責任・戦後責任——日本とドイツはどう違うか』〈朝日選書〉朝日新聞出版。
石田勇治［2002］『過去の克服——ヒトラー後のドイツ』白水社。
ヴォルフゾーン、ミヒャエル［1995］『ホロコーストの罪と罰——ドイツ・イスラエル関係史』雪山伸一訳、〈講談社現代新書〉講談社。
ゴシュラー、コンスタンティン［2011］「第二次世界大戦後のヨーロッパの協調において補償が果たした役割」武井彩佳訳、佐藤健生／ノベルト・フライ編『過ぎ去らぬ過去との取り組み——日本とドイツ』岩波書店、3-27頁。
佐藤健生／ノルベルト・フライ編［2011］『過ぎ去らぬ過去との取り組み——日本とドイツ』岩波書店。
武井彩佳［2005］『戦後ドイツのユダヤ人』白水社。
———［2008］『ユダヤ人財産はだれのものか——ホロコーストからパレスチナ問題へ』白水社。
———［2012］「微妙なドイツとの関係——「殺人者の国」からパートナーへ」立山良司編『イスラエルを知るための60章』明石書店、306-310頁。
田村円［2011］「ナチズム体制崩壊後の「ドイツ＝ユダヤ関係」の展開1945-1953」日独共同大学院プログラム（東京大学＝ハレ大学）ワーキングペーパーシリーズ、第5号。
矢野久［2006］「賠償と補償」『20世紀の中のアジア・太平洋戦争』〈岩波講座 アジア・太平洋戦争8〉岩波書店、177-203頁。
山田敏之［1996］「ドイツの補償制度」国立国会図書館調査立法考査局『外国の立法』34巻3・4号（特集「戦後補償」）、8-54頁。

第13章
国際社会における法の支配と和解

小松﨑利明

　本章では、国際社会における和解を考える。ここでの国際社会とは国家間関係だけを指すわけではない。冷戦後の世界では、経済のみならず政治や安全保障の領域においても、国境や国家主権といった人びとを隔てる壁の意義が相対的に低下し、かつては国内問題として他国による干渉が避けられた事柄が世界全体の問題として認識される傾向にある。したがって、国際社会という言葉は、国家という枠に限定されない人びとの関係を表すものとして用いられる。そこで冷戦構造にかわる新たな秩序原理として位置づけられているのが「法の支配」である。たとえば、世界銀行や国際通貨基金（IMF）からの支援を受けるために国内で「法の支配」が確立していることが条件とされるなど、多くの政策領域においてこの原理が重視されており、国際社会の「司法化（judicialization）」や「法化（legalization）」と呼ばれる現象が起きている[1]。それは、紛争解決・平和構築の領域においても同様であり、国内の法整備や制度構築[2]、また関係者の刑事処罰の問題として提起される。それと同時に、武力紛争や人権侵害によって荒廃した社会において、人びとの間の復讐の連鎖を断ち切り、新たな関係を築くにはどうすればよいかという問題、より積極的にいえば、紛争後社会にいかに和解をもたらすかといった問題への取り組みも、1990年代後半以降世界各地で行われてきた。本章では、武力紛争や大規模な殺戮をともなう政治的対立を経験した社会に和解をもたらすために、国際社会は何ができるのか、何をするべきなのかについて、法

の果たす役割の意義と限界という視点から考える。

1．国際社会と法の支配

法の支配原理
法と政治との関係

　伝統的に国家の統治原理には、「法の支配」と「人の支配」の2種類があると考えられてきた。法の支配（rule of law）は多義的かつ論争的な概念であり、時代によりまた論者によりその意味する内容は異なるが、一般的には人の支配（rule of man）と対置され、公権力は統治者の恣意的な意思によってではなく法にしたがって行使されなければならないことを指す。さらにそれは、単に「法にのっとって」権力を行使するにとどまらず、その「法」が正義——人びととの間で合意される一定の正しさ——を反映しているということが前提とされる[3]。つまり、法が「政治権力の上位規範」（川出・山岡［2012］36頁）として機能することを要求する原理である[4]。ここから、法は政治権力からの干渉を受けてはならず、権力行使から自由でなければならないとする考え方が生まれてくる。そのような立場からすれば、法の目的たる画一性や安定性を危うくするような〈政治性〉の要素は法の領域から排除されるべきであるということになる。

　しかし、いたずらに〈政治性〉を排除する態度は、時に法が社会において果たす役割を矮小化してしまうことにもつながり、これまで多くの批判が提起されてきた。その代表的論者が、ジュディス・N・シュクラーである。彼女は、法を政治的営みから切り離された自己完結的で中立的なものであるとする伝統的法理論を批判し、政治過程における一つの価値として法が一定の役割を果たしているという事実に注目する（Shklar［1964］pp. 2-28, 邦訳3-41頁）。そうであるならば、問題は、ある法規範がその法体系のよって立つ社会の成員に正統なものとして受容されているかどうか、つまり、法規範が社会的妥当性をもち、それにのっとって行われる政治が正統性を有するかどうかである。言い換えれば、法が〈政治を規制し指導する原理〉（川出・山岡

235

[2012] 25頁）として社会に受容されているか否かが問題となる。国際社会においてそうした役割を果たすことが求められているのが国際法と呼ばれる一群の法規範である。

国際社会における法の支配

　国際法は、第一義的には主権国家（およびその集合体である国際機構）の関係に適用される法であり、主として条約と慣習国際法によって構成される。条約は、「国際法主体の間において文書の形式により締結され、国際法によって規律される国際的な合意[5]」を指し、他方慣習国際法は、国家の一般慣行から歴史的に形成されてきた規範のうち、国際法主体（つまり国家）によって法的義務として認識されているものを指す。近年では、こうした二つの伝統的類型にあてはまらない国際機構の決議などにも国際法としての効力を認めようという見解もある。このようにして形成された国際法体系が国際社会においては共通の規範として機能する。

　では、国際法は国家主権の上位規範・指導原理として機能しているのだろうか。結論からいえば、国際法はすべての主権国家に対する一般的な適用性を有しておらず、その規範としての強さには限界がある。たとえば、特定の条約に加入するか否か、つまりある一定の国際法規範に服するか否かの判断は、もっぱら主権国家の自由に属する事項である。したがって、国際関係における法の支配が行われるかどうかは、国家の意思いかんにかかっている。とりわけ強大な国家に対しては、法が上位規範・指導原理として働く保証はない。そうした意味で国際法には〈政治性〉が色濃くつきまとうのである。他方、「ほとんどの国家は国際法をほとんどの場合において遵守している」といわれるように、力が支配する国際関係において法の支配原理が受容されなければならないという規範意識が存在することも確かである（Henkin [1979] pp. 46-49）。そうした国家の規範意識の有無が顕在化するのが、紛争解決、とくに裁判所による紛争の裁定の局面である。

第13章　国際社会における法の支配と和解

紛争の司法的解決
国際関係における紛争の平和的処理——政治的解決制度と法的解決制度

　国際関係において、紛争は制度的にどう解決されることが期待されているのだろうか。国際社会にもっとも普遍的に受容されている法規範である国連憲章は、「すべての加盟国は、その国際紛争を平和的手段によって国際の平和及び安全並びに正義を危うくしないように解決しなければならない」（2条3項）として、加盟国に紛争の平和的解決義務を課している。そして、「すべての加盟国は、その国際関係において、武力による威嚇又は武力の行使を、いかなる国の領土保全又は政治的独立に対するものも、また、国際連合の目的と両立しない他のいかなる方法によるものも慎まなければならない」（2条4項）と規定し、国家が武力を用いて紛争を解決することを原則的に禁止している。つまり、現代の国際関係では武力を用いて紛争を収めることは原則として禁止されており[6]、一定の平和的な制度のなかで解決を模索することが要求されている。

　紛争の平和的解決の制度は、政治的解決と司法的解決に大別される[7]。政治的解決とは、①紛争当事国による直接の話し合いである「交渉（negotiation）」、②第三者が場所の提供等交渉の環境づくりをするなどして当事者に交渉を促すが、交渉内容には関知しない「周旋（good offices）」、③第三者が拘束力のない解決案を提示する「仲介（居中調停）（mediation）」、④紛争の事実問題について個人資格の委員によって構成される国際審査委員会にゆだねる「審査（inquiry）」、そして⑤個人資格の委員からなる国際調停委員会が、紛争の事実問題および法律問題を検討し、当事者に解決案を提示する「調停（conciliation）」の五つである。

　こうした政治的解決とは別に、法的な紛争解決制度、すなわち、個別の紛争ごとに当事国の合意によって法廷を設置し解決をはかる「仲裁（arbitration）」と常設裁判所による裁判を行う「司法的解決（judicial settlement）」の制度がある。司法的解決の普遍的機能は、主として国連の一機関である国際司法裁判所（ICJ）によって担われてきたのであり、その判決および勧告的意見によって国際社会における法の支配が担保されてきた。

司法判断適合性問題

　そこで問題になるのは、〈政治性〉が顕著な紛争をICJがどのように扱うかという問題である。これは、国際法の分野では司法判断適合性（justiciability）の問題として議論されてきた。そこでは紛争は「法律的紛争」と「政治的紛争」とに分けられ、法の支配を厳格に守ろうとする観点から、裁判所は「法律的紛争」のみを扱い、司法的解決過程から〈政治性〉を可能なかぎり避けようとする態度が生まれる。しかし、あらゆる紛争には法的要素と政治的要素が混在しているのであり、付託された紛争の〈政治性〉を理由に司法判断を回避すること自体、じつは〈政治性〉を帯びる行動である（大沼［2005］520頁）。実際ICJは、極端な〈政治性〉回避の態度をみせることなく、紛争解決における自らの機能を積極的に果たす傾向にあるといえる。たとえばニカラグアで政権転覆活動を行っていた反共武装ゲリラをアメリカが軍事支援し、さらにニカラグアに対して直接軍事行動を起こしたことについてニカラグアがアメリカを提訴した事件において、ICJは、「政治的要素の存在のみをもって司法判断を回避するようなことはない」として、裁判所の管轄権を認め審理を行った[8]。国際関係における法の支配は〈政治性〉を帯びる傾向にあり、シュクラーが指摘するように、そうした法にまつわる〈政治性〉を所与の要件として考慮に入れたうえで、法の支配原理の意義を検討することが求められる。

〈正義＝司法〉と和解

〈正義＝司法〉（justice）の実現

　法の支配における司法の役割に注目することは、より広く正義の問題についても考察することを意味する。正義は価値的な概念である。言い換えれば、正義に関する議論には主観的な要素が入り込みやすいということである。しかし、正義、つまり何が正しいのかという問題を議論する際には、「正しさの基準は一人ひとり異なっており、客観的な基準を作ることは不可能だ」といった価値相対主義的態度に立って議論をやめてしまう必要はない。法というものを基準として公的制度において正義を追求することもできる。ある行

為が法にのっとっていること、すなわち適法的であることは、古代ギリシアの時代より、何が正しいかを判断する際の主要な基準の一つとされてきた（川出・山岡［2012］31頁）。これは古代ギリシアにおいて、正義を表す「ディカイオシュネー（dikaiosynee）」が裁判を表す「ディケー」から派生した（同、239頁）ということとも関係している。裁判によって実現される正義は、応報的正義（retributive justice）と呼ばれるものであり、被害者の私的な復讐心を公的な機関や制度がかわりに行うことを意味する。裁判という仕組みは私刑を許さない、つまり復讐という行為を社会に現れさせないための知恵である。第三者が関与し、法にのっとった制裁を課すことによって、さらなる暴力の拡大を防ぐことを目的とする。

「法的和解」の意義と限界——形式的和解と実質的和解

一般的に法律の領域において、和解は、紛争を抱える当事者が争いをやめることを意味する法的な契約の一形態とされている[9]。したがって、ある紛争について判決が下されればそこに一定の正義が実現され、和解が達成されたと考えるのである。つまり、ここでは、「判決＝正義＝和解」という図式が想定されている。

しかし、本章で検討しようとしている平和構築過程における「和解」は、そうした、単に司法制度によってもめごとを終わらせることだけを意味するわけではない。ここでの和解とは、「過去の紛争や憎しみにとらわれない今日の関係を構築あるいは再構築する」行為（Hayner［2011］p.161）であり、そこでは信頼を醸成し人びとの結束を高めることが目指される（Quinn［2009］p.5）。こうした意味における和解という契機は、司法過程からは必ずしも見出すことはできない。裁判による応報的正義は、被害者がその公的機関や制度に対する信頼を抱いている場合に成立するものであり、それは機関や制度の正統性の問題となる。さらに、たとえ裁判によって被害者の望むように加害者が処罰されたとしても、被害者の復讐感情が消え去るとはかぎらない。言い換えれば、裁判によって得られるのは形式的な和解であり、個々人の関係性にかかわる実質的和解が達成されるかどうかは、司法制度には原

理的には期待されないまったく別の領域に属する問題なのである。そうした実質的和解の構想は、紛争後の平和構築という枠組みにおいて見出すことができる。

2．平和構築と和解

移行期正義——紛争解決・平和構築の新領域
移行期正義とは

　平和構築とは、紛争後の社会において、長期的視点に立って紛争の構造的根本原因に取り組む活動である（Ramsbotham *et al.* [2011] p. 32）。武力衝突の停止・終了によって平和がもたらされるという消極的平和の立場ではなく、その先の社会的不正義に取り組むという積極的平和を目指すものである。その一つの手段として、近年注目されているのが「移行期正義（transitional justice）」である。移行期正義とは、代表的論者であるルティ・タイテルによると、「過去の抑圧的政権の犯罪行為に取り組む法的応答を特徴とする政変期にともなう正義の構想」（Teitel [2003] p. 69）である。これは、独裁政権などが倒れたあとの民主化への移行過程で行われる裁判を念頭においた定義であり、法的な対応をその中心に据えている。しかしこの定義に対しては、平和構築過程における教育や文化など法以外の役割を見落としており、また対象を「政変期」に限定しているという批判がある（Roht-Arriaza [2006] p. 1）。
　それに対してルイス・ビックフォードは、「ジェノサイド〔集団虐殺〕や内戦といった、過去の人権侵害、集団残虐行為、あるいはその他の深刻な社会的トラウマに関する活動や調査であり、民主的、公正、あるいは平和な未来の建設を目的としたもの」（Bickford [2005] p. 1）という定義を与えている。これは、その対象を「政変期」に限定せず、さらに「社会的トラウマ」という言葉で心理的要素もその視野に入れている。また、ジョアナ・R・クインは、「戦争から平和へ、あるいは抑圧的／独裁体制から民主体制へと社会が移動する過程であり、それにともなう正義の問題や、社会、政治、経済制度のあるべき姿に取り組むことが求められるもの」（Quinn [2009] p. 3）と定義

する。こうした包括的な定義は、多くの現象をその射程に入れることができる反面、従来からある「民主化」という概念と重なる部分も多く、「移行期正義」の独自性がわかりにくくなっている。

関係性の再構築原理としての和解

　このように移行期正義については、論者により平和、正義、真実といったさまざまな価値のどこに重点をおくかによってその定義は多様な広がりをみせる。ただし共通しているのは、国内的な抑圧体制や内戦か、あるいは国家間にまたがる紛争かを問わず、そこで行われた人権侵害を看過せず、その犠牲者に一定の（物理的・心理的）救済を提供することを目的とした「真実と正義を求める」（杉山［2011］10頁）営みだということである。マーサ・ミノウは、こうした営みを「復讐と赦しのあいだ」に位置するものだと捉える（Minow［1998］, pp. 9-24, 邦訳26-48頁）。その具体的アプローチは、先の定義にもみられたように一定しておらず、刑事裁判による加害者の処罰、調査委員会の設置、加害者側からの謝罪、被害者への補償、民主的統治制度の確立、被害者の精神的ケアなど、状況や目的に応じてさまざまな形態をとる。

　このように多様な姿をみせる移行期正義であるが、その中心的課題は「暴力の時代が過ぎ去った後で、加害者、犠牲者、傍観者がそのまま存在し続ける状況を如何に扱うべきか」（*ibid.*, p. 2, 邦訳15頁）ということに集約される。つまり、紛争後社会における人びとの関係性をいかに再構築するかということである。ここに、「和解」問題が立ち現れてくる。以下では、本章の目的である紛争後の平和構築過程における法の支配と和解の問題について考えるために、国際刑事裁判制度と真実和解委員会に焦点をしぼって考察する。

国際刑事裁判──応報的正義の追求
戦争における個人責任

　戦争とは国家と国家との争いであり、戦争に従事している政治家や兵士であっても、個人的な理由と責任において戦争開始の判断や実際の戦闘行為にかかわっているわけではない。ところが、第一次世界大戦後、ヴェルサイユ

第Ⅲ部　国際社会における紛争と和解

条約が前ドイツ皇帝ヴィルヘルム2世を「国際道徳と条約の尊厳に対する重大な犯罪」の責任を理由に処罰することを決定した。実際には、彼が亡命していたオランダが中立国としての立場から引き渡しを拒否したため裁判は行われなかったが、政府首脳や軍関係者——つまり個人——が本来は法主体ではないはずの国際法という枠組みのもとで責任を問われる可能性が生まれた。

　国際社会が個人の戦争責任を追求する裁判所が設立されたのは、第二次世界大戦後であった。ナチスドイツの指導者を処罰することを目的としてニュルンベルクに設置された「国際軍事裁判所」、そして日本の戦争指導者の処罰を目的として東京に設置された「極東国際軍事裁判所」である。両裁判所は、それまでの戦争犯罪に加えて、「平和に対する罪」および「人道に対する罪」といった新しい犯罪をその管轄に加えたことによって、国際社会による個人処罰の観念を発展させるものとなった。しかし同時に、そのことがこの二つの裁判の〈政治性〉を高め、「司法＝正義」観念への懐疑をその後の世界に生み落とすこととなった。その一つが、「勝者の裁き」論である。これは、両裁判は戦勝国が敗戦国指導者の戦争責任を問うという政治的目的のもとに行われた裁判であり、ドレスデンへの無差別爆撃や広島および長崎への原爆投下など、当時の戦時国際法に照らしても違法といえる戦勝国の行為は同じような形で問われることはなかった、また、「平和に対する罪」や「人道に対する罪」は裁判所の設置とともに生み出された新しい犯罪であり、罪刑法定主義（犯罪と刑罰をあらかじめ法で定め、政治的な判断を排除しようとする考え方）という近代法の原則に照らしても裁判という形をとった政治的見せ物にすぎないとする議論である。

　反対に戦勝国側では、これは野蛮な行為に対する「文明の裁き」であって、たとえ法技術的な問題が存在するとしても、それ以前の問題として、人類が裁くべき犯罪であり将来にわたって賛美されるべき裁判となるという見解が支配的であった。それを裏打ちするかのように国連国際法委員会（ILC）は、ニュルンベルク裁判で採用された諸原則をもとに、1950年に「ニュルンベルク原則」を策定し、個人が国際法のもとで負うべき責任について明確化した。それと並行して、1948年に国連総会で採択されたジェノサイド条約において、

第13章　国際社会における法の支配と和解

国際刑事裁判所の設置が提起された。国際的な刑事裁判所については、このあと ILC において検討が繰り返されたが、長く実現には至らなかった。

国際刑事裁判制度

　ところが、1990 年代後半に入って、武力紛争における個人の責任を問う国際的な刑事法廷が立て続けに設置された。冷戦後の地域紛争への国連による取り組みの一環として、1993 年に旧ユーゴスラヴィア国際刑事法廷（ICTY）が、そして翌年にルワンダ国際刑事法廷（ICTR）が、それぞれ安保理（国連安全保障理事会）決議によって設立された。これら二つの裁判所の設置については、数多くある紛争のなかで、旧ユーゴスラヴィアとルワンダが選ばれた合理的理由や、安保理が強制措置として裁判所を設置することに対する権限問題やその行動の正統性について疑義が呈されたものの、大規模な虐殺などを前にして「何かをしなければいけない」といった国際社会に広範にみられた倫理的意識を背景に（Smith［2002］pp. 185-186）、その後の紛争解決・平和構築の新たな手段として位置づけられるようになった。

　この二つの裁判所は、特定の紛争のみを扱う暫定的（ad hoc）な裁判所であったが、1998 年には常設の国際刑事裁判所（ICC）を創設する条約が採択され 2004 年に発効した。さらにこうした動きが各地に波及し、裁判官や検察官に外国人が加わったり、国内法規に加えて国際人権法や国際人道法が適用法規とされたりするなど国際・国内の両方の要素を有するいわゆる「ハイブリッド裁判所」が、東ティモール（2000 年）、カンボジア（2001 年）、シエラレオネ（2002 年）、イラク（2005 年）、レバノン（2007 年）などに設けられた。

　こうした刑事裁判所に対しては、その有効性を評価する声がある一方で、「国際社会」によって選別された特定の地域や問題にのみ「法の支配」を適用することに対する批判や、とりわけアジア・アフリカ地域においては、「法の支配」がヨーロッパ的価値観を押しつけて紛争の「解決」をはかろうとするものであるといった批判もあり、ニュルンベルク裁判や東京裁判で提起された「司法＝正義」への懐疑、つまり「司法＝勝者＝正義」という問題

が現在でも重要な論争のテーマであることが示された。

　しかし、これら冷戦後の国際刑事裁判制度構想にはそれまでとは異なる点がいくつか見出せる。その一つは、「政治権力の中枢にいる者は、人権侵害などの法を犯す行為を行っても、政治的裁量によってその刑事責任を問われることがない」といったそれまでの「不処罰の文化」を克服することが目指されていることである。たとえば、シエラレオネ特別刑事裁判所規程には、「シエラレオネの特別な状況において、非常に重大な犯罪を犯した者の責任を司法的に追及するための信頼できるシステムを構築することによって、不処罰に終止符を打ち、平和の回復と維持に貢献することができることを確認[10]」するという文言がある。

　もう一つは、「和解」を目指していることである。たとえば、ルワンダ国際刑事法廷憲章には、「ルワンダの特別な状況においては、国際人道法の重大な違反を犯した者を訴追することにより、犯罪行為を終わらせるという目的が達成され、国民和解のプロセスおよび平和の回復と維持に貢献するものと確信する[11]」とうたわれている。また、シエラレオネ特別刑事裁判所規程にも、「法の支配を促進するために……シエラレオネ政府による国民的真実和解プロセスの構築の歩みに留意[12]」するという言葉があり、裁判所の設置と国民和解の問題が関連づけて認識されている。こうした文言からは、裁判所を設置して個人を処罰することによって法の支配を確立するとともに、そこから紛争当事者の間に（実質的な）和解をもたらすことができる、少なくともそのプロセスに貢献できるという考えがうかがえる。しかし、先に検討したように、裁判による犯罪者の処罰と和解の達成の結びつきは、決して自明ではない。

真実和解委員会――「応報的正義の追求」への挑戦
〈真実〉・〈和解〉を通じた〈平和〉の実現

　こうした問題に対して、近年、刑事裁判とは異なった手法で和解の達成に取り組む試みに注目が集まっている。1974年、ウガンダで大統領によって「行方不明者調査委員会」が設置され、抑圧的な体制下での行方不明につい

て公的な委員会を設置して調査を行う試みが開始された。その後1980年代には、ボリビアやアルゼンチンにも同様の公的委員会が設けられた。1990年代に入ると、チリの「真実和解委員会」など委員会の名称に「和解」の文字が登場しはじめ、エルサルバドル、南アフリカ、グアテマラ、そして2000年代には、ペルー、東ティモール、ガーナ、シエラレオネ、モロッコ、リベリアといった地域で委員会が設置され、過去の人権侵害に関する真実を究明し国民和解を模索する試みがなされた。そして委員会の活動終了後には、ボリビアを除いて、いずれも報告書が刊行されている。これは、犯罪者の処罰ではなく、被害者の要求（ニーズ）に着目し、加害者‐被害者関係を修復することに重点をおいた営みであり、裁判を通じた応報的正義に対して修復的正義（restorative justice）と呼ばれる（ゼア［2003］4、184頁）。

　ここで注意すべきは、こうした委員会による秩序回復・平和構築は、裁判を行うことができない状況下において次善の策として選択されたものではないということである。たしかに、アルゼンチンやチリ、エルサルバドルなどのように、軍事政権が免責法を成立させ、体制転換後に自らの行為の法的責任が問われないようにしているがために、事実調査という段階までしか行えない場合もある（阿部［2008］45-46頁）。しかし、一般的に、選択された特定の事実についてその違法性を判断する司法過程とは違い、被害者が知りたいと思っている「真実」をできるかぎり明らかにし実質的な和解へとつなげようとする委員会、とりわけ1990年代以降に設置された委員会の試みは、司法過程とは本質的に異なる独自の意義を有しているといえる。

　その一つは、公聴会の開催である。南アフリカ以降の委員会は、事実調査に加えて、公開の場で被害者の証言や加害者の告白といったことが行われた。さらには、通常、司法過程には登場しない第三者（ミノウの用語に従えば、直接的には加害者でも被害者でもない「傍観者」）をもそのプロセスに主体として参画させるということも行われる。当然、証言が食い違う問題については、何が「真実」かを客観的に確定することは困難である。しかしここで重要なのは、その社会の人びとによって明らかにされた多元的な「真実」を報告書という形で残すことによって、「公的に承認する」という行為のもつ意義で

ある（同、103頁）。さらに、和解のプロセスは、刑事裁判のプロセスとは異なり、「加害者が悪であり、被害者が善である」といった前提を作るのではなく、加害者と被害者をある種同等に扱うという枠組みを提供するものであり、その点においても独自の価値が認められるのである（Minow [1998] p.23, 邦訳 46 頁）。

　裁判によって事実を認定することは、紛争の解決にとってたしかに重要なことではある。しかしながら、たとえば、公判過程での被告人の関心が「真実を明らかにする」ことではなく「裁判でいかに勝つか」に集中し、結果として本当のところは何もわからない、場合によっては無罪判決が出されて被告人の身の「潔白」が法的に——ということは、公的に——証明されることになったような場合、被害者の立場からすれば、その先に加害者との和解を想定することはきわめて困難であろう。「和解」という言葉には、単なる合意でも解決でもない、主観的な意味がともなう。ここに、心情的・能動的・主体的な要素、つまり「赦し」という問題が浮かび上がってくるのである。

恩赦・免責という選択肢——「赦し」について
　個人的な赦しというのは、第一義的には個人の主観および判断の問題であり、究極的には他者が判定し確定できるものではない。もし紛争後社会においてそうした意味での赦しを前提とした社会構築を目指すのであれば、「時が解決する」のを待つことしかできないのかもしれない。他方、敵対関係を克服し、平和で安定した社会を少しでも早く回復あるいは実現したいと願う人びとに対して、「時を待て」というのではなく、そのための公的な仕組みを提供するのは政治の重要な役割であるといえる。

　委員会形式の紛争解決において和解が注目されるようになったのは、南アフリカの真実和解委員会が「条件つき特赦制度」を取り入れたことに始まる。加害者側に「証言を行うインセンティブ」を与え、真実解明を通じて「加害者と被害者の関係が変容する可能性」が期待されたのである（阿部 [2008] 46-47頁）。シエラレオネでは、紛争終結後、「永続的な平和」をもたらし「国民的和解」を促進するという目的のもと、反政府ゲリラの指導者に対して恩

赦を与え、さらにはすべての兵士に対してもその刑事責任を問わないことがロメ和平協定において合意された。

　しかしこれは、紛争を終結させて和解を促進するという目的のための一つの手段ではあるが、見方を変えれば、加害者の刑事責任を不問に付し、私的復讐の代替たる公的制裁を免除することになる措置である。こうした恩赦や特赦、不起訴といった「公的な赦し」は、「放念（forgetfulness）を制度化するもの」（Minow［1998］p. 15, 邦訳 35-36 頁）ともいえるのである。これは被害者にとっては法の支配によって正義が犠牲にされたと感じられるものであろう。いかなる状況にあろうとも、不処罰や免責は、過去に犯された行為を社会的に忘却する志向性を有するのであり、実質的な和解プロセスの障害になりうるものである。加害者と被害者が特定できる場合、その犯罪を法的に問うことなく和解を求めることは困難であろう。そこにおいては司法（justice）という制度を通じて正義（justice）を実現することがどうしても求められるのである。言い換えれば、被害者に〈正義のカタルシス〉をもたらす何かしらの試みが必要とされるのである。

　しかしながら、「赦し」が「和解」のための重要な要素になるとすれば、それを平和構築過程のなかでどう位置づけるかという問題が解決されなければならない。ただし、それを公的機関が集合的に基準設定することはその性格上不可能である（阿部［2008］174 頁）。したがって真実和解委員会制度の課題は、和解の条件として被害者が加害者（および傍観者）を赦す――それは、処罰を行わない／免責するということではない――ことを制度的に担保することではなく、異なる価値をもつ人びとの間にどのような和解の可能性があるのかを、その実践のなかから構想することにある。

3．赦しと和解の可能性の模索へ

　ジョン・ロールズは、民主主義社会は「穏当な多元性（reasonable pluralism）」にもとづくがゆえに、「同一の包括的な、あるいは部分的に包括的な教説を一体となって支持する人々の集合体」としての共同体にはなりえず、人々の

247

第Ⅲ部　国際社会における紛争と和解

世界観には深刻な相容れない相違が存在するという。そうした状況にあって彼は、政治哲学が果たす〈宥和〉（和解；reconciliation）の役割に注目する。彼によれば、政治哲学は、自分たちの社会や歴史に対する不満や暴力的な怒りを和らげる可能性をもっている。つまり、理想とは異なる現実世界を単に甘受するのではなく、積極的に受け入れ肯定することを可能にするのである（Rawls [2001] p.3, 邦訳6-7頁）。こうしたロールズの和解の理解は、彼の正義論の基本姿勢に通じている。すなわち彼は、「善（good）」の問題から「正（right）」の議論を切り離し、人格同士の正しい関係、あるいは社会における協働関係の正しさのあり方を模索したのである（川出・山岡 [2012] 247頁）。換言すれば、主観的・価値的な議論になる「善さ」の議論を抜きにして、人びとがともに生きていける社会の実現を制度の問題として提起したのである。そうした意味において、真実和解委員会は、「真実」を確定することにではなく、当事者同士がお互いの認識や感情を提示しあい、その社会にとって「真実らしいこと」を形づくっていき、それを社会で共有し和解を目指す作業を行う公的な場であることに独自の存在意義があるといえる。

　では、国際社会における法の支配という観点からみて、どのような制度が可能であり、適切なのであろうか。国際関係では、法の支配が必ずしも国家主権に対する上位規範として機能しない状況があることはすでに確認した。しかし、さらなる問題は、現在の国際法が近代ヨーロッパ諸国から生み出されたという歴史的背景も相まって、非ヨーロッパ諸国から「ヨーロッパ的価値観の押しつけである」という価値の問題として提起されるということにある。ここでは、法の支配原理に対抗するのは人の支配・力の支配ではなく「法による支配」となる。ダントレーヴが指摘するように、「法は実力から恣意的な性格を取り除くことはできても、法自身が恣意的なものとなる可能性がある」（ダントレーヴ [2002] 3頁）ということである。国際共同体が存在しない現代世界にあって、法の支配によって実現される「共通善（common good）」を一義的に確定することはきわめて困難であるし、場合によっては、現状維持を強要する暴力ともなりうる（Shklar [1964] p.186, 邦訳280頁）。同様に「和解」という言葉・概念も、それが用いられた途端、紛争解決におい

て規範的かつ倫理的な色彩をともなう指導原理として、当事者にある一定の志向性をもった行為や心的傾向を要求することにもなりかねない。したがって、既存のルールやある一つの規範体系を前提に和解の「正しいあり方」を提示し、そこに誘導するような制度を構想することはできない。さまざまな真実和解委員会を分析したプリシラ・B・ヘイナーは、「過去の委員会から学ぶことは多くあっても、そっくりそのまま使えるものはほとんどない」と述べている（Hayner [2011] p. xvi）。つまり、クインも指摘するように、個々の文化的な個別性を等閑に付した普遍的制度モデルは存在しえないのである（Quinn [2009] p. 12）。

　ただし、個別性を考慮しつつ普遍的に適用可能な和解の構想を目指すことが不可能なわけではない。復讐の連鎖を断ち切ることが平和構築にとって、そして法の支配原理において根本課題の一つであるならば、そこでは、当事者、とくに被害者側の人びとの能動的な行為、つまり「赦し」が重要な要素となる。当然のことながら、先に指摘したように、国家として、あるいは社会として「赦しの基準」を設定することは困難であり、好ましくもない。それを行ったとたんに、「赦し」がひとつの暴力として個々人の自由を侵害することにもなりかねない。したがって、政治学的にあるいは法制度論的に求められるのは、そうした「どういう条件が整えば赦すことができるか」を確定することではなく、そうした赦しが行われうる場を設定し、赦しを模索する場を確保すること、言い換えれば、赦しを通じた和解が行われる場を制度的に確保することにあるのではないだろうか。それは「和解」を一義的に定義することではなく、どのような状況や条件においてどのような形での和解が可能なのかを模索し検討することである。真実和解委員会の営みは、少なくとも理論的には復讐と赦しの間に「政治的・制度的赦し」の場があり、それが一定の合意されたルールに基づいて運営されていること——法の支配——を可視化していることに最大の意義がある。「何が正義か」「何が真実か」が重要なのではなく、正義や真実の再定義が不断になされうる可能性が存在すること、そしてそうした営みの場が法の支配の原理のもとに確保されているということが、政治学の枠組みにおいて和解を考えることの意味であ

るといえる。

【注】
（1）詳細については、Goldstein *et al*. eds.［2001］を参照。
（2）この問題は、平和構築における法の支配を考える際の重要なテーマであるが、本章では紙幅の都合上扱わない。詳しくは、篠田［2003］を参照。
（3）これに対して、形式的に既存の法に従って権力を行使するという行為自体は、一般に「法治主義」（rule by law）と呼ばれ、従うべき法がどのような内容のものであるかは本質的な問題とはされない。
（4）法の支配概念の歴史的展開とその内容については Tamahana［2004］を参照。
（5）条約法に関するウィーン条約第2条1項（a）。
（6）例外は、国連憲章第7章にもとづく安全保障理事会の強制措置と、国連憲章第51条に規定された自衛権行使の二つの場合である。
（7）以下、紛争の平和的処理に関する詳細については、Merrills［2005］を参照。
（8）*Case Concerning Military and Paramilitary Activities in and against Nicaragua*（Nicaragua v. United States of America）（Jurisdiction and Admissibility），ICJ Reports, 1984, p. 435.
（9）「当事者が互いに譲歩して、その間に存在する争いをやめることを約する契約。裁判外の和解と裁判上の和解とがあり、前者は民法にいう和解であり（659）、後者は更に、訴え提起前の和解と訴訟上の和解とに分けられる（民訴275、89）」（『有斐閣法律用語辞典［第3版］』2006、1441頁）。ただし英語では、法律の領域においても狭義の法的契約よりは広い概念として「reconciliation」という語が使われている。"reconciliation: 1. Restoration of harmony between persons of things that had been in conflict."（*Black's Law Dictionary*, p. 1300）
（10）S/Res/1315（2000），preamble（para. 8）.
（11）S/Res/955（1994），preamble（para. 8）.
（12）S/Res/1315（2000），preamble（para. 5）.

【参考文献】
Bickford, Louis［2005］"Transitional Justice," in D. L. Shelton (ed.), *Encyclopedia of Genocide and Crimes Against Humanity*, Vol. 3, Macmillan Reference, pp. 1045-1047.
Goldstein, Judith L., Miles Kahler, Robert O. Keohane and Anne-Marie Slaughter (eds.)［2001］*Legalization of World Politics*, The MIT Press.
Hayner, Priscilla B.［2011］*Unspeakable Truth: Transitional Justice and the Challenge of Truth Commissions*, 2nd ed., Routledge.（阿部利洋訳『語りえぬ真実——真実委員会の挑戦』平凡社、2006年）
Henkin, Louis［1979］*How Nations Behave: Law and Foreign Policy*, 2nd ed., Published for the Council on Foreign Relations.
Merrills, J. G.［2005］*International Dispute Settlement*, 4th ed., Cambridge University Press.（長谷川正国訳『国際紛争の平和的解決版』敬文堂、1987年）
Minow, Martha［1998］*Between Vengeance and Forgiveness: Facing History after Genocide*

and Mass Violence, Beacon Press.（荒木教夫・駒村圭吾訳『復讐と赦しのあいだ――ジェノサイドと大規模暴力の後で歴史と向き合う』信山社、2003年）

Quinne, Joanna R. (ed.) [2009] *Reconciliation(s): Transitional Justice in Postconflict Societies*, McGill-Queen's University Press.

Ramsbotham, Oliver, Tom Woodhouse and Hugh Miau [2011] *Contemporary Conflict Resolution: The Prevention , Management and Transformation of Deadly Conflicts*, 3rd ed., Polity.（宮本貴世訳『現代世界の紛争解決学――予防・介入・平和構築の理論と実践』明石書店、2009年）

Rowls, John [2001] *Justice as Fairness: A Restatement*, edited by Erin Kelly, Harvard University Press.（田中成明・亀本洋・平井亮輔訳『公正としての正義 再説』岩波書店、2004年）

Roht-Arriaza, Naomi [2006] "The New Landscape of Transitional Justice," in Roht-Arriaza, Naomi and Javier Mariezcurrena (eds.), *Transitional Justice in the Twenty-First Century: Beyond Truth versus Justice*, Cambridge University Press, pp. 1-16.

Shklar, Judith N. [1964] *Legalism: Law, Morals, and Political Trials*, Harvard University Press.（田中成明訳『リーガリズム――法と道徳・政治』岩波書店、1981年）

Smith, Thomas W. [2002] "Moral Hazard and Humanitarian Law: The International Criminal Court and the Limitation of Legalism," *International Politics*, Vol. 39, pp. 175-192.

Tamahana, Brian Z. [2004] *On the Rule of Law: History, Politics, Theory*, Cambridge University Press.

Teitel, Ruti G. [2003] "Transitional Justice Genealogy," *Harvard Human Rights Journal*, Vol. 16, pp. 69-94.

阿部利洋［2008］『真実委員会という選択――紛争後社会の再生のために』岩波書店。
大沼保昭［2005］『国際法――はじめて学ぶ人のための』東信堂。
川出良枝・山岡龍一［2012］『西洋政治思想史――視座と論点 改訂版』岩波書店。
篠田英朗［2003］『平和構築と法の支配――国際平和活動の理論的・機能的分析』創文社。
杉山知子［2011］『移行期の正義とラテンアメリカの教訓――真実と正義の政治学』北樹出版。
ゼア、ハワード［2003］『修復的司法とは何か――応報から関係修復へ』西村春夫・細井洋子・高橋則夫監訳、新泉社。
ダントレーヴ［2002］『国家とは何か――政治理論序説』みすず書房。
古川照美［1988］「国際司法裁判所における司法判断回避の法理」『国際法外交雑誌』87巻2号、1-47頁。

第14章
人間の安全保障と国際法
紛争後の「和解」からの一考察

安藤貴世

　人間の安全保障という用語が国際社会に登場しておよそ20年が経過しようとしている。その間、主に国連を中心に人間の安全保障に関する議論が重ねられ、国際政治分野でもさかんに研究が行われてきた。その一方で、隣接分野である国際法分野では人間の安全保障に対する関心はそれほど高まらず、両者の関係を検証した先行研究も多いとはいえない。国際法は人間の安全保障に反応することに乗り気でないと指摘する論者もいるほどである（Oberleitner [2005] p. 18）。そこで本章は、人間の安全保障と国際法の関係について、本書を貫くテーマである紛争後の「和解」を手がかりとして検証することをねらいとする。

　まず概念の登場背景、国連における近年の議論の概要を確認したうえで、人間の安全保障と国際法の関係について先行研究を整理する。人間の安全保障は、主権国家体制を基盤とする国際法体系に挑戦を突きつけるものであるのか、それとも国際法は人間の安全保障実現のための有益なツールとなりうるのか、人間の安全保障ははたして国際法にいかなる含意を有するのか。これらの問いに一つの回答を付与するものが、個人の国際犯罪を処罰する史上初の常設の国際刑事法廷として2003年に活動を開始した国際刑事裁判所（ICC）である。

1．国連システムにおける人間の安全保障

人間の安全保障概念の概要

　人間の安全保障という概念がはじめて国際場裡において提唱されたのは国連開発計画（UNDP）の『人間開発報告書』（1994年度版）においてである。本報告書は人間の安全保障を構成する主要な要素として、「恐怖からの自由」と「欠乏からの自由」を掲げたうえで、とくに冷戦終結後の国際社会における開発や貧困撲滅の重要性を指摘し、「欠乏からの自由」を強調している（国連開発計画［1994］24頁；上田［2000］68頁）。他方で、この概念が提唱された背景には、当然ながら、冷戦終結後に多発した地域紛争における、民族浄化（エスニック・クレンジング）などの非人道的行為の顕在化や大量の難民、国内避難民の発生などがあり（上田［2000］64頁）、こうした武力紛争下での個人の保護に焦点を当てたものが「恐怖からの自由」である。人間の安全保障は、伝統的な国家の安全保障、つまり政府が国家の安全を維持し、それにより国民の生命と財産を守るという考え方のみでは対処することが困難な問題、たとえば大規模人権侵害、テロリズム、難民・国内避難民、貧困、環境破壊などが国境を越えて人間の生活や尊厳を脅かしているという認識にもとづき（西田［2004］32頁）、人間に重点をおいた安全保障枠組みを構築することにより、それらの脅威に対応することを目指すものといえる。

　この人間の安全保障という概念はとくに、日本政府とカナダ政府により外交政策の柱として積極的に導入・推進されてきた。日本政府の取り組みは、「人間の安全保障基金」（1999年）の設置など「欠乏からの自由」を中心に進められたが、日本政府が主導して設立された「人間の安全保障委員会」の最終報告書（2003年）は、人間の安全保障を「欠乏からの自由」と「恐怖からの自由」を包括する広範な概念として位置づけている（人間の安全保障委員会［2003］11頁）。対してカナダ政府は、武力紛争下での人びとの保護を重視する立場から「恐怖からの自由」に焦点を当てて人間の安全保障を推進し、その具体的成果としては対人地雷禁止条約の締結や国際刑事裁判所の設立が挙

げられる。さらに、カナダ政府の支援により設置された「介入と国家主権に関する国際委員会（ICISS）」による報告書（2001年）は、「保護する責任（R2P）」という概念を提唱した。ICISSの報告書によれば、この概念は、国内紛争およびその他の人為的危機の根本原因と直接的原因の解決に努めるという「予防する責任」、人びとに危機を与える事態に対して、制裁、国際訴追、さらに究極の場合には軍事的介入を含む措置により対応するという「対応する責任」、とくに軍事的介入のあとに、復興、再建、和解をともなう完全な支援を供与するという「再建する責任」という三つの責任から構成される。また、特定の状況にかぎり軍事的介入も正当化されることを打ち出しつつ、「予防」がもっとも重要な要素であるとし、介入が考慮される前に予防のための選択肢が尽くされなければならないと指摘している（ICISS [2001] p. XI, 詳細は第15章参照）。

国連における議論

　国連における人間の安全保障に関するこれまでの議論のなかで、国際法との関係を検証するうえでとくに手がかりとなるのは国連総会首脳会合成果文書と、人間の安全保障に関する二つの国連事務総長報告である。このうち国連総会首脳会合成果文書（2005年、A/RES/60/1）は、国連の公式文書としてはじめて人間の安全保障について言及したものであり、第143項において、すべての個人が「恐怖からの自由」と「欠乏からの自由」を得る権利を有することを確認したうえで、「国連総会において人間の安全保障の概念について討議し、定義づけを行うことにコミットする」と述べている。なお、同文書は人間の安全保障とは別項（第138-140項）で保護する責任について扱い、同概念が対象とする状況を限定し（ジェノサイド（集団虐殺）、戦争犯罪、民族浄化、人道に対する罪）、第一義的責任を有する国家が保護する意思または能力を有さない場合にかぎり国際社会が保護する責任を有するとして、軍事的強制力を行使する際の決定機関は安保理（国連安全保障理事会）であるとした（来栖 [2011] 9頁）。

　また、人間の安全保障に関する事務総長報告のうち2010年報告書は、上

記の2005年成果文書第143項にしたがい提出されたものであり、人間の安全保障は、国内においてまた国境を越えて脅威が急速に広まりうる今日の世界において、人びとと共同体が直面する脆弱性の増加に対する「実践的なアプローチ」であると述べている（A/64/701, 第69-70項）。続く2012年報告書では、人間の安全保障は、国民の繁栄および主権の安定に対する広範かつ分野横断的な脅威を特定することを補助するための貴重なツールであり、そうした脅威に対処するためのダイナミックかつ実践的な政策枠組みであると述べられている（A/66/763, 第2、28、36項）。さらに、人間の安全保障は国家に追加的な法的義務を課すものではなく、政府は市民の生存、生計、尊厳を確保するうえで第一義的な役割を維持し、国際社会は、政府が脅威に対処する能力を強化するために、必要な支援を提供・補完する責任を負うとされた（同、第36項）。また、人間の安全保障は武力行使を想定せず、限定された状況において人びとを保護することに焦点を当てた保護する責任とは異なる概念であると明記されている（同、第22-23項）。つまり人間の安全保障は、人びとが直面する多面的な脅威に対処するために適用される広範な概念であるのに対し、保護する責任は、人間の安全保障を脅かす状況のうちもっとも極限的な場面に限定されるのであり、すなわち人間の安全保障の狭義のアプローチであるともいえる（川西［2007］23頁）。

　以上から、人間の安全保障は依然として明確な定義づけがなされず、国連の議論では、人間が直面する脅威に対処するための政策枠組みと捉えられているといえる。また、国家に対し新たな法的義務を課すものではないとされる一方で、首脳レベルで合意された政治的意味を有する成果文書において言及されたことをもって、この概念が規範的な「参照元」を確保したと指摘する見解もあるが（来栖［2011］10頁）、上記の国連における議論からだけでは、はたして人間の安全保障が国際法に対しいかなる含意を有するものであるか必ずしも明確にはならない。こうした点を念頭に、次節では人間の安全保障と国際法の関係に関する先行研究の整理を行う。

2. 人間の安全保障と国際法の関係

本節では、人間の安全保障と国際法の関係に関する先行研究の見解を整理するうえで、以下の二つの軸を設定する。第一に、人間の安全保障と国際法は対立関係にあるか否かという、両者の直接的な関係にかかわる軸を設定する。さらに両者の関係をより多角的に捉えるために、第二の軸として、人間の安全保障がはたして「規範」としての性質を有するかという論点を設定し、人間の安全保障が国際法にどのような影響・含意を有するかについて考察する。

対立か協調か

人間の安全保障と国際法の関係に注目した場合、先行研究の議論はまず、国際法は人間の安全保障の実現を阻むものであり、すなわち人間の安全保障概念の登場は国際法に対する挑戦であるとして両者の関係を対立的に捉える立場と、それとは反対に、両者は相容れないものではなく、むしろ国際法が人間の安全保障の実現・促進のために重要な役割を有するとして、両者の関係を協調的に捉える立場とに分けることができる。

人間の安全保障の実現を阻むもの

このうち前者の立場に立つ論者としてタイガーストロムは、人間の安全保障概念と、国際人権法、国際人道法などの国際法規範との間には重要な類似点が見出されるとしつつ、国際法秩序は国家の安全保障のために作成されたものであり、その基本原則の一つである国家主権は、ある国家において人びとの安全が脅かされ、それに対し他国が行動しようとする場合に障壁となると指摘する (Tigerstrom [2007] pp.62-74)。またオーバーライトナーは、個人の焦点化、国家主権の衰退、安全保障概念の変化などを内包する人間の安全保障は、国際法に挑戦を突きつけるものであるとする (Oberleitner [2005] pp.186, 197)。山形英郎は、国家主権に依拠して作成された国際法のもとでは

第14章　人間の安全保障と国際法

さまざまな法上の限界がある一方で、ヒト・モノ・カネは国家領域の壁を越えて透過してきているとして、人間の安全保障は、内戦状態でも、私人が私人の権利を侵害した場合でも、また事前防止をも目的として国家主権を無視してでも実現すべき課題として、国家主権と対峙するために登場してきたとする。さらに、人権保障、人間の安全保障の実現は主権国家の存在を前提としており、人間の安全保障は今日の主権国家体制を乗り越える議論となりえていないとして同概念を批判的に捉える（山形［2004］41-42、47-48頁）。

人間の安全保障の実現のための手段

　こうした見解に対し、人間の安全保障と国際法の関係を協調的に捉える立場に立つ小和田恆は、安全保障概念のパラダイムシフトたる人間の安全保障の国際法秩序への影響として、国家は個人を保護する責任を有するという責任としての主権概念の発展と、国際法における正義や人権といった価値の普遍化を挙げる。そして、これらは国際法においてとくに新しい現象ではないことを認めつつ、こうした発展は個人の保護にとっての障害物というよりも、むしろ人間の安全保障を実現する国際法の能力を示すものであるとして、人間の安全保障という安全保障の新概念は、既存の国際法枠組みと相容れないものではないと指摘する（Owada［2011］pp. 512-520）。同様に廣瀬和子は、国際法は人間の安全保障が提起している現実を共有しており、それを法的に実現するために内政不干渉原則を克服して創造的に発展しているとして、例として国際人道法や国際人権法の実現・適用などは人間の安全保障の内容を実現するものとなろうと述べている（廣瀬［2007］28頁）。

第一の軸の基準

　以上から、第一の軸において先行研究を分類する基準は、国際法の基盤である国家主権という概念をいかに強く捉えるかにあるといえる。前者の立場（国際法は人間の安全保障を阻むとみる立場）は、国家主権の枠組みを確固たるものと認識するがゆえに、その実現に際して国家を中心に据えた伝統的な安全保障枠組みを乗り越える必要が生じる人間の安全保障概念は、国際法に挑

戦を挑むものであり、換言すれば国際法は人間の安全保障の実現を妨げるものであるとして、両者を対立的に捉える。他方で後者の立場（国際法は人間の安全保障を実現するとみる立場）は、国際人権法や国際人道法といった国際法の特定の分野においては、人間の安全保障の実現のために、国家主権や内政不干渉原則といった国際法における基本的原則が乗り越えられつつあるとして、両者は相容れないものではなくむしろ、国際法は人間の安全保障の実現のための重要な手段という位置づけを有すると捉えているといえる。

人間の安全保障の国際法への含意

次に、人間の安全保障の国際法への含意について明らかにすべく、人間の安全保障概念がはたして「規範」としての性質を有するかという第二の軸を設定し、人間の安全保障と国際法の間に存する作用に着目しつつ下記の四つの立場に分けて先行研究を整理する。

単なるラベル

第一の立場は、規範化以前の問題として人間の安全保障概念の意義自体を否定的に捉える立場である。パリスは、人間の安全保障は明確な定義を有さず非常に広く曖昧なものであるとして、こうした曖昧さは学術研究や政策決定の指針としての本概念の有用性を減ずることになり、またその曖昧さゆえに新たな安全保障概念としては意味を有さないと指摘する（Paris［2001］pp. 88, 102）。この立場によれば、人間の安全保障は、社会・集団・個人の安全に対する非軍事的脅威に第一義的関心を有する安全保障研究の広範なカテゴリーに対する「ラベル」として位置づけられるのであり（Paris［2001］p. 96）、すなわち安全保障分野の新たな論点を一括りにするための単なる見出しとしての意味しか有さないのである。

既存の国際法規範にもとづく政策指針

第二の立場は、人間の安全保障を既存の国際法規範にもとづくものと捉える立場である。たとえばオーウェンズとアーニールは、人権と人道的介入に

関する国際法は、過去50年以上にわたり強力な法的枠組みを構築し、そのなかで人間の安全保障という政策指針が重要な発展を成し遂げたとして、換言すれば、人間の安全保障という指針により示された政策は、国際法における既存の法理にもとづいて打ち立てられたと指摘する（Owens and Arneil［1999］p. 9）。

この立場は、国際人権法をはじめとする既存の国際法規範が人間の安全保障概念の基盤を提供していると捉え、人間の安全保障が国際法秩序に対して影響を及ぼすというよりむしろ、「国際法から人間の安全保障へ」という作用に着目した見解といえる。つまり、人間の安全にかかわる既存の国際法規範のうえに、「政策指針」としての性質を有する人間の安全保障という新たな概念がかぶせられていると捉える立場ともいえるのである。

国際法秩序に規範的変化をもたらす政策指針

第三の立場は、「人間の安全保障から国際法へ」の作用・含意に着目する立場である。オーバーライトナーは、人間の安全保障は国益よりもむしろ共通の価値観にもとづく概念であるとして、個人の安全や尊厳を中心に据えることは、ともすると領域主権、国益の背後に隠されていた変化をもたらすことになると指摘する。そのうえで人間の安全保障の国際法への含意として、アカデミックな概念および政策指針としての人間の安全保障は、国際関係の新たな体系的原則となる可能性を有するとし、「国際法の究極的な受益者としての個人に焦点を当てる、価値にもとづいた安全保障アプローチとして、人間の安全保障は国際法秩序における規範的変化に貢献しつづけるだろう」と述べている（Oberleitner［2005］pp. 190, 198）。また小和田恆は、主権国家をもっとも基本的な要素として成立する伝統的な国際社会のシステムは、国際法秩序の中心において個人が徐々に支配的な地位を占めつつあるという認識とともに、劇的な発展を遂げていると述べたうえで、人間の安全保障の国際法秩序への含意として上記のオーバーライトナーの見解を引用している（Owada［2011］p. 517）。

以上からこの立場は、「政策指針」としての人間の安全保障概念が国際法

規範・秩序に対し変化をもたらすという、「人間の安全保障から国際法へ」の影響・含意について論ずるものであり、先の第二の立場とこの立場はともに、人間の安全保障と国際法の間に作用が存すると捉える点では共通するものの、その方向性がそれぞれの立場では逆であるといえる。

「規範」としての人間の安全保障

　第四の立場は、政策指針にとどまらず、人間の安全保障自体を「規範」として捉える立場である。来栖薫子は、人間の安全保障「規範」は問題領域の包括性を特徴とするとしたうえで、開発、環境、人権などの諸分野における従来からの既存の明示的規範やルールを人間の安全という原理のもとに組み合わせた「複合規範」であると述べている（来栖［2005］78、88頁；来栖［2011］12頁）。同様の見解として庄司真理子は、人間の安全保障はいまだ複数の既存規範の組み合わせであり、規範目録の提示がなされている段階であると指摘するとともに、人間の安全保障は国際社会に存する価値規範として、国際社会において何らかの規範的役割を果たしつつあり、さらに、地球規模に適用される規範が再構築されるプロセスとしての規範編集過程であると述べる（庄司［2006］88、94-95、108頁）。

　そのうえでこれらの論者は、こうした「規範」としての人間の安全保障が今後、国際法秩序に与える影響についても論じている。来栖は、国家主権、国家安全保障という既存の規範は依然として存在しつづけるが、その中身は人間の安全保障に配慮する方向に向かうとし（来栖［2005］79頁）、庄司は、今日人間の安全保障という規範概念が主張される背景には、国際関係を国家中心から人間中心に変革することを促す規範的要請が潜んでいるのではと指摘する（庄司［2006］108頁）。つまりこの立場は、既存の複数の国際法規範にもとづき形成された人間の安全保障概念が、単なる政策指針ではなく「規範」としての性質を有し、さらにその「規範」としての人間の安全保障が国際法秩序に規範的変化をもたらすであろうとして、人間の安全保障と国際法の間に作用のフィードバックが存すると捉えている。

　他方でこれまでのところ、人間の安全保障が法規範として確立していると

の立場に立つ論者は見出されない。人間の安全保障そのものの「規範」としての性質について言及している庄司や来栖も、「人間の安全保障は何らかの権利義務関係を特定するような法規範ではない。……現時点で法規範として確立するに至ったというのには無理がある」（庄司［2006］95、106 頁）、「人間の安全保障は明確な法的規範となすには適していない」（来栖［2011］13 頁）として、同概念の法規範化については明確に否定しているのである。

第二の軸の基準

　以上から、第二の軸において先行研究を分類する基準は、人間の安全保障と国際法の間に存する作用の方向性にあるといえる。人間の安全保障を、安全保障に関する広範な研究分野をまとめる単なる「ラベル」と捉える第一の立場は、人間の安全保障と国際法の間の作用について何ら言及していない。これに対し、人間の安全保障を「政策指針」と捉える第二、第三の立場は、前者が「国際法から人間の安全保障へ」、後者が「人間の安全保障から国際法へ」と、その方向性はそれぞれ逆であるものの、ともに人間の安全保障と国際法の間には片方向の作用が存するとしている。さらに第四の立場は、「政策指針」にとどまらず、人間の安全保障自体が「規範」としての性質・位置づけを有すると捉える点に大きな特徴があり、人間の安全保障と国際法の間には、「国際法から人間の安全保障へ」という作用に続いて、「人間の安全保障から国際法へ」というフィードバック作用が存する、つまり両者の間には双方向の作用が存在すると認識する立場であるといえる。

3．紛争後の「和解」の実現と人間の安全保障

　人間の安全保障と国際法の関係を解き明かすための、換言すれば第 2 節における先行研究の整理に対し一つの答えを出すにあたっての手がかりとなるのが、史上初の常設の国際刑事法廷である国際刑事裁判所（International Criminal Court、以下 ICC）である。人間の安全保障と国際法の関係にかかわる論点はほかにも、人道的介入、安保理の新しい任務、非国家主体の国際法

第Ⅲ部　国際社会における紛争と和解

上の位置づけなど多岐にわたるが（来栖［2009］26頁）、本節では第2節における先行研究の整理を念頭におきつつ、とくに本書のテーマである紛争後の「和解」という側面に注目して、両者の関係をICCを通して検証する。

ICCの概要

　ICCは、国際社会全体の関心事たるもっとも重大な犯罪（ジェノサイド、人道に対する罪、戦争犯罪、侵略犯罪）を犯した個人を国際法にもとづき訴追・処罰するための、史上初の常設の国際刑事法廷であり、ICC規程（1998年採択、2002年発効）を設立条約として2003年から本格的に活動を開始した[1]。冷戦終結後の内戦型の紛争の増加と、それにともなう残虐行為を契機として、1993年、1994年に旧ユーゴ、ルワンダ国際刑事裁判所（ICTY, ICTR）がそれぞれ安保理決議にもとづき設立されたが、これらはいずれもアドホックなものであった。その後、重大な国際犯罪に対し責任を有する者の不処罰を許さないという世論の高まりのもと、常設の国際刑事裁判所を設置しようという機運が高まり、とくにカナダ政府による主導のもとICC規程が成立したのである。

　このICCの最大の特徴の一つが、管轄権行使に関する「補完性の原則」である。これは、国内裁判所と管轄権が競合する場合には、国内裁判所の管轄権が優先され、関係国に被疑者の捜査・訴追を行う能力や意思がない場合などにかぎり、ICCに管轄権行使が認められるという原則である。つまりICCは各国の国内裁判所に代替するものではなく、あくまで各国の国内刑事司法制度を「補完する」という役割を担うものであるといえる。

人間の安全保障とICC

　では、ICC規程という国際法にもとづいて設立された常設の国際刑事法廷たるICCと、人間の安全保障はどのような関係にあるのだろうか。この問いに答えるにあたり、人間の安全保障とICCを結びつける重要なキーワードとなるのが「和解」である。

　第1節で述べたとおり、人間の安全保障とは「恐怖からの自由」と「欠乏

からの自由」から構成される包括的な概念であるが、この両者は密接に関連しており、とくに紛争後の平和構築という場面においては、武力紛争などに起因する「恐怖からの自由」を達成し、「欠乏からの自由」へとつなげるという意味で人間の安全保障が大きくかかわる（来栖［2006］17頁）。さらに人間の安全保障委員会の報告書において、暴力をともなう紛争後の人間の安全保障の実現に重要な役割を果たす五つの分野として、治安、人道救援活動、復興と再建、和解と共存、統治と能力強化が列挙されており、このうち「和解と共存」のための具体的な取り組みの一つとして、紛争中の非人道的行為などを確実に処罰するための「刑事裁判所の設立」が挙げられている[2]（人間の安全保障委員会［2003］113-114頁；来栖［2006］18頁）。

　同報告書によれば、紛争後の司法措置と和解に関する取り組みにおいては二つの戦略が中心となり、その一つは「紛争中の出来事に関し、事実関係を立証することを通じて被害者にとっての法的正義を実現し、加害者の処罰を行う」こと、もう一つは「法の支配を確立し、人権制度をつくり、司法制度を強化する」ことである。紛争から平和への移行期にはこの二つの戦略が混在している場合が多いとの指摘もあり（人間の安全保障委員会［2003］122頁）、国際法にもとづいて設置された常設的なICCはまさにその例であるといえる。

　紛争後の人間の安全保障の実現、とくに紛争後の「和解」という場面において、ICCが重要な役割を有することを指摘する見解は上記報告書以外にも多数見出される。たとえば2005年に、北部ウガンダにおける反政府武装集団（the Lord's Resistance Army, 以下LRA）によるアチョリ族などへの戦争犯罪、人道に対する罪などの残虐行為について、LRAの幹部5人に対しICCから逮捕状が発付されたが、その際に出されたICC検察官のステートメントには、アチョリなど現地の地域指導者らとハーグにて協議した結果、正義と和解を実現し、地域社会を再建し、北部ウガンダにおける暴力行為を終わらせるために、彼らとICCが協力するとの合意がなされたとの旨が述べられている（ICC［2005］p.6）。また、カナダのアックスワージー元外相は、人間の安全保障とICCを主題とする演説において「人間の安全保障の裏面は、

個人の責任である。紛争時にもっとも凶悪な犯罪を犯した者は、その行為について責任をとらねばならず、これは戦争により破壊された社会において平和を再構築するうえで不可欠である。正義なくして和解はなく、和解なくして平和の持続はない」と述べている（Axworthy [1998]）。ロビンソンは、裁判が否定される場合、権利を侵害された集団はしばしば各自で復讐を行い、真の平和と和解が妨げられるのに対し、ICC は紛争時でさえ法の支配を確認し、犠牲者が正義の感覚を回復することを促進すると指摘する（Robinson [2001] p. 171）。さらにヨハンセンによれば、将来の犯罪を抑止するという理由からだけでなく[3]、真実を明らかにするという ICC の機能と、犯罪に対して道徳的責任を帰するという公的行為が、持続的な平和と和解に貢献するのである（Johansen [2010] pp. 189-190）。

　以上から ICC は、紛争後の人間の安全保障の実現における重要な要素である「和解」に向けた国際社会の法的取り組み、という位置づけを有するといえるのであり、換言すれば、紛争後の「和解」という文脈を介して、人間の安全保障の実現における ICC の位置づけおよび重要性が浮かび上がるのである。

紛争後の「和解」の取り組みに対する人間の安全保障の意義
　上記のような人間の安全保障の実現における ICC の位置づけは、人間の安全保障と国際法の関係を解き明かす際の一つの手がかりとなる。つまり、人間の安全保障と国際法はどのような関係にあるかという問いは、紛争後の「和解」に向けた国際社会の法的取り組み、すなわち国際法を基盤とする ICC にとって人間の安全保障という概念がいかなる意義を有するかという問いに置き換えることができるのである。ここでいま一度、第 2 節で提起した、人間の安全保障と国際法の関係を検証するうえでの二つの軸を思い起こそう。

対立か協調か
　まず、国際法は人間の安全保障の実現を阻むものか、それとも人間の安全保障実現のための有用な手段であるかという第一の軸であるが、既述のとお

りICCは、紛争後の「和解」に向けた国際社会の法的取り組みという位置づけを有するものである。個人の重大な国際犯罪を常設的な国際刑事法廷で訴追することは、「和解」という文脈を介して、紛争後の平和構築という人間の安全保障の実現に寄与するという点から、ICCの基盤たる国際法は、人間の安全保障の実現を阻むものではなく、むしろ人間の安全保障の実現にとっての重要な手段の一つであるということができる。

　他方で、ICCの設立により国家主権の壁が完全に乗り越えられたというわけではない点にも留意する必要がある。ICCは補完性の原則にもとづき、関係国が訴追の意思または能力を有さないといった場合においてのみ管轄権を有するのであり、また実際に容疑者を捜査・逮捕するという場面では関係各国の協力が不可欠となる。つまり、国際法は人間の安全保障を実現する手段である一方で、「国家」対「国家」という枠組みにもとづく国際社会において人間の安全保障を実現していくことの難しさが依然としてつねにつきまとうのである。

人間の安全保障の国際法への含意

　次に、人間の安全保障が「規範」としての性質を有するかという第二の軸について、人間の安全保障と国際法の間の作用に着目しつつ、「和解」に向けた国際社会の法的取り組みであるICCにとって人間の安全保障がいかなる含意を有するかという観点から検証する。

　ICCの設立により、これまで国家主権を盾に隠されていた戦争犯罪などが国際的な監視の目にさらされることとなり（McRae［2001］p. 25）、常設的な国際刑事法廷において、重大な国際犯罪を犯した個人の責任を国際法にもとづいて直接追及するという法的枠組みの実現そのものが、国家主権を基盤とする国際法規範における一つの大きな変化を示すことは疑いない。ではこうした変化に対し、人間の安全保障概念は何らかの意義を有するのだろうか。

　人間の安全保障概念が国際社会に登場した背景には、冷戦終結後の内戦やそれにともなう残虐行為の勃発、さらには国家を中心とする伝統的な安全保障枠組みや既存の法的枠組みでは、そうした問題に対処しきれないという

「気づき」があった。他方でICTY、ICTRの設立を経て、史上初の常設的な国際刑事法廷たるICCの設立へという、冷戦終結後の国際刑事法における大きな変化も同様の背景から生じたものである。オステンの指摘にあるように、冷戦終結後、従来の安全保障概念が通用しなくなり、主権論においてもパラダイムシフトが生じたのであり、国家のみならず個人も国際法上の権利や義務を有するようになったのとほぼ同じ時期に人間の安全保障が出てきたことは決して偶然ではない（オステン［2009］）。

　また、ICCを特徴づける補完性の原則には、「個人を保護する伝統的枠組みたる国家の安全保障と補完的関係にある」人間の安全保障概念、さらに、「国家が保護する意思・能力を有さない場合にかぎり国際社会が保護する責任を有する」という、人間の安全保障の狭義のアプローチである保護する責任概念がまさに反映されている。これらの点に加え、外交政策として人間の安全保障を積極的に取り入れたカナダ政府の主導によりICC規程の成立が推進されたこと、さらにICCにとっての人間の安全保障は、紛争後の「和解」の実現の先にある「目指すべき」ものであることから、ICC設立という国際法規範における変化は、いわば政策指針としての性質を有する人間の安全保障概念のもとでもたらされたものといえる。

　さらに上記とは逆の「国際法から人間の安全保障へ」という作用に着目した場合、既述のとおりICCは、紛争後の「和解」という文脈を介した、人間の安全保障実現のための法的手段という位置づけを有しており、人間の安全保障の実現がこうした確固たる法的枠組みによって支えられているということは、ICCの設立およびその活動が人間の安全保障概念そのものの「規範化」を促すといえる。つまり、既存の国際法規範が人間の安全保障概念の基盤を提供し、単にそのうえに人間の安全保障という政策指針がかぶせられているというよりもむしろ、ICCの設立とその活動により、人間の安全保障が包摂する広範な問題領域の一部、すなわち法的取り組みによる「和解」を介してその実現が支えられている分野から、人間の安全保障概念自身の「規範化」または「規範編集過程」が進んでいると捉えることができるのである[4]。

第 14 章　人間の安全保障と国際法

4．紛争後の「和解」の取り組みにおける国際社会の責任

　人間の安全保障と国際法の関係に関する本章の検証は、ICC という一つの論点から導かれるものにすぎないが、紛争後の「和解」を介して人間の安全保障の実現に寄与する法的枠組みという ICC の位置づけから、以下の 2 点が明らかとなる。

　第一に、国家主権の壁が完全に克服されたわけではないものの、ICC が基盤とするところの国際法は、人間の安全保障の実現を阻むものではなく、むしろ人間の安全保障を実現するうえで重要な手段の一つである。第二に、人間の安全保障は、安全保障研究の広範な論点をまとめる単なる「ラベル」ではなく、ICC 設立という国際法規範の変化は、いわば政策指針としての人間の安全保障概念のもとでもたらされたものである。さらに、ICC という確固たる法的枠組みにより、紛争後の「和解」を介してその実現が導かれることから、人間の安全保障は政策指針としての位置づけにとどまるのではなく、人間の安全保障自身の「規範化」が進んでいる。この規範化は人間の安全保障が包摂する広範な分野のうち、保護する責任が対象とする分野と重なる部分、つまりジェノサイドなどもっとも重大な人権侵害を対象とする分野においてとくに進行しているといえる。しかしながら人間の安全保障は現時点では明確な定義を有さず、また国家に新たな法的義務を課すものでもなく、「法規範」にまで高められているとはいいがたい。

　他方で、人間の安全保障概念が包摂するおのおのの分野における濃淡はあれ、人間の安全保障自身の「規範化」が進むことにより、単なる政策指針ではなく「規範」としての人間の安全保障が、今後国際法規範の変化をもたらすという可能性ももちろん否定できない。おりしも 2012 年 3 月に、設立以来初の判決が ICC により下され[5]、「和解」を介した法的取り組みによる人間の安全保障の実現がようやくスタートしたともいえるが、ICC の設立という国際法規範における大きな変化により、国際社会自身が、紛争後の「和解」、さらにその先の人間の安全保障の実現に向けた大きな責任を背負うこととな

ったことはまぎれもない事実である。

【注】
（1）侵略犯罪に関しては、ICC 規程発効後も定義が成立していなかったが、2010 年の締約国会議においてその定義と管轄権行使の条件について合意に達した。
（2）そのほかに、真実究明委員会、恩赦・大赦措置、地域社会での共存の取り組みなどが挙げられている（人間の安全保障委員会［2003］113 頁）。
（3）ICC は、紛争後の和解の実現のみならず、国際犯罪を抑止する機能も有する点に留意しなければならない。
（4）人間の安全保障に関する分野のうち、一部の人道問題領域では法化・制度化が起こっているとして、その例として国際刑事裁判所規程、対人地雷禁止条約を挙げ、これを「人間の安全保障に関する条約群」と称する論者もいる（Oberleitner［2005］p. 195; 来栖［2011］12 頁）。
（5）コンゴ民主共和国（旧ザイール）の内戦で子どもを徴兵し戦闘行為をさせたとして、武装勢力指導者トマス・ルバンガ被告が、戦争犯罪の罪で有罪判決を言い渡された。

【参考文献】
Axworthy, Lloyd [1998] Address to a Conference on United Nations Reform at the Kennedy School, Harvard University: "The New Diplomacy: The UN, the International Criminal Court and the Human Security Agenda," (25 April, 1998) 〈http://www.international.gc.ca/mines/process-ottawa-processus/1998-04-25.aspx?lang=eng&view=d〉（2012 年 9 月 30 日アクセス）
ICC [2005] Office of Prosecutor, Statement by Luis Moreno-Ocampo (Prosecutor of the International Criminal Court), *Statement by the Chief Prosecutor on the Uganda Arrest Warrants*, The Hague (14 October, 2005).
ICISS [2001] *The Responsibility to Protect, Report of the International Commission on Intervention and State Sovereignty*.
Johansen, Robert C. [2010] "Peace and Justice? The Contribution of International Judicial Processes to Peacebuilding," in Daniel Philpott and Gerald F. Powers (eds.), *Strategies of Peace*, Oxford University Press, pp. 189-230.
McRae, Rob [2001] "Human Security in a Globalized World," in Rob McRae and Don Hubert(eds.), *Human Security and the New Diplomacy*, McGill-Queen's University Press, pp. 250-259.
Oberleitner, Gerd [2005] "Human Security: A Challenge to International Law?" *Global Governance*, Vol. 11, pp. 185-203.
Owada, Hisashi [2011] "Human Security and International Law," in Ulrich Fastenrath (ed.), *From Bilateralism to Community Interest*, Oxford University Press, pp. 505-520.
Owen, David [2004] "Justice for Reconciliation: The Contribution of War Crimes Tribunals and Truth and Reconciliation Commissions," in Kevin M. Cahill (ed.), *Human Security for All*, Fordham University Press, pp. 190-214.
Owens, Heather, and Barbara Arneil [1999] "The Human Security Paradigm Shift: A

New Lens on Canadian Foreign Policy?" *Canadian Foreign Policy Journal*, Vol. 7, No. 1, pp. 1-12.
Paris, Roland [2001] "Human Security Paradigm Shift or Hot Air?" *International Security*, Vol. 26, No. 2, pp. 87-102.
Robinson, Darryl [2001] "The International Criminal Court," in Rob McRae and Don Hubert (eds.), *Human Security and the New Diplomacy*, McGill-Queen's University Press, pp. 170-177.
Tigerstrom, Barbara von [2007] *Human Security and International Law*, Hart Publishing.

上田秀明 [2000]「今、なぜ「人間の安全保障」なのか」『外交フォーラム』2000 年 2 月号、64 頁-73 頁。
オステン、フィリップ [2009]「人間の安全保障シンポジウム――人間の安全保障の実践と理論（概要と評価）」（平成 21 年 3 月 11 日）〈http://www.mofa.go.jp/mofaj/gaiko%5Coda/bunya/security/pdfs/smp_090311.pdf〉（2012 年 9 月 30 日アクセス）
川西晶大 [2007]「「保護する責任」とは何か」『レファレンス』57 巻 3 号、13-27 頁。
来栖薫子 [2005]「人間の安全保障「規範」の形成とグローバル・ガヴァナンス――規範複合化の視点から」『国際政治』143 号、76-91 頁。
――― [2006]「紛争後の安全保障――平和構築への課題」『アジ研ワールドトレンド』124 巻、16-19 頁。
――― [2009]「人間の安全保障研究と国際関係論――新しいリサーチの地平？」『国際公共政策研究』14 巻 1 号、15-30 頁。
――― [2011]「現段階の「人間の安全保障」」『国際問題』603 巻、5-14 頁。
国連開発計画 [1994]『人間開発報告書 1994』国際協力出版会。
庄司真理子 [2006]「国連における人間の安全保障概念の意義――規範としての位置づけをめぐって」『国際法外交雑誌』105 巻 2 号 221-254 頁。
西田芳弘 [2004]「人間の安全保障」『レファレンス』54 巻 8 号、31-42 頁。
人間の安全保障委員会 [2003]『安全保障の今日的課題――人間の安全保障委員会報告書』朝日新聞社。
廣瀬和子 [2007]「安全保障概念の歴史的展開――国家安全保障の 2 つの系譜と人間の安全保障」『世界法年報』26 巻、1-32 頁。
山形英郎 [2004]「国際法への挑戦――「人間の安全保障」」佐藤誠・安藤次男編『人間の安全保障――世界危機への挑戦』東信堂。

第15章
国連の規範枠組みとEUの平和活動
誰のための和解？

臼井陽一郎

　EU（欧州連合、the European Union）は域内のヨーロッパ統合にとどまらず、域外での平和活動も積極的に推進してきた。紛争予防や紛争後の再建に尽力しようとするこの活動は、当初は旧ユーゴスラヴィア諸国など近隣エリアで実施されていたのであるが、やがて、アフリカや中東、東南アジアにまで、その射程を伸ばしていった[1]。本章ではこうしたEUの平和活動の理念や戦略について、和解の責任という観点から検討してみたい。平和活動が単に紛争の停止だけを目指すのではなく、（たとえば紛争状態にあった民族同士の）和解を志向するものでなければならないとするこの考え方は、国連が公式に確立してきた規範でもあり、その具体的な現れが、保護責任（R2P）論と複合型平和維持活動（PKO）であったと、みることができる。和解を志向するこのような規範の枠組みに即して検討することによって、EUの平和活動の性質を評価できるのではないかというのが、本章で提起したい視点である。EUの平和活動は、紛争により深く傷つき多くを失ってしまった者たちの再生を実現する和解に資するものであるのか。それとも、EU諸国の利益に都合の悪い体制を駆逐して、都合のよい体制を構築するための、政治戦略の一環にすぎないのか。本章ではこうした規範的評価の構図を示すことによって、EUの和解に対するスタンスに光を当ててみたい。

1．保護責任論と国連平和維持活動

保護責任（R2P）論

　大規模な暴力が発生してしまった際に、国際社会は武力を用いてまでこれに介入し、大量虐殺を停止させ、市民を保護すべきであるとする考え方、これが保護する責任（R2P）論である。これは2000年にカナダ政府が中心となって多国間で熟議が進められ提起された国際社会の行動規範であり、やがて国連における平和活動の基本規範として、公式に確立されていった。まず本節において、カナダ政府プロデュースの『介入と国家主権に関する国際委員会（ICISS）』報告（ICISS [2001]）を参照し、R2Pの概略を把握しておきたい。

　R2Pのねらいは、直接的には軍事介入実施の際の国家の行動規範を定め、介入を正当化するルール・手続・基準をクリアに設定することにあった（*ibid.*, p. 11）。その根拠となる上位規範が、国家の責任としての人間の安全保障である（この概念については第14章参照）。これはつまり、国家主権が国民保護の責任をともなうものであると断ずるのであり、この断定が、R2Pの出発点となる。人間の安全保障を達成する責任を担ってはじめて、当の国家に主権が認められると考えるのである（*ibid.*, p. 13, para. 2.14）。そこで問題となるのが、国家にその責任を果たす能力も意思もない場合である。R2Pとは、その場合にかぎって、国際社会が保護する責任を代行すべきだとする考え方である（*ibid.*, p. XI）。

　国際社会が担うべき保護責任とは、予防責任・対応責任・再建責任の三つの側面から構成されるじつに包括的なものである。R2P論はこのうちとくに一つ目の予防責任と三つ目の再建責任を重視しようとする政策論であるのだが、二つ目の対応責任を遂行する際の究極の事態として、軍事介入の必要性を承認する議論でもある。これは、R2Pが軍事介入の大義を明示するものでもあることを、意味している。ジェノサイド（集団虐殺）やエスニック・クレンジング（民族浄化）によって大規模な人命喪失が発生している場合、またそれが国家の意図的な行為によるものであり、あるいはこれを停止させる

国家の意思も認められない場合、もしくは、そもそも予防や阻止のための国家の能力が決定的に欠如してしまっている場合、そうした（前者の）破綻国家に対して、または（後者の）失敗国家の代理として、国際社会には軍事介入のオプションが認められねばならない（*ibid.*, pp. XII-XIII）。これが R2P の考え方である。

　ただし、いくつもの条件が課される。軍事介入は多国間のオペレーションでなければならず、被害者と関連地域の支持も必要とされる。またそれは最後の手段でなければならず、比例性原則にのっとり人命保護のための最小限の介入でなければいけない。そして軍事介入成功の妥当な見通しが求められる。軍事介入による人命喪失が、非介入の場合の人命喪失よりもひどいものとならないことが、あらかじめ確実に期待されるのでなければならない（*ibid.*）。このような条件とともに、軍事介入決定の正統性（right authority）が要請され、国連安全保障理事会（以下国連安保理）の承認が求められる。国連安保理が合意に失敗する場合、国連総会による平和のための結集（uniting for peace）決議によるか、もしくは地域組織の承認が軍事介入正統化のために要請される（*ibid.*）。

　ここでとくに注目したいのが、和解の視点である。2009 年の保護責任遂行に関する国連事務総長報告では、大量殺戮に見舞われた国の、和解と癒やしと再建のプロセスから学ぶべきことが強調されていた（A/63/677, p. 13）。これはカナダ政府プロデュースの ICISS 報告における重要な思想でもあった。ICISS 報告は、軍事介入後の戦略をあらかじめ考慮したうえで、軍事オペレーションが立案されねばならないことを強調する。軍事介入後の局面で国際社会が果たすべき義務は、広範なものに及ぶ。国際社会はグッドガバナンスを促進し、持続可能な発展を実現するため、現地の政治主体と連携するよう求められる（ICISS [2001], p. 39, para. 5.1）。ICISS 報告は次のように記している。

　　真の和解をもっともよく実現するのは、草の根レベルの努力である。かつて武装し対立しあったものどうしが手に手を取って自分たちのコミュ

第15章　国連の規範枠組みとEUの平和活動

ニティを再建し、あるいは新しい入植地に生活と職とを打ち立てることを可能にする条件をともに創造していくこと、このような努力こそが真の和解を実現する。真の永続する和解は、インフラを修復し、家屋を再建し、苗を植え育て収穫し、さまざまな生産活動で協力しあうという、たんたんと続く日常の努力から生み出される。外部の者たちがこの和解の努力を支援しようとするとき、必ず意識しておかなくてはいけないのが、こうした協力を促進することの大切さである。支援はかつて敵対しあったもの同士が共同で発展していく努力へと、ダイナミックに結びついていくものでなくてはならない。(*ibid.*, p. 39, para. 5.4)

　ICISS報告は、国際社会が担うべき再建責任の具体的な事業を挙げている。それは武装集団の武装解除・動員解除・社会復帰（DDR）であり、国民的和解へとつなぐ国軍再編であり、帰還者への住宅供給であり、市場の形成であり、帰還者の法的権利の確立であり、自ら所得を稼ぐ手段を身につけるトレーニングをはじめとしたさまざまな社会復帰プロジェクトであり、こうしたすべての措置を積み重ね、一人ひとりの生活を再建していくことである（*ibid.*, pp. 41, 43, paras. 5.9, 5.10, 5.21）。さらに加えて、紛争後平和構築にとって決しておろそかにしてはならない課題として、加害者の免責を認めない刑法の確立が指摘される（*ibid.*, p. 42, para. 5.14）。そのために、暫定的な裁判制度による過渡期の司法構築、すなわち移行期正義（transitional justice）（この概念については第13章参照）の実現が目指されなければならないとされる（*ibid.*, pp. 41-42, paras. 5.13-5.18）。

　以上のような軍事介入後の局面において、和解のプロジェクトを具体的に進めていこうとするのが、次にみていく複合型国連平和維持活動（PKO）である。

複合型国連平和維持活動（PKO）

　国連はその発足以来、すでに60件を超える平和維持活動（PKO）を展開してきた。その実績をもとに、やがて複合型と呼ばれるPKOのあり方が設

計されていく。これは上述の R2P とともに、和解を志向する規範の枠組みであり、EU の平和活動を評価する有意義な観点になる。本節では、国連が PKO の立案・実施担当者のために著した手引書を参照していきたい（国際連合［2008］）。

　国連 PKO は、元来は幅広い平和活動の一局面にすぎず、軍事的性質の強い停戦監視を主な任務とするものであった（同、15 頁）。しかし、現代型の PKO ははるかに幅広い任務を担う。それは平和活動の五つの局面にあてはめてみると、いっそうクリアになる。五つの局面とは、①紛争予防（早期警報・情報収集・斡旋・予防的展開・信頼醸成措置）、②平和創造（進行中の紛争対象の外交努力・和平仲介）、③平和執行（武力行使を含む強制措置）、④平和維持（戦闘停止状態の維持・和平合意履行促進）、⑤平和構築（紛争後復興・紛争の構造的原因の除去・国家機能の回復）である（同、13 頁）。複合型国連 PKO とは、この五つの局面のうち、④の平和維持に加えて⑤の平和構築もあわせて実施しようとするものである。国連 PKO の手引書はこれを、「軍事的なモデルから進化を遂げ、軍事、警察、文民の多様な要素が連携して持続可能な平和に向けた基礎の構築を支援する複雑なモデル」（同、13 頁）だと説明する。しかも、新政府樹立までの過渡期において、立法や行政の機能まで委託される場合もある（同、15 頁）。

　その典型的な任務を具体的に挙げてみると、地雷対策・インフラ整備、雇用対策、市場形成、民政、選挙実施、治安活動、武装解除・動員解除・社会復帰（DDR）、治安部門改革（SSR）、能力形成、法の支配、人権保護、人道支援と、じつに広範な分野にわたる（同、16-17 頁）。このような任務の遂行を通じて、正統で実効的な統治機構の樹立を支援し、政治プロセスを対話と和解へ方向づけていこうとするのが、複合型国連 PKO である。そのため、軍事・警察・文民の各部門が協力していく統合ミッションの理念が大切になる（同、17 頁）。複合型国連 PKO の最終目的は、どこまでも和解の推進となる。

　国連は、持続可能な平和実現の度合いを測る基準（ベンチマーク）を考案している。これは国連 PKO が安保理のマンデート（委任）を完遂したかど

うか、新生国家にゆだねて引き上げてよいかどうかを判定するためのものであるが（同、52-53 頁）、そこから和解実現の基礎的条件がどのように表象されているのかを見て取ることもできよう。持続可能な平和実現の度合いは、次の項目で測定される（同、52-53 頁）。

- 人権侵害がないか。
- 女性と少数者の権利が尊重されるようになっているか。
- 武装解除・動員解除・社会復帰（DDR）が完了しているか。
- 治安部門改革（SSR）が進んでいるか。
- 国軍と警察が文民の支配下に入っているか。
- 独立の裁判制度が確立されているか。
- 国内全土で基本的なサービスが再開されているか。
- 避難民の帰還と再定住が実現しているか。
- 男女平等の公正な選挙が実施されているか。
- 正統な政治機構が樹立されているか。

以上の項目全体で一定の基準が達成されているとき、複合型国連 PKO は成功し、自立的な和解へ向かう条件が成立したのだと、理解されるのである。

　以上本節では、国連の規範枠組みとして、R2P と複合型国連 PKO についてみてきた。R2P は介入の前提として、紛争後の和解へ向けた戦略を要請する。その紛争後ミッションとなる複合型国連 PKO はその内容からして、和解のプロジェクトだと言い換えることさえできる。こうした規範枠組みが純粋に実現されることは困難であろうが、国連によって構築された平和活動の規範モデルとしては、一定の権威は認められよう。次に節を変えて、この規範枠組みに即して、EU の平和活動を検討していきたい。

2．EUの平和活動

二つの傾向

　EUの平和活動は安全保障政策の一環であり、1990年代後半から形成されはじめた新しい政策分野である。そこには、規範パワー（Manners [2002]；東野 [2010]）としての存在を純化していこうとする傾向と、ユーロ・ストラテジスト的志向（ヨーロッパの利益を第一に、戦略的な対外行動を推進すべきとする立場）（Rogers [2009]）を強化していこうとする方向の、二つのせめぎ合いを見て取ることができる。

規範パワーとしての顔

　EUの基本条約は、EUが国連憲章の原則にもとづき、軍事だけでなく文民ミッションのアセット（装備もしくは資産）も利用して、紛争防止や平和維持に取り組み、国際社会の安全を強化する行動に携わるべきであることを定めている（EU条約第42条）。国連憲章にもとづくとされるその域外での行動は、ペータースベルク任務と呼ばれる。武装解除、人道支援、軍事助言、紛争防止、平和維持、平和創出、紛争後の安定化、テロ対策、そしてそうした目的のための戦闘部隊の展開が、具体的な内容となる（EU条約第43条）。EUがペータースベルク任務を遂行する能力の向上を目指す方向は、ヨーロッパの利益をかけて破綻国家やテロと闘うEU軍の創設とはならなかった。1999年の首脳会議（ヘルシンキ欧州首脳理事会）では、EUが非軍事の危機管理能力を構築していくべきことが確認されている。それは加盟国とNATO（北大西洋条約機構）の軍事アセットを利用して、ミッションごとに共同行動を立ち上げる形となった。

　そのミッション開始に先だって、紛争予防がEUの平和活動のコアに位置づけられていた。EUは2001年の首脳会議（イヨテボリ欧州首脳理事会）において、対外政策の根幹に紛争予防を据える二つの政策文書を採択している。『EU紛争予防プログラム』が一つ、もう一つが『EU国連紛争予防危機管理

協力に関する理事会総括』である。『EU 紛争予防プログラム』では、安保防衛・開発協力・貿易など、対外行動のあらゆる側面に紛争予防の目的を組み込んでいくとしている (European Council [2001] para. 52)。もう一つの『EU 国連紛争予防危機管理協力』では、とくに西バルカン、中東、アフリカを最優先地域に指定し、紛争防止・危機管理・開発協力・人道支援・難民保護に関して、国連との対話を強化していくという方針を示している (ibid., para. 53)。後者はやがて、03 年の『EU 国連協力宣言』、04 年の『EU 国連危機管理軍事オペレーション協力』、07 年の『EU 国連危機管理協力共同声明』へと続いていく。EU の平和活動は、EU があたかも国連のエージェントになるかのように枠づけられており、EU はこの枠組みに即して、国連の危機管理に寄与するように、ペータースベルク任務を進めていこうとしてきたのである。

こうした流れと並行して、EU は危機管理支援資金を整備していく。総額は 2011 年実績で 3 億ユーロ程度とわずかなものにすぎないが、この仕組みの立ち上げを通じて、世界各地への EU 一体となった平和活動の遂行というコンセプトが形成されていった。まず 01 年に緊急対応メカニズム規則が採択された（規則 2001 年 381 号）。そこでは、EU の世界各地への支援が「開発援助、財政支援、経済・技術協力、復興支援、難民・強制移住者支援、デモクラシー・法の支配・人権・基本的自由を一体として実現するためのオペレーションへの支援」（同規則前文）でなければならないとされ、武力紛争にエスカレートして国家全体が不安定化してしまうような状況に対する EU の一貫した対外活動がうたわれている。これをさらにグレードアップするため、06 年には安定化支援資金 (Instruments for Stability) 規則が採択された（規則 2006 年 1717 号）。この資金は紛争予防・脆弱国家対策のための包括的アプローチを実現するためのもので、人権・デモクラシー・基本的自由を推進し、先にふれた EU 紛争予防プログラム（および紛争予防目的も強調する開発援助ヨーロッパ・コンセンサス）を実現するために、包括的な予防策を講じるための支援金だとされている。同資金 2011 年報告によれば、予防的な危機対応能力構築のための支援金として、よりいっそうその性格が強められてい

るという（Commission [2012]）。

　このように EU の平和活動は、域外の紛争予防に力点をおき、人権とデモクラシーと基本的自由を域外で実現するために立案・実施されるべきものだと、説明されている。2012 年にはこれをさらに具体化するため、『EU 人権デモクラシー戦略枠組行動計画』が閣僚理事会で採択された（Council [2012]）。EU は権威主義国家の抑圧のパワーに対抗して人権とデモクラシー、自由と法の支配のアドボカシー（擁護者・代弁者）として世界に貢献していくとし、対外行動のあらゆる領域で、例外なく、人権を促進していくと強調する。そのうえで、とくに早期警戒と予防の能力およびその制度的措置を強化する方針を掲げている。

　こうしたコンセプトにもとづく EU の実際の行動能力は、複合型国連 PKO に対応できる形で、シビリアン（文民）能力に比重をかけるように構築されてきた。まずは 1999 年の首脳会議（ヘルシンキ欧州首脳理事会）で、ペータースベルク任務のために 6 万人の緊急展開部隊を整備する構想が打ち出される（これをヘルシンキ・ヘッドライン・ゴールという）。続いて 2000 年の首脳会議（フェイラ欧州首脳理事会）では、警察・法の支配・民政支援・市民保護の四つの優先領域で文民ミッションを展開すること、そのため 5000 人規模の文民警察部隊を設置することで合意に至った。その後、04 年に『シビリアン・ヘッドライン・ゴール 2008』、07 年に『シビリアン・ヘッドライン・ゴール 2010』、08 年に『シビリアン能力開発に関する閣僚コミットメント』が発表され、非軍事の文民ミッション能力の増強をスピードアップしていく方針が確認されていく。08 年能力強化宣言（閣僚理事会）は、次のように述べている。

> ボスニアで初の警察ミッションを実施して以来 6 年、EU の安保防衛政策における文民ミッションは……アドバイス、マネージメント、モニタリングといった活動を、警察、法の支配、民政支援、治安部門改革、監視の分野で遂行してきたが、それはいまや国際社会の平和と安全のために、EU が寄与しうる特別に重要な付加価値である。（Council [2008a]

p. 2)

こうして EU は「重要で信頼のおける危機管理の担い手（プレーヤー）として、自らの存在を確たるものにしてきた」（Council [2008b] p. 2）のである。

以上のように、EU の平和活動は、平和維持と平和構築の二つの局面にまたがる複合型国連 PKO に対応しうるものであり、その最終目的は、人権とデモクラシーと法の支配と基本的自由のグローバルな実現だとされる。この側面をみていくかぎり、EU の平和活動は、EU の規範パワーとしての存在を純化しようとする方向にあるといえるであろう。

ユーロ・ストラテジーの手段

ところが、EU のシビリアン能力の開発は、ミリタリー（軍事）能力の向上とセットで進められるものでもあった。EU が平和活動のために目指す物的力は（シビリアンなものであれミリタリーなものであれ）、EU 安全保障戦略のベースともなる。軍事オペレーションのための 6 万人部隊の編成、文民ミッションのための 1 万人の要員確保、緊急対応のための EU バトルグループ、海上阻止および飛行阻止ミッションの遂行能力（Council [2008a] p. 1）といった EU が目指す物的力は、大国のずば抜けた力とはいえないとしても、決して無視しうる小さなものでもない。当然、ユーロ・ストラテジー構想のベースともなりうる力になる。

EU がミリタリーな要素をもつ物的力を身につけていこうという構想は、イギリスとフランスの合意を出発点とする。1998 年の英仏首脳会議で、EU が国際政治アクターとして力をつけるためには軍事行動が必要になるという発想が提起される（これをサンマロ宣言という）。国際社会でパワーとして存在するための軍事行動という構図が、核保有二大国から EU に打ち出された政治的インパクトは大きい。翌 99 年の首脳会議（ケルン欧州首脳理事会）で、EU は防衛政策構想を提示する。これが 2009 年発効のリスボン条約によって、共通安保防衛政策（CSDP）に行き着く。

2001 年のアメリカ同時多発テロと、その後の対テロ戦争の展開、ヨーロッ

パ各地のテロ事件は（04年にマドリードで列車が、05年にロンドンで地下鉄とバスが、爆破されている）、EUの安全保障政策を戦略へと高め、軍事的要素を模索するよう促す要因となった。EUは加盟国の軍事力を近代化するため、武器の共同開発や共同調達の道を探ってゆくのであるが、アメリカとの格差は決定的である。それは90年代のユーゴ紛争を通じて、すでに赤裸々なものとなっていた（広瀬［2007］44頁）。EUがNATOと競合しかねない独自の軍事化を進めることはせず、NATOが行動しない領域で、NATOの軍事アセットを利用して、独自の軍事行動を展開しようとしたのは、自然な成り行きであった。それは1999年にベルリン・プラスと呼ばれる合意となって具体化される（最終承認は2003年NATO・EUパッケージ合意による）。

　NATOの軍事アセットを利用するめどをつけたEUは、2003年に独自の欧州安全保障戦略（ESS）を採択する（European Council［2003］）。そこではEUが対処すべき五つの脅威として、テロリズム、大量破壊兵器拡散、地域紛争、失敗国家、組織犯罪が指定されている。ESSは2003年の首脳会議（ブリュッセル欧州首脳理事会）で公式に承認され、5年後の08年にはその実施報告が首脳会議へ提出された（European Council［2008］）。EUの脅威は修正され、大量破壊兵器拡散問題、テロと組織犯罪、サイバー安全保障、エネルギー安全保障、気候変動の五つが措定される。EUの対外行動の戦略性は、この脅威認識をベースに高められていく。

　2009年12月にリスボン条約が発効すると、外交安保上級代表（いわゆるEU外相）と対外行動庁（EEAS）（いわゆるEU外務省）が設置され、EU一体となった共通安保防衛政策（CSDP）を推進する体制が整備される。この体制が加盟国を束ねる政治的な力をもちうるかどうかは、いま少し評価に時間をかけるべきではあるが、一応はEU安保戦略の立案・遂行が制度的に裏づけられたことになる。この体制のもと、2010年に『EUシビリアン・ミリタリー能力・2010年以降の発展』と題する文書が採択され（Council［2010］）、戦略的なパワーになるとの意志がさらにいっそう明白に打ち出されている。EUは複雑性と不確実性が高まりゆく安全保障環境にあって「よりいっそうの能力、よりいっそうの一貫性、よりいっそうの戦略性をもったグローバ

第 15 章　国連の規範枠組みと EU の平和活動

ル・アクターになることが、これまでにも増して求められている」(*ibid.*, para. 1, p. 2) とし、そのためには平和活動の全局面へ首尾一貫して対応する必要があり、あらゆる対外政策分野を安保戦略へ組み込まねばならないと強調する。この包括的アプローチ (a comprehensive approach) が、EU 安全保障戦略の基本方針となる。平和活動の各局面（予防・対応・再建）すべてに一貫した包括的アプローチを展開していくため、政治的手段、外交的手段、法的措置、開発援助、貿易、経済的手段を調整し、ミリタリー・シビリアン双方のアセットを EU にプールしていくという (*ibid.*, para. 2 and 6, pp. 2-3)。

和解へのスタンス

　以上、EU が規範パワーとしての存在を純化していこうとする側面と、ユーロ・ストラテジスト的な志向を強化していこうとする側面を追ってきた。EU の平和活動は、両極の間のいずこに存在するのであろうか、今後はいずれの方向へ振れようとしているのだろうか。

　日本でいち早く EU の文民的な安全保障の動きを取り上げた小林正英は、EU を軍事化させないとするスウェーデンの尽力に注意を向け、紛争予防や紛争後の再建で EU の文民ミッションがなければ NATO の軍事オペレーションが適切に展開できないという状況にふれながら（これは逆ベルリン・プラスと呼ばれる）、新しい安全保障主体として EU を理解していく可能性はこれを否定しきれないという（小林 [2008]）。また EU が規範パワーをもつとする議論が、物的力の役割について考察を徹底できていないと批判するビヨルクダールは、人権・デモクラシー・持続可能な平和という国際規範を促進するための軍事力行使を、規範パワーの遂行であると捉える (Björkdahl [2011])。平和活動は EU の価値を域外に投影していく手段であり、「ハードパワーのソフトモデル」(*ibid.*, p. 104) が EU によって開発されてきたとみる。

　すでにふれたように、R2P 論と複合型国連 PKO は、紛争後の和解を志向する規範枠組みである。EU が規範パワーとして新しい安全保障主体となり、ハード・パワーのソフトモデルを開発しようとしているのかどうかは、この和解の規範枠組みに引きつけることによって、議論をさらに深めていくこと

ができよう。EUは紛争後の和解をどのように捉えているのか（そもそも和解のことなど何も考えてはいないのか）。ユーロ・ストラテジスト的志向の延長線上で、ヨーロッパ利益に都合のよい政権の樹立が目指される可能性も、決して否定できない。ヨーロッパのための和解になってしまい、当事者の再生のための和解にならないとすれば、規範パワーはソフトな帝国主義の別名にすぎなくなる。ボスニアにおけるEUの平和構築に、文明という名のもとのヨーロッパ特殊価値の強制という政治権力作用を看取しうるとする研究にも、留意しておきたい（五十嵐［2012］）。規範パワー的傾向とユーロ・ストラテジスト的志向の対立軸でEUの平和活動をみる場合、EUが和解をどのように捉え、位置づけようとしているのかを確認しておかねばならない。

2003年にEUは和解についてふれた二つの文書を発表している（総務対外関係理事会での採択）。一つが『EU西バルカンサミットの宣言』であり、EUはそこで次のような認識を示している。

> 難民や国内避難民が継続して着実に帰還できるようにすることが、民族間の和解にとって決定的に重要であり、これこそがデモクラシーの成熟を示す指標となる。それゆえわれわれは、帰還事業を優先アジェンダのなかでも高いランクに位置づけている。われわれは教育と文化と若者支援の役割を強調したい。それは寛容を促し、民族間・宗教間の共存を確実なものとし、近代的で民主的な社会を創り上げていくのに役立つ。民族分断線をそのままに断片化がもたらされてしまうのならば、それはヨーロッパ的なあり方とは相容れない。この地域〔西バルカン〕の諸問題に対処するには、このヨーロッパ的あり方こそが、ヒントにならなければいけない。(Council [2003a] para.5, p.179)

もう一つは『テッサロニキ・西バルカン・アジェンダ』である。この文書は教育と社会開発と文化を通じた和解の促進を強調して、次のように記している。

メンタル面で変化をもたらし、寛容の心を高め、民族と宗教の共存を確実なものとして、近代的なデモクラシーの社会を形成していくには、教育と社会開発と文化の役割が本質的に重要である。（Council [2003b] p. 133）

EU は具体的には、文化・宗教モニュメントの修復、歴史教科書改訂のための専門家会合などを示唆して、西バルカン諸国に具体的な行動をとるよう支援していくとしている（*ibid.*）。

またすでにふれた『EU 人権デモクラシー戦略枠組行動計画』では（Council [2012]）、その計画第 27 項が和解への方策を取り上げている。EU は国際刑事裁判所（ICC）ローマ規程の批准を促進するとともに、紛争後に移行期司法制度を確立するため、真実和解委員会を立ち上げ、国際刑事裁判所（ICC）とも連携して、人道に対する罪を犯した者が刑事免責を受けることのないようにしていく体制の構築を目指すとしている。

以上のように、EU は一応は和解を意識して、平和活動を組み立てようとしている。その理解のあり方は、ほぼ国連の規範枠組みに沿うものであった。シビリアン能力を向上させることによって、武装解除・動員解除・社会復帰（DDR）、治安部門改革（SSR）、法の支配の回復、移行期司法の確立といった活動を進め、政治対話の促進を通じて、紛争後の平和構築を進めようというのが EU の平和活動である。ただ、国連で語られる平和思想の語彙でもって公式文書を彩ることはあっても、各地の軍事オペレーションや警察・文民ミッションを方向づける"総合的な和解の戦略"が構築されているわけではない。それはまだこれからの課題である。この点には留意しておきたい。

規範パワー EU の使命──和解の責任へ

平和強制のために、EU が独自に行動できる軍事アセットは存在しない。6 万人の部隊を動員する能力の構築は、ペータースベルク任務を遂行するためのものであって、軍事介入の局面に EU キャップをかぶった部隊が登場することは、まだまだ考えにくい。2011 年のリビア空爆でみられたように、ど

こまでも英仏をはじめとする加盟国がNATOのもとで行動する以外にない。本章でこれまで概観してきたように、EUが整備してきた（しようとしてきた）物的力は、R2Pの三つの責任のうちの予防責任と再建責任の遂行に資するものである。ヨーロッパ利益追求のために、都合の悪い政権を転覆させる政治的意図をもって、R2Pを格好の口実に軍事介入するという行いは、そもそも能力的に不可能である。

　結論として、次のようにいえそうである。EUの平和活動は、能力不足のためにユーロ・ストラテジスト的志向が制限されているがゆえに、結果的に、規範パワー遂行の側面が目立ってみえる。ただそれは決してアクシデンタルなものではなく、和解を志向する国連の規範枠組みに即して、時間をかけて段階的に、EUの意思を構築しようとする政治の流れは、これを確実に見て取ることができる。

　もちろん、EUの安全保障政策はさまざまな政治的思惑が交錯しながら、偶然的な事態へのアドホックな（そのつどの限定された目的の）対応の積み重ねによって、結果として形づくられてきた部分も大きい。グローバルに正義を実現しようとの熱い想いに駆り立てられた越境政治エリート集団の、どこまでも純粋に倫理的なプロジェクトであったというわけではあるまい。ユーロ・ストラテジストによる権力政治の現実が、EUの平和活動の理念と戦略に重く垂れ込めている。EUが域内の統合に閉じることなく展開してきた域外での平和活動は、そのほとんどがかつてヨーロッパが支配した旧植民地諸国を対象としていることに、注意が必要である。ただそれでも、国連憲章にもとづいて普遍的な価値実現を目的に掲げ、これに貢献するグローバル・アクターとして自画像を描いてきたことは、間違いのない事実である。

　紛争後の和解を志向しないR2Pの遂行は、国際社会が人道に対する邪悪な敵だとみなした為政者に対する単なる軍事的排除行為であるにすぎない。都合の悪い政権を打倒するための戦略的な行動にも、流れやすくなる。保護する責任と和解へ導く責任は、双方一体のものとして構想されなければならない。紛争後の和解を長期にわたる政治プロセスとして捉え、その歩みを着実に進めていくにあたって、EUのポテンシャルには高いものがある。国連

の敷いた路線にしたがって、文民ミッション中心に（軍事オペレーションは補助的に）広範な任務に取り組もうとするEUの平和活動は、シンプルなリアリスト的世界観で理解するだけでは、そのポテンシャルを見誤ってしまう。和解のプロジェクト・ヨーロッパ統合による超国家空間の形成が、平和実現主体EUを生み出したとするポジティブな評価をグローバル社会に浸透させられるかどうか。それは、EUが今後どのように和解の思想を公式の政治意思として、また世界の共有財産として、構築していくことができるかにかかってくる。軍事介入する側の戦略的意図から十分に距離をとった、当事者の再生へ向けた取り組みをサポートしていけるのかどうか。こうした和解の責任の観点から、EUがコミットする平和活動の一つひとつを、丹念に追っていく必要があるだろう。

【注】
（1） EUの平和活動は、軍事オペレーションと警察・文民ミッションに分けられる。それは数十人の要員のものから3000人を超すオペレーションまで、また数週間のものから数年、なかには10年に及ぶものもある。軍事オペレーションは10弱、警察や文民のミッションが20弱あり、対象国は本文で述べたボスニア、マケドニアそしてコソボといった旧ユーゴ諸国・地域であり、グルジアやモルドバであり、中東はパレスチナ自治区やイラクやアフガニスタン、アフリカはチャド、コンゴ民主共和国、スーダン、ソマリア、ギニアビサウであり、東南アジアはアチェである。こうした諸国・地域にEUは複数のミッションを立ち上げ、コミットしてきた。以上の総覧にはBjörkdahl [2011] が参考になる（pp. 118-126）。最新状況についてはEU対外行動庁（EEAS）のウェブサイトを参照のこと〈http://www.consilium.europa.eu/eeas/security-defence/eu-operations.aspx?lang=en〉（2012年9月30日アクセス）。

【参考文献】
Björkdahl, Annika [2011] "Normative and Military Power in EU Peace Support Operations," in Richard G. Whitman (ed.), *Normative Power Europe: Empirical and Theoretical Perspectives*, Palgrave Macmillan, pp. 103-126.
Commission [2007] Towards a European Consensus on Humanitarian Aid. COM (2007) 317.
――― [2012] Conflict Prevention, Crisis Management and Peace Building ― a Busy Year for the EU Instrument for Stability, Press Release, Brussels, 24 July 2012.
Council [2003a] EU-Western Balkans Summit, Declaration. In Institute for Security Studies, From Copenhagen to Brussels ― European Defence: Core Documents, Vol. IV, Chaillot Papers No. 67.

第Ⅲ部　国際社会における紛争と和解

──── [2003b] The Thessaloniki Agenda for the Western Balkans. In Institute for Security Studies, From Copenhagen to Brussels ― European Defence: Core Documents, Vol. Ⅳ, Chaillot Papers No. 67.
──── [2008a] Declaration on Strengthening Capabilities, Brussels, 11 December 2008.
──── [2008b] Civilian Capabilities ― Extract from the Council Conclusions on the ESDP, 2903rd External Relations Council Meeting, Brussels, 10 and 11 November 2008.
──── [2010] EU Civilian and Military Capability Development Beyond 2010, Brussels, 7 December 2010, 17127/10 LIMITE.
──── [2012] EU Strategic Framework and Action Plan on Human Rights and Democracy, Luxembourg, 25 June 2012, 11855/12.
European Council [2001] Presidency Conclusions, Göteborg European Council, 15 and 16 June 2001.
──── [2003] A Secure Europe in a Better World ― European Security Strategy, Brussels, 12 December 2003.
──── [2008] Report on the Implementation of the European Security Strategy ― Providing Security in a Changing World, Brussels, 11 and 12 December 2008.
ICISS [2001] The Responsibility to Protect ― Report of the International Commission on Intervention and State Sovereignty, the International Development Research Centre, December 2001.
Manners, Ian [2002] "Normative Power Europe: A Contradiction in Terms?" *Journal of Common Market Studies*, Vol. 40, No. 2, pp. 235-258.
Rogers, James [2009] "From 'Civilian Power' to 'Global Power'; Explicating the European Union's 'Grand Strategy' through the Articulation of Discourse Theory," *Journal of Common Market Studies*, Vol. 47, No. 4, pp. 831-862.
Zwolski, Kamil [2012] "The EU and a Holistic Security Approach after Lisbon: Competing Norms and the Power of the Dominant Discourse," *Journal of European Public Policy*, Vol. 19, No. 7, pp. 988-1005.
五十嵐元道［2012］「平和構築におけるEUの規制力とその限界」遠藤乾・鈴木一人編『EUの規制力』日本経済評論社、241-263頁。
国際連合［2008］『国連平和維持活動──原則と指針』国際連合平和維持活動局、フィールド支援局。
小林正英［2008］「EU文民的安全保障政策の成立と発展」『法学研究』84巻1号（田中俊郎教授退職記念号）、303-337頁。
東野篤子［2010］「「規範的パワー」としてのEUをめぐる研究動向についての一考察」森井裕一編『地域統合とグローバル秩序──ヨーロッパと日本・アジア』信山社、69-98頁。
広瀬佳一［2007］「EUの安全保障・防衛政策の可能性と課題」『国際問題』567巻、43-51頁。

あ と が き

　本書は紛争と和解というテーマを手引に、政治学的な思考をトレーニングする機会を読者に提供しようとして編んだ入門書である。このテーマについての理解を深めるため、思想や歴史や法といった隣接学問領域による論考も取り込み、紛争と和解をめぐる政治学的な議論がより豊かなものになるよう工夫している。その全15章にわたる議論を閉じるにあたって、ここでいま一度、政治学が和解について語ることの固有の難しさにふれておきたい。どれほど隣接学問領域の導入によって補強しようとも、政治学が和解について語ろうとするとき、場合によってはその本質的に大切な部分が損なわれてしまいかねないのである。

　政治学とは本来、権力による抑圧に対して鋭い批判のまなざしを向けることに、自らの存在意義を見出した学問であったはずである（計量的手法でもって高度な実証性を目指す分析的な政治学も主流の一角を占めるものの、その根本のスピリットにおいて、批判が志向されていないわけがない）。しかしだとすれば、実現された和解の事例を実証的に把握し、和解の実現方法を構想しようとすることは、かえって政治学の批判機能を損なってしまわないであろうか。

　そもそも存在するのは紛争の連鎖だけであって、和解なるものはひと時の表面的妥協にすぎないとする見方もありえよう。しかもその僥倖(ぎょうこう)的なひと時においてさえ、強者の論理、犯罪者の免罪、抑圧の状態は消滅していないのであり、したがって政治学の批判機能はたえず求められているというべきであろう。圧倒的な暴力によって人生を徹底的に破壊しつくされてしまった人びとが、その当の相手を赦し、ともに手を携え再生に向け立ち上がろうとする美しき物語は、その実態において、犯罪を犯した者たちを免罪すること

であり、その者たちを利した構造的な抑圧を継続させること以外の何ものでもないかもしれないのである。

　本書が執筆された2012年、おりしもEUが和解の実績を評価され、ノーベル平和賞を受賞した。ノルウェー・ノーベル委員会が平和賞授与の宣言文に述べているように、ヨーロッパ統合は過去60年、ドイツとフランスの和解、ギリシア・スペイン・ポルトガルそして東欧諸国の民主化、旧ユーゴスラヴィア諸国の和解、トルコにおけるデモクラシーと人権の向上といった業績を積み上げてきた。EUはヨーロッパを戦争の大陸から平和の大陸へと変貌させたのであり、諸国家の友愛クラブ（fraternity between nations）、平和会議（peace congresses）としてのEUこそ、ノーベル平和賞にふさわしいというのである。和解のサクセス・ストーリーの実例が、疑いもなく、私たちの面前に存在していると、いえるであろうか。

　EUにかぎらず、ノーベル平和賞には数々の批判が寄せられてきた。EUだけの貢献に帰すような賞のあり方への批判はひとまずおくとして、ここでとくに留意しておきたいのは、平和賞受賞により問われなくなってしまう負の側面である。たとえば、加盟国によっては50％にも及ぶ若年者失業率があり（社会暴動が一触即発に生じうる状況をもたらしたシングル・マーケットは失敗しているというべきかもしれない）、ユーロ危機対策でギリシャ国家の財政は救っても多くのギリシャ市民の生活は見捨てるかのようにふるまうEU加盟国への指弾がある。また、域外からの移民を閉め出し差別しようとする動きや、軍事化を進め域外紛争に積極的に関与しようとするEUの姿勢に対する糾弾がある（ただし軍事化に関しては第15章参照のこと）。そもそも、ヨーロッパの過去の帝国主義・植民地主義の暴虐さが、平和賞授与理由の宣言文において、完全に覆い隠されてしまっている。ヨーロッパはいったい、その数世紀に及ぶ植民地支配の歴史に対して、いかなる贖罪と和解をなしえてきたのであろうか。

　上述のノルウェー・ノーベル委員会のようなヨーロッパ理解を前にしたとき、まさに政治学的な批判的思考が求められてくるはずである。和解について語ろうとしてかえって光の部分だけを拾い上げ、他の抑圧部分を糊塗する

あとがき

ようになってはまずい(たとえ光の部分がたしかにその光彩をまばゆく放っていたとしても)。批判を本筋とする学問が和解について語ろうとするときの固有の難しさが、まさにここにある。EUのノーベル平和賞受賞は、その難しさを意識する格好の事例となろう。

この難しさについて、時に明示的に、時に暗示的に、それぞれの視点からさまざまに詳説してきたのが、本書の各章であった。いま簡潔にその議論を見渡しておこう。政治学が長きにわたって想定してきた理性的同意による紛争状態の克服など、そもそも不可能だったのであり(第1章)、和解などというものは不完全な人間の営みなのである以上、どこまでも過程のなかに存するのであって、決してどこか行き着く場所があるわけではなく(第2章)、しかも民族の自己理解に必要となる集合的な「記憶」をめぐってさえ、いまやグローバルに争いが生じているとみられる(第5章)。国際社会において法が果たすはずの役割という点でも、結局は司法制度による正義回復の営みに限界を指摘せざるをえず、どこまで行っても赦しにはたどり着けず(第13章)、人間の安全保障という有望な規範概念が提出されても、現在の国際法にあっては、国家に新たな法的義務を課す法規範にまでは高められない状況にある(第14章)。

また個々のコンフリクト・ライン(紛争対立軸)を具体的にみていくと、多文化主義の福祉国家・スウェーデンにおいて移民の増大による国内社会統合の亀裂が生じており(第6章)、階級闘争の和解であったはずの福祉国家が負担をめぐる世代間闘争に帰着してしまったという現代日本の危うい状況があり(第7章)、多民族国家・アメリカの誇る二大政党制が民主的調整による国内社会統合を実現するよりもむしろ、対立の先鋭化傾向を鮮明にしてしまっており(第8章)、タイでは地域的階級的な社会分裂にともなうエリート間紛争が激化して、エリート間の暫定的妥協以外の動きは見出しがたく(第9章)、南北コリア統一へ向けた政府間の政治的な和解の取り組みにも、限界を指摘せざるをえない状況が指摘される(第10章)。

さらに、日本の戦後和解は経済協力に流れ法的観点を重視する政府の姿勢のために真の謝罪には行き着かず、結果として和解のプロセスが未完のまま

に終わってしまっており（第11章）、一見サクセス・ストーリーであるかにみえる西ドイツの対ユダヤ人国家・イスラエル補償に関しても、それが結果的に中東戦争を戦うイスラエルを利するように影響してしまったという紛争の連鎖が見受けられ（第12章）、ノーベル平和賞を受賞したEUの平和活動にあっても、国連の規範枠組みに即して和解の責任を追求していく構えをみせつつ、しかしその一方でヨーロッパ利益追求の一環として平和活動を戦略的に進めているという側面を否定しきれない点に、注意が払われる（第15章）。

　こうした（潜在的なものも含む広範な）紛争状況への厳しいまなざしの一方で、政治学が和解について論じることの意義と可能性をあらためて認識しようと試みたのもまた、本書各章の論考であった。紙幅が許すかぎり、本書で示された和解への展望を書きとどめておきたい。人間が過去への赦しと将来への約束のために他者を了解する能力の可能性は、決して否定されてはならないのであり（第1章）、不完全な世界において不完全な和解を追求せざるをえない人間の永遠の途上性は、じつは人間が人間を高めていく契機だと捉えるべきだと論じられる（第2章）。また分断社会における権力分有モデルにはたしかに大きなポテンシャルを見出すことができ、そのモデルに即して共有ルールを作ろうとする過程を組織することは可能なのであり（第3章）、それは分断社会における熟議デモクラシーの可能性を問う議論でもあって、日常的な話し合いの場である親密圏も含め、市民社会・公共圏を媒介する熟議の場の構想・制度設計が重要になってくると指摘される（第4章）。

　こうした共有ルールをめぐる不断の熟議の場を広範に創り出していくべきだとするポジティブな思考は、非国家アクター（個人・地域コミュニティ・NGO・市民運動・企業など）による社会統合へ向けた取り組みの重要性を主張することにもつながる一方で（第10章）、当事者によって異なる正義概念を不断に再定義していく場を、ルールに則した透明なものとして確保するという法の機能に着目する議論にも連なっていく（第13章）。以上のいずれの議論も、おそらくは国家でなく人間個人の尊厳を見つめ直す思考に帰結していくはずであり、国際社会がこれを人間の安全保障として理念化し、それを

あとがき

ベースに個人へ目を向けた正義の実現が国際社会の責任として確立されていく可能性が、国際刑事裁判所（ICC）の枠組みを引き合いに示唆されている（第14章）。

しかし、人間個々人が共同体の集合的記憶の内に閉じこもって、他の共同体の集合的記憶を否定しさろうとするとき、社会の仕組みを作ろうとするのとはまた別次元の対処が必要になろう。そのとき、記憶を開いて和解への準備を行うために、"歴史"へのまなざしが大切な役割を果たすことになると論じられる（第5章）。このコンテクストで示唆される"歴史"とはまた、熟議デモクラシーを成功させる大切な要素であるといえないであろうか。紛争を克服するための和解にとっては、"歴史"（第5章）をめぐる開かれた熟議がさまざまな場で（公式・非公式に）組織されていくことが（第4章）、重要になろう。

この点で、本書のいくつかの章が真実和解委員会の可能性に言及していたことに留意しておきたい（第1章、第10章、第13章）。これは人間個人一人ひとりのパーソナルな歴史とともに、民族のまた国家の大きな歴史をも開いていこうとする試みであり、まさにたえざる途上にあり不完全であるがゆえにたえざる和解の実践を進めるべき人間（第2章）が、内面的昇華を通じて救す能力（第1章）を育て上げていく実践でもあると、いえないであろうか。

以上のいわば早送りの概観は、もちろん一つの見方・読み方にすぎない。いま一度、最初のページに戻って序章を読み直し、このあとがきと照らし合わせ、再度、本書各章を精読し、理解を深めていってほしい。

最後に、本書の成り立ちについてふれておきたい。

本書執筆陣は、中堅と若手のほぼ半数ずつで構成されている。いずれも学会の一線に立って学問と格闘しながら、日々大学で学生たちと向きあい、講義やゼミのあり方に試行錯誤している研究者たちである。一線における学問の成果を取り込みながら、可能なかぎり初学者にも理解できるように咀嚼して、学生の自律的な思考と自立的な行動を促す糧にしていくこと、これが大学で教育に携わる研究者に求められる仕事である。この仕事の一環として編まれたのが、本書であった。

福岡で開かれたとある研究会の帰途、共編者・松尾秀哉氏と羽田空港で寄り道をしてワインを飲みながら、同氏による本書の着想を聞き、心揺さぶられたことが思い起こされる。その後、ナカニシヤ出版の酒井敏行氏に本書を手がけていただけることとなり、いくたびかの会合があって、執筆をお願いする方々のリストも固まった。やがて東京と名古屋で2回、半日に及ぶ研究会を開催して、編者と執筆者の想いをすりあわせていった。研究会後の懇親会は、懇親の場というよりむしろ、研究会での討議延長戦の場ともなった。単一テーマ・多領域執筆陣という本書の配置が、そうした討議を実り豊かなものにしていたかどうか。読者諸氏のご判断をお待ち申し上げるしだいである。

　一冊の書物が編まれていく過程は、まさに学術研究のリアルな現場である。それは研究者同士を新たに結びつける場であり、着想を鍛え構想を具体化し、成果を批判的に吟味していく場でもある。本書はそうした学術書づくりに関する認識を新たなものとする貴重な機会となった。全執筆者の方々、そしてナカニシヤ出版編集部の酒井氏、および実務を担当していただいた遠藤詩織氏に、この場を借りてこころからの御礼を申し上げたい。

　本書が種子となって実り多き樹木が育ち、新たな種子が生み出されていくことを祈りつつ。

　　　　2013年3月10日

　　　　　　　　　　　　　　　　　　　　　　　　　　　　　　臼井陽一郎

人名索引

ア行
アーミー (Dick Armey) 151
赤木智弘 127
麻生太郎 130
アデナウアー (Konrad Hermann Joseph Adenauer) 217-226, 228, 229
アピシット (Abhisit Vejjajiva) 172, 174, 175
アリストテレス (Aristotle) 17
アルヴァックス (Maurice Halbwachs) 88-90, 94, 100
アレント (Hannah Arendt) 29-31, 88
アンダーソン (Benedict Anderson) 92
イーストン (David Easton) 3
入江昭 90
ヴァッテル (Emer de Vattel) 46, 47
ウォーラーステイン (Immanuel Wallerstein) 6
内田満 132
宇野重規 160
ウルリッヒ (Carsten G. Ullrich) 129
エルカン (Selen Ayirtman Ercan) 77, 80
オーケンソン (Jimmie Åkesson) 117
オーバーライトナー (Gerd Oberleitner) 256, 259
オバマ (Barack Obama) 143, 145-148, 150, 153-156
オフリン (Ian O'Flynn) 68, 71-74, 76, 78, 79, 81, 82
小和田恆 257, 259

カ行
カー (Edward Hallett Carr) 90
加藤尚武 133
ガルトゥング (Johan Galtung) 182
カルドー (Mary Kaldor) 6
カンラ (Bora Kanra) 71
ギデンズ (Anthony Giddens) 128
クリック (Bernard Crick) 3, 47
来栖薫子 260
小菅伸子 7, 46, 47
小林正英 281
ゴルトマン (Nahum Goldmann) 220, 221, 225, 227

サ行
齋藤純一 129
佐藤卓巳 89
サリット (Sarit Thanarat) 163
塩原良和 80
ジャット (Tony Judt) 87
シューマッハー (Kurt Schumacher) 225
シュクラー (Judith Nisse Shklar) 235
シュトラウス (Franz Josef Strauss) 227
シュミット、カール (Carl Schmitt) 3
シュミット、カルロ (Carlo Schmid) 225
庄司真理子 260
ソンティ (Sondhi Limthongkul) 169

タ行
タイティル (Ruti G. Teitel) 240
タクシン (Thaksin Shinawatra) 160, 165-169, 172, 174, 175
タミール (Yael Tamir) 26
チャートチャーイ (Chatichai Choonhavan) 164
ツツ (Desmond Mpilo Tutu) 28, 31
デヴォー (Monique Deveaux) 77

トクヴィル（Alexis de Tocqueville）
　22, 24, 160, 161
ドライゼク（John Dryzek）　68-70, 72,
　74-79, 81, 82

ナ・ハ行
野田佳彦　125, 126, 133
ノラ（Pierre Nora）　91, 100
バーク（Edmund Burke）　19, 24
バルト（Karl Barth）　39
ビスマルク（Otto von Bismarck）　128
ヒトラー（Adolf Hitler）　217
ビヨルクダール（Annika Björkdahl）
　281
廣瀬和子　257
フィヒテ（Johann Gottlieb Fichte）　21
ブッシュ（George Walker Bush）　145-
　148, 151
プラトン（Plato）　17
古市憲寿　127, 138
プレーム（Prem Tinsulanonda）　163,
　164, 168-170
ヘイナー（Priscilla B. Hayner）　249
ベイナー（John Andrew Boehner）
　154
ベック（Ulrich Beck）　134
ベン・グリオン（David Ben-Gurion）
　220, 221
ホイス（Theodor Heuss）　217, 218
ホッブズ（Thomas Hobbes）　18, 22
ホロヴィッツ（Donald Horowitz）
　53-56

マ行
マーシャル（Thomas Humphrey
　Marshall）　128
マキアヴェッリ（Niccolo Machiavelli）
　18
マックロイ（John J. McCloy）　218, 226,
　228
丸山眞男　127
マンデラ（Nelson Rolihlahla Mandela）
　53, 58, 60, 79
ミノウ（Martha Minow）　241
ミル（John Stuart Mill）　22, 23
ムフ（Chantal Mouffe）　68

ヤ・ラ行
山形英郎　256
ラインフェルト（Fredrik Reinfeldt）
　119
ラムズボサム（Oliver Ramsbotham）　8,
　29
リクール（Paul Ricoeur）　100
リンチ（Julia Lynch）　131
ルナン（Joseph Ernest Renan）　92
レイプハルト（Arend Lijphart）　9,
　51-55, 71
ロールズ（John Rawls）　130, 134, 247,
　248
ロザンヴァロン（Pierre Rosanvallon）
　129
ロック（John Locke）　19

事項索引

あ行
アイデンティティ　68-70, 72-74, 76-79,
　86, 91
赤シャツ派（タイ）　173-176
アパルトヘイト　44, 52, 53, 58, 60, 79,
　189
アフリカ民族会議（ANC）　58
アマート（タイ、特権階層）　174, 176

アラブ連盟　227
アルメニア人虐殺問題　88, 93, 95-99
アルメニア法（フランス）　93, 95-99
EU　12, 95, 270, 271, 275-285
　——バトルグループ　279
移行期正義　240, 241, 273
イスラム（教）　115, 118
移民　5, 10, 107-122, 148, 150
ウォールストリート占拠（OWS）　144, 145, 147-151
NGO　167, 181, 192, 193
エリート　11, 73, 160-165, 169, 172, 175-177
欧州安全保障戦略（ESS）　280
応報的正義　239
ODA　203, 206-208

か行

階級　88, 128-131, 134
　——闘争　5
外国人労働者　5, 113, 122
黄色シャツ派（タイ）　169
記憶をめぐる紛争　7, 86, 88
規範パワー　276, 279, 281, 282, 284
旧ユーゴスラヴィア　110, 114, 243
　——国際刑事法廷（ICTY）　243, 266
　ユーゴ紛争　180, 280
共通安保防衛政策（CSDP）　279
恐怖からの自由　253, 254, 263
キリスト教　9, 18, 39-45
クォータ制　59
グッドガバナンス　162, 164, 272
クロス・ヴォーティング　11, 144
軍事アセット　280
経済協力　199, 200, 203, 205-208, 212
警察ミッション　278, 283
ゲソー法（フランス）　92, 94, 95
欠乏からの自由　253, 254, 263
ゲリマンダリング　57
権威主義　161, 162, 165, 167, 173, 176, 188-190, 193, 278
言説　69-71, 75, 82
権力分有モデル　9, 51-55, 57-59, 63, 64, 71
公開性　72, 73, 75
公共圏　70, 77-79, 82
構造的暴力　182, 183
高齢者　125, 126, 131, 132, 135, 137, 138
五月虐殺事件　164
国王（タイ）　163, 168-170, 173, 177
国際刑事裁判所（ICC）　12, 243, 252, 253, 261-266, 291
　——ローマ規程　283
国際司法裁判所（ICJ）　237, 238
国際人権法　243, 256, 258, 259
国際人道法　243, 256, 258
国際法　11, 12, 201, 236, 242, 248, 252, 255-261, 265-267
国民　20, 92
　——国家　4, 25, 92, 130, 188
国連　167, 237, 252, 254, 270, 271
　——安全保障理事会　254, 272, 274
　——開発計画（UNDP）　253
　——憲章　276, 284
　——事務総長　272
　——総会　242, 254, 272
互恵性　72-75, 129, 130
国家　18, 92
　失敗——　272
　破綻——　272

さ行

ジェノサイド　87, 92, 98, 99, 240, 254, 262, 267, 271
　——条約　242
ジェンダー　78, 129, 138
シティズンシップ　128
市民運動　181, 187, 192, 193
市民社会セクター　181, 193
社会的統合　192, 193

社会保険　126, 128-130, 136
社会保障制度　125, 126, 128, 129
社会民主党（スウェーデン）　113, 118, 119
従軍慰安婦問題　87, 199, 208-210, 212, 213
集合的記憶　10, 88-92, 98-100, 291
修正主義　86
集団的罪責　217, 219
修復的正義　245
自由民主主義　81, 82
熟議　67, 70-72, 74, 77, 78, 80-82, 271
　　──民主主義　10, 67-69, 72-75, 77, 78, 81, 82, 290
消極的な平和　182
植民地主義　27
　新──　6
神学　39, 45
人権　70, 119, 128, 183, 185, 190, 234, 240, 241, 245, 257, 267, 277-279, 281, 283
真実和解委員会　6, 28, 31, 189, 190, 241, 245-249, 283, 291
人道支援　187
人道的介入　258, 261
人道に対する罪　92, 93, 97, 242, 254, 262, 263, 283
スウェーデン民主党　108, 117-121
政治性（法における）　235, 236, 238, 242
政治統合　184, 191, 195
成長のためのクラブ　152, 156
世界システム論　6
世代　10, 126-128, 130-132, 134, 135, 138, 139
　　──会計　125, 131, 135
　　──間格差　127, 128, 135, 137
　　──間対立　130, 134, 136, 139
　　──間連帯　126-129
　　現役──　125, 136, 137
　　将来──　131-134, 139
競り上げ効果　56

戦後和解　5, 7, 10, 199, 200
戦争犯罪　254, 262, 263, 265, 266
選択投票制（AV）　56
全米退職者協会（AARP）　131
創世記　40, 41, 45
ソンクラーン事件　174

た行

タイ愛国党　165-167, 170
大衆　11, 160-162, 168, 174, 176
対人地雷禁止条約　253
対日感情　207, 208
大量破壊兵器拡散　280
多極共存型アプローチ、多極共存型民主主義　53-55, 57, 61, 64, 71-73, 81
脱北者　192-194
多文化主義　80, 94, 112, 113, 116, 117, 120
団塊の世代　125, 136
治安部門改革（SSR）　274, 275
茶会運動　11, 144, 147, 150-152, 154, 156
中東紛争　229
直接的暴力　181, 182, 188
停戦協定　179, 180
テロリズム　4, 60, 99, 108, 111, 223, 253, 280
デンマーク国民党　121
統合アプローチ　53, 56, 57
答責性　156
トビラ法（フランス）　93, 94, 96

な行

内政不干渉原則　257, 258
ナショナリズム　24-30, 90, 117, 188, 195
ナチス　27, 87, 96, 121, 216, 222, 227-229, 242
　ナチ体制　217-219
　ネオナチ　117
NATO　12, 96, 276, 280, 281, 284
名ばかり共和党員（RINO）　151, 153,

154
南北コリア　11, 179, 181-195
難民　110, 111, 114-116, 118, 122, 253, 277
人間開発報告書　253
人間の安全保障　12, 183, 252-263, 265-267, 271, 290
ネオリベラリズム　166
年金　10, 125-128, 130, 131, 136, 138

は行

ハードパワーのソフトモデル　281
排外主義　117, 121
　　福祉――　5, 118
賠償　7, 11, 199-207, 209, 210, 212, 213
　　――請求（権）　199, 200, 202-205, 212, 213
　　準――　200, 202-207
ハイブリッド裁判所　243
繁栄のためのアメリカ人　152
反差別オンブズマン　112
反独裁民主統一戦線（UDD、タイ）　170, 173
反ユダヤ主義　92, 219, 225, 228
非正規雇用　134
非政府（民間）セクター、非国家セクター、非国家アクター、市民社会セクター　179, 181, 192, 193, 290
平等化の政治　11, 160, 161, 176, 177
福祉国家　5, 10, 62, 109, 113, 114, 118, 120, 121, 128, 129, 131, 146, 165, 166
　　――の危機　5
複数的な自我　76
不処罰の文化　244
武装解除・動員解除・社会復帰（DDR）　273, 275, 283
仏教　36
フランデレン（ベルギー）　60-63
フリーター　127, 134
フリーダムワークス　151, 152, 156

不良債権救済プログラム（TARP）　145-151, 153
文化　69, 70, 75-77, 82
　　――集団　25
　　――摩擦　115
紛争
　　――予防　270, 274, 276
　　地域――　280
分断社会　54, 55, 67, 68, 71, 74-76, 78, 79
文民　275
　　――警察部隊　278
　　――ミッション　278, 281, 283, 285
ヘイト・クライム　97
平和維持　274
平和維持活動（PKO）　273, 274
　　複合型――　270, 273, 275, 278, 279, 281
平和構築　234, 239-241, 247, 273, 274, 279
平和執行　274
平和創造　274
平和のための結集決議　272
平和の定義　182
ベヴァリッジ報告　5
ペータースベルク任務　276, 277
ベルギー　54, 58, 60-63
法の支配　234-238, 241, 243, 244, 247-249, 271, 277-279, 283
補完性の原則　262, 265
保護する責任（R2P）　254, 255, 266, 270, 271, 274, 275, 281, 284
保守党（スウェーデン）　119
補償　7, 12, 210-212, 216-229, 290
　　個人――　211, 212
ポピュリズム　166
ホロコースト　12, 28, 86, 87, 92

ま行

マイナスの政治主導　132
南アフリカ共和国　9, 28, 44, 45, 52, 53,

55, 57-60, 79, 189, 245, 246
ミニ・パブリックス　70, 78, 80
民衆の力党（タイ）　170, 172
民主化　90, 91, 96, 99, 128, 160-162, 183, 186-188, 190, 193, 241
民主主義、デモクラシー　11, 121, 132, 139, 161, 170, 174, 176, 187, 193, 277, 279, 281-283
民主主義のための民衆同盟（ＰＡＤ、タイ）　168-174
民主党（タイ）　172, 173
民族　130, 131
　——浄化（エスニック・クレンジング）　6, 253, 254, 271
ムスリム　115, 121
無知のヴェール　130

や行

ユーロ・ストラテジスト　276, 281, 282, 284
ユダヤ機関　216, 217
ユダヤ教　40-42, 44
ユトレヒト条約　46
赦し　30, 241, 246, 247, 249
ヨーロッパ統合　270, 285

ら行

リスク　129, 130, 134
　——の私化　150
　——の社会化　146, 149, 150
ルワンダ共和国　9, 53, 57-60, 243, 244
ルワンダ国際刑事法廷（ICTR）　243, 244, 266
歴史認識問題　7, 87, 208, 212, 213
歴史の自由アピール　94
歴史の歴史　91
ロスト・ジェネレーション　127, 138

わ行

和解
　定義　4, 34, 52, 161, 191, 239
　階級　5
　記憶・歴史　7, 101
　不可能性　8
　キリスト教における　39
　政治思想における　17
若者　126, 127, 131-133, 135, 136, 139
和平合意　179, 180, 185
ワロン（ベルギー）　60-62

■著者紹介 （＊は編者）

＊**松尾秀哉**（まつお・ひでや）　序章・第3章
1965年生まれ。一橋大学社会学部卒業、東京大学大学院総合文化研究科博士課程修了。博士（学術）。現在、聖学院大学政治経済学部教授。ヨーロッパ政治、比較政治学専攻。『ベルギー分裂危機——その政治的起源』（明石書店、2010年）、『模索する政治——代表制民主主義と福祉国家のゆくえ』（分担執筆、ナカニシヤ出版、2011年）、他。

森分大輔（もりわけ・だいすけ）　第1章
1968年生まれ。国際基督教大学教養学部卒業、成蹊大学大学院法学政治学研究科博士課程満期退学。博士（政治学）。現在、聖学院大学政治経済学部准教授。西洋政治思想専攻。『ハンナ・アレント研究——〈始まり〉と社会契約』（風行社、2007年）、『平和と和解のグランドデザイン——東アジアにおける共生を求めて』（分担執筆、風行社、2009年）、他。

田上雅徳（たのうえ・まさなる）　第2章
1963年生まれ。慶応義塾大学法学部卒業、同大学院法学研究科博士課程単位取得退学。博士（法学）。現在、慶応義塾大学法学部教授。西欧政治思想史専攻。『初期カルヴァンの政治思想』（新教出版社、1999年）、『ヨーロッパにおける政治思想史と精神史の交叉——過去を省み、未来へ進む』（分担執筆、慶応義塾大学出版会、2008年）、他。

田村哲樹（たむら・てつき）　第4章
1970年生まれ。名古屋大学法学部卒業、同大学院法学研究科博士後期課程修了。博士（法学）。現在、名古屋大学大学院法学研究科教授。政治学、政治理論専攻。『政治理論とフェミニズムの間——国家・社会・家族』（昭和堂、2009年）、『デモクラシーの擁護——再帰化する現代社会で』（共著、ナカニシヤ出版、2011年）、『アクセスデモクラシー論』（共編、日本経済評論社、2012年）、他。

吉田　徹（よしだ・とおる）　第5章
1975年生まれ。慶應義塾大学法学部卒業、東京大学大学院総合文化研究科博士課程修了（学術博士）。現在、北海道大学法学研究科公共政策大学院准教授。フランス政治史、比較政治専攻。『ミッテラン社会党の転換——社会主義から欧州統合へ』（法政大学出版局、2008年）、『ポピュリズムを考える——民主主義への再入門』（NHK出版、2011年）、『ヨーロッパ統合とフランス——偉大さを求めた1世紀』（編著、法律文化社、2012年）、他。

渡辺博明（わたなべ・ひろあき）　第6章
1967年生まれ。名古屋大学法学部卒業、同大学院法学研究科博士後期課程単位取得満期退学。博士（法学）。現在、龍谷大学法学部教授。政治学専攻。『スウェーデンの福祉制度改革と政治戦略——付加年金論争における社民党の選択』（法律文化社、2002年）、『ヨーロッパのデモクラシー』（分担執筆、ナカニシヤ出版、2009年）、他。

堀江孝司（ほりえ・たかし）　第7章
1968年生まれ。一橋大学経済学部卒、同大学院社会学研究科博士後期課程修了。博士（社会学）。現在、首都大学東京人文科学研究科准教授。政治学、福祉国家論専攻。『現代政治と女性政策』（勁草書房、2005年）、『模索する政治――代表制民主主義と福祉国家のゆくえ』（共編著、ナカニシヤ出版、2011年）、『福祉政治』（分担執筆、ミネルヴァ書房、2012年）、他。

坂部真理（さかべ・まり）　第8章
1974年生まれ。名古屋大学法学部卒業、同大学院法学研究科博士後期課程修了。博士（法学）。現在、大東文化大学法学部准教授。アメリカ政治専攻。『社会保障と福祉国家のゆくえ』（分担執筆、ナカニシヤ出版、2011年）、『模索する政治――代表制民主主義と福祉国家のゆくえ』（分担執筆、ナカニシヤ出版、2011年）、他。

髙橋正樹（たかはし・まさき）　第9章
1956年生まれ。中央大学法学部卒業、同大学院法学研究科博士課程満期退学。現在、新潟国際情報大学情報文化学部教授。政治学、東南アジア研究専攻。『グローバル化とアジアの現実』（分担執筆、中央大学出版部、2005年）、『アジア主義は何を語るのか――記憶・権力・価値』（分担執筆、ミネルヴァ書房、2013年）、他。

金　敬黙（キム・ギョンムク）　第10章
1972年生まれ。韓国外国語大学卒業、東京大学大学院総合文化研究科博士課程修了。博士（学術）。現在、中京大学国際教養学部准教授。平和研究、NGO研究専攻。『越境するNGOネットワーク――紛争地域における人道支援・平和構築』（明石書店、2008年）、『NGOの源流をたずねて――難民救援から政策提言』（めこん、2011年）、他。

林　明仁（はやし・あきひと）　第11章
1979年生まれ。国際基督教大学卒業、東京大学大学院総合文化研究科修士課程修了。現在、東京大学大学院総合文化研究科博士課程在学中。国際政治専攻。「アジアのNGOと開発効果」（『国際政治（国際政治学会）』169号、2012年）、他。

板橋拓己（いたばし・たくみ）　第12章
1978年生まれ。北海道大学法学部卒業、同大学院法学研究科博士後期課程修了。博士（法学）。現在、成蹊大学法学部准教授。国際政治史専攻。『中欧の模索――ドイツ・ナショナリズムの一系譜』（創文社、2010年）、『複数のヨーロッパ――欧州統合史のフロンティア』（共編著、北海道大学出版会、2011年）、他。

小松﨑利明（こまつざき・としあき）　第13章
1974年生まれ。国際基督教大学教養学部卒業、同大学院行政学研究科博士後期課程単位取得退学。現在、国際基督教大学社会科学研究所助手、放送大学、聖学院大学、玉川大学ほか非常勤講師。国際法、平和研究専攻。『人間としての尊厳を守るために』（編著、聖学院大学出版会、2012年）、"The Significance of International Criminal Justice System as a Response to Human Rights Atrocities"（『聖学院大学総合研究所紀要』第47号、2010年）、他。

安藤貴世（あんどう・たかよ）　第 14 章
1976 年生まれ。東京大学教養学部卒業、同大学院総合文化研究科博士課程単位取得退学。現在、日本大学国際関係学部准教授。国際法専攻。「普遍的管轄権の法的構造」（『国際関係論研究（東京大学）』第 26 号、2007 年）、「海賊行為に対する普遍的管轄権」（『国際関係研究（日本大学）』第 30 巻 2 号、2010 年）、「国際テロリズムに対する法的規制の構造」（『国際関係研究（日本大学）』第 31 巻 2 号、2011 年）、他。

＊**臼井陽一郎**（うすい・よういちろう）　第 15 章
1965 年生まれ。早稲田大学社会科学部卒業、同大学院経済学研究科博士課程単位取得退学、英国・リーズ大学大学院法学研究科論文修士課程修了。現在、新潟国際情報大学情報文化学部教授。EU 政治専攻。『EU の規制力』（分担執筆、日本経済評論社、2012 年）、『環境の EU、規範の政治』（ナカニシヤ出版、2013 年）、他。

紛争と和解の政治学

2013 年 5 月 15 日　初版第 1 刷発行　　（定価はカヴァーに表示してあります）

編　者　　松尾秀哉
　　　　　臼井陽一郎
発行者　　中西健夫
発行所　　株式会社ナカニシヤ出版
　　　　　〒 606-8161　京都市左京区一乗寺木ノ本町 15 番地
　　　　　　　　TEL 075-723-0111　FAX 075-723-0095
　　　　　　　　　　http://www.nakanishiya.co.jp/

装幀＝白沢　正
印刷・製本＝創栄図書印刷
©H. Matsuo, Y. Usui, et al. 2013　Printed in Japan
＊落丁・乱丁本はお取り替え致します。
ISBN978-4-7795-0758-8　C1031

本書のコピー，スキャン，デジタル化等の無断複製は著作権法上での例外を除き禁じられています。本書を代行業者等の第三者に依頼してスキャンやデジタル化することはたとえ個人や家庭内の利用であっても著作権法上認められておりません。

環境のEU、規範の政治
臼井陽一郎 著

「環境」はいかにしてEUの最重要政策分野となったのか。環境政治、そして規範パワーの概念を切り口に、EU政体のガバナンス戦略のあり方を考察する。環境とグローバル戦略の実像に迫る。
四四一〇円

模索する政治
代表制民主主義と福祉国家のゆくえ
田村哲樹・堀江孝司 編

「代表制民主主義＋福祉国家」という二十世紀型デモクラシーは、今日さまざまな挑戦を受けている。「民主主義と福祉」の相互作用の新しいあり方を模索する「政治の現状」を描く。
五〇四〇円

寛容と暴力
国際関係における自由主義
清水耕介 著

自由主義と民主主義が国際政治を覆う現代において、寛容をうたう自由主義に埋め込まれた「暴力」の問題を抉り出す。カーやアレント、フーコーを手がかりに、現代における暴力性の根源に迫る。
三六七五円

社会的なもののために
市野川容孝・宇城輝人 編

「社会的なもの」の理念とは何であったのか。そして何でありうるのか。歴史と地域を横断しながら、その可能性を正負両面を含めて根底から問う白熱の討議。新しい連帯の構築のために。
二九四〇円

表示は二〇一三年五月現在の税込価格です。